权威·前沿·原创

皮书系列为
“十二五”“十三五”国家重点图书出版规划项目

祁连山生态绿皮书
GREEN BOOK OF QILIAN ECOSYSTEM

祁连山生态系统发展报告（2018）

ANNUAL REPORT ON THE DEVELOPMENT OF QILIAN ECOSYSTEM (2018)

主　编／丁文广　勾晓华　李　育

社会科学文献出版社
SOCIAL SCIENCES ACADEMIC PRESS (CHINA)

图书在版编目（CIP）数据

祁连山生态系统发展报告．2018／丁文广，勾晓华，李育主编．--北京：社会科学文献出版社，2018.12
（祁连山生态绿皮书）
ISBN 978-7-5201-3952-6

Ⅰ．①祁…　Ⅱ．①丁…②勾…③李…　Ⅲ．①祁连山-生态系-自然资源开发-研究报告　Ⅳ．①F124.5-66

中国版本图书馆 CIP 数据核字（2018）第 265100 号

祁连山生态绿皮书
祁连山生态系统发展报告（2018）

主　　编／丁文广　勾晓华　李　育

出 版 人／谢寿光
项目统筹／邓泳红　吴　敏
责任编辑／吴　敏　吴云苓

出　　版／社会科学文献出版社·皮书出版分社（010）59367127
地址：北京市北三环中路甲 29 号院华龙大厦　邮编：100029
网址：www.ssap.com.cn
发　　行／市场营销中心（010）59367081　59367083
印　　装／三河市龙林印务有限公司

规　　格／开　本：787mm×1092mm　1/16
印　张：19.75　字　数：297 千字
版　　次／2018 年 12 月第 1 版　2018 年 12 月第 1 次印刷
书　　号／ISBN 978-7-5201-3952-6
定　　价／89.00 元

皮书序列号／PSN G-2018-788-1/1

《祁连山生态系统发展报告（2018）》
编　委　会

主编简介

丁文广　兰州大学资源环境学院教授、博士生导师，主要从事环境社会学、环境管理学等方面的研究，受邀兼任世界银行、亚洲开发银行等国际机构在中国实施项目的社会发展专家；在 *Renewable Energy*、*Environmental Science & Policy*、*Applied Energy*、《中国人口·资源与环境》等国内外学术期刊发表论文 60 多篇，在科学出版社、北京大学出版社和兰州大学出版社等出版专著（著作）10 部，先后获得第五届全国道德模范提名奖、感动甘肃·2015 十大陇人骄子、“庆祝改革开放 40 周年‘工行杯’感动甘肃·陇人骄子”、甘肃省第十二届社会科学优秀成果一等奖、2017 年省级教学成果奖一等奖等 20 多项荣誉和奖项，多次受到中央和省上领导的接见，有关中央和省级媒体采访报道其事迹 100 多次；创建的甘肃一山一水环境与社会发展中心，是国内具有影响力的社会智库和发展机构，近年重点围绕西部生态环境、自然保护区保护等开展跨学科研究，如在白水江国家级自然保护区实施了“社区共管”实证研究，对祁连山国家级自然保护区的生态保护从环境善治层面开展研究并提出了创新性决策建议；与甘肃一山一水环境与社会发展中心首席智库专家张宇研究员等共同调查研究，向甘肃省委、省政府提交的《关于构建祁连山国家级自然保护区新型管理机制的建议》，引起省委、省政府主要领导的关注、重视和批示，同时被祁连山国家公园建设方案采纳。

勾晓华　自然地理学博士，教育部“长江学者”特聘教授，博士生导师，兰州大学资源环境学院、祁连山研究院院长，西部环境重点实验室主任，主要从事西北干旱半干旱地区山地树轮气候记录和生态响应方面的研究工作。在国内外核心期刊发表论文 140 余篇，其中在 SCI 收录的期刊上发表

90余篇，发表在一区和二区的SCI论文40余篇。先后主持了中国科学院战略性先导科技专项（A类）子课题——祁连山生态系统变化归因与善治对策任务，第二次青藏高原综合科学考察——祁连山森林灌丛生态系统变化任务，五项国家自然科学基金项目，教育部“长江学者特聘教授支持计划”项目和“973”项目课题及多项国际合作项目；参加了多项“973”项目和国家自然科学基金委重点项目等，是国家基金委“创新群体”先后三期骨干成员。曾获“中国青年科技奖”“中国青年女科学家奖”“青藏高原青年科技奖”“宝钢优秀教师奖”“甘肃省科技进步一等奖”“甘肃省自然科学二等奖”等多项省部级科技奖励。兼职担任环境地学专业委员会副主任委员、未来地球中国国家委员会委员、教育部高等学校地理科学类专业教学指导委员会副主任委员等。

李　育　兰州大学资源环境学院教授、博士生导师、科研副院长、教育部高等学校地理科学类专业教学指导委员会常务副秘书长，主要从事古气候及古生态学研究；以第一/通讯作者在*Nature Geoscience*、*Earth - Science Reviews*、*Quaternary Science Reviews*、*Climate Dynamics*等国际知名期刊发表SCI论文30余篇，科学出版社出版著作2部；先后多次到美国加州理工学院、科罗拉多大学、犹他大学、日本北海道大学、香港中文大学、NOAA、NCAR等国际知名学术机构访问交流，开展了卓有成效的国际合作研究；发表在*Nature Geoscience*的论文被《科学美国人》等主流媒体报道，并被NG列为首页亮点论文，多篇论文被国内外多种高引用指标收录；担任国家自然科学基金委、国家留学基金委、甘肃省科技厅等多个学术部门评审，为*QSR*、*Geology*等20余种国际期刊通讯评议人，现主持2项国家自然科学基金面上项目，已结题1项青年基金项目。

序

祁连山，中国西部重要的生态安全屏障，是黑河、疏勒河和石羊河等六大内陆河及黄河支流——大通河的水源产流地。虽然其北边和西边是沙漠，南边有柴达木盆地，东边有黄土高原，但大自然却以神功为其辟出一片绿洲，使之成为岿然不动、休养生息的湿岛，从而阻止了巴丹吉林、腾格里沙漠的南侵，拱卫着青藏高原乃至“中华水塔”三江源的生态安全，对维系国家生态安全和西部水资源安全举足轻重。

祁连山，除了具有人们熟知的生态屏障功能外，还是滋养河西走廊的生命之源。古人云“不望祁连山顶雪，错把甘州当江南”，古甘州就是今天的张掖市境。如果没有祁连冰川雪水的滋养和抚育，就不会有江南般绿意盎然的张掖，当然也就不会有载入史册的河西四郡，有“流着牛奶和蜂蜜”之誉的古丝绸之路也将失去赖以存在的自然生态根基。正如现任甘肃省人民政府省长唐仁健在首届甘肃·祁连山高峰论坛上的致辞演讲中所指出的那样：“祁连山就是一座名副其实的母亲山。祁连山下流传着许多英雄故事。在历史的长河中，汉唐帝国的强盛独树一帜，而奠定这千年基业的许多事件就发生在祁连山下，卫青、霍去病等一串串响亮的名字和他们的赫赫战功，巩固了汉唐盛世的基础，使匈奴发出了‘亡我祁连山，使我六畜不蕃息；失我焉支山，使我嫁妇无颜色’的感叹。祁连山的英雄史诗是中华民族灵魂深处最深沉最坚定的力量源泉，指引着中华民族战胜数不清的苦难，一次又一次铸就新的辉煌。”

祁连山，又是长期以来生态问题十分突出的地方。脆弱的生态直接影响河西走廊经济社会的可持续发展、国家能源通道安全以及丝绸之路经济带的顺利实施。针对上述问题，中国科学院在“中国科学院战略性先导科技专项（A类）”项目下，设立了“祁连山山水林田湖草系统优化调配”课题，并在其下特别设立了子课题“祁连山生态系统变化归因与善治对策”，拟在分析不同时空尺度祁连山生态系统变化的基础上，以水源涵养和畜牧业为切入点，以公共政策研究为突破口，研发适于祁连山受损生态系统近自然修复技术和水源涵养能力优化提升技术，提出生态善治对策。兰州大学积极响应党的十九大关于生态文明建设的号召，成立了祁连山研究院，并委任长江学者特聘教授、资源环境学院院长勾晓华教授兼任院长。自成立以来，该研究院积极主动组织祁连山相关的科学研究及学术与咨询活动，成果获得有关领导的肯定和媒体的关注与报道，对祁连山生态系统变化归因与善治对策项目的推进发挥了积极作用。

当前，中国经济由高速增长阶段转向高质量发展的新阶段。高质量发展已成为新时代的最强音，追求高质量发展已成为时代主旋律。在这样的时代背景下，编辑出版《祁连山生态绿皮书：祁连山生态系统发展报告(2018)》，恰逢其时，意义非凡。但对于著者而言，则是基于抛砖引玉的拳拳之心。

兰州大学丁文广、勾晓华教授等组建的跨学科研究团队，在诸多子课题研究成果的基础上，撰写了《祁连山生态绿皮书：祁连山生态系统发展报告（2018）》。这个报告有总报告、分报告、政策篇、专题篇、理论篇、案例篇和附录等多个部分，向读者全面揭示了祁连山生态系统被破坏的历史风云、治理风暴、典型案例、发展态势、善治建议，并从生态环境、社会经济、民族融合和环保政策等层面进行了跨学科研究与分析。毫不夸张地说，这部绿皮书不失为一部全面了解祁连山生态环境、人文历史和发展趋势的智库型参考书。

这部绿皮书的公开出版，对于贯彻落实习近平新时代中国特色社会主义思想和十九大精神、践行习近平总书记视察甘肃重要讲话和“八个着力”重要指示精神，助推甘肃省和青海省重新审视省情和发展机遇、着眼经济结构调整、推动绿色发展崛起，具有较大的现实意义。希望本书的出版发行，能够为祁连山生态环境治理、国家公园建设、经济转型和绿色发展提供一定的智库支撑。

中国科学院院士

中国生态经济协会副理事长

2018 年 10 月 15 日

摘　要

《祁连山生态绿皮书：祁连山生态系统发展报告（2018）》是由兰州大学丁文广、勾晓华、李育教授组建的跨学科研究团队编撰的祁连山环境年度报告。

本书共设总报告、分报告、政策篇、专题篇、理论篇、案例篇和附录七大板块，旨在科学揭示和提出祁连山生态系统被破坏的历史风云、治理风暴、典型案例、发展态势及善治建议，向社会各界呈现祁连山的生态环境、人文历史和发展趋势，并提示人们祁连山生态环境保护与治理的紧迫性。

祁连山，中国最重要的西北生态安全屏障和能源安全通道，河西走廊的“生命线”和“母亲山”，也是新时期“一带一路”沿线地区的咽喉地带。历史上祁连山拥有丰富的矿产、森林、物种等资源，尤以森林资源禀赋最为突出，曾绵延数千里。古籍有云：“松山万本，雪山千仞，近观林木千行，远观郁郁葱葱。”

雍正元年（1723），年羹尧放火烧山退敌开启了祁连山持续数百年来的毁林大幕，历经 1937～1941 年的剃头式联片砍伐、1958～1959 年的破坏性砍伐林木热潮，以及 21 世纪初期的过度砍伐及毁林开荒后，祁连山天然林遭到严重破坏，蓄积量急剧下降。

近年来，随着巨大经济利益的驱使，经济发展与环境保护的矛盾日益突出。违法违规开矿、水电设施违规建设、偷排偷放等生态破坏现象屡禁不止，致使祁连山区地层结构稳定性降低，水土污染程度加大，植被征占面积激增，草场严重退化，地质灾害频繁，生态环境保护、修复与治理面临严峻形势。

环境问题，不仅是经济问题，也是社会问题、政治问题。习近平总书记在2017年7月中央全面深化改革领导小组第37次会议上谈及建立国家公园体制时说，“坚持山水林田湖草是一个生命共同体”。对于祁连山这种典型的脆弱型复合生态系统，生态破坏往往牵一发而动全身。因此，我们需要对祁连山地区山水林田湖草展开全面深入研究，从而系统揭示并认知祁连山山水林草等典型生态系统的现实样态。

当下是甘肃、青海等祁连山周边省区和国家相关部委认真贯彻落实习近平总书记关于祁连山国家级自然保护区生态恢复、国家公园建设和生态文明建设批示的关键时期。我们要牢固树立绿色发展理念，强化环境善治理念，通过积极培育“生态民”、构建“社区共管”和“协同治理”机制、鼓励当地居民参与保护区管理等新的应对方法，改变祁连山区产业结构和经济增长方式，为实现绿色发展献计献策。

“祁连山生态绿皮书”以公共利益视角记录、审视和思考祁连山生态环境状况，以真实数据和事例呈现丛书的客观性、真实性和专业性，旨在为环保决策者提供科学的智库支撑。

关键词： 祁连山　生态系统　环境善治　绿色发展

目录

Ⅰ 总报告

Ⅱ 分报告

Ⅲ 政策篇

Ⅳ 专题篇

Ⅴ 理论篇

Ⅵ 案例篇

Ⅶ 附录

皮书数据库阅读**使用指南**

总 报 告

General Report

G.1
2018年祁连山生态系统发展态势分析

丁文广　姜 萍*

摘　要： 祁连山是中国最著名的十二大山系之一，也是中国西北最重要的生态安全屏障和能源通道。典型的复合生态系统及其脆弱敏感性，使祁连山地区生态安全阈值幅度小。由于矿藏等资源富集，长期以来祁连山局部生态破坏问题十分突出，毁林、矿采等人为破坏活动从未停止。近年来，违法违规开矿、水电设施违规建设、偷排偷放等行为屡禁不止且变本加厉，祁连山国家级自然保护区及祁连山国家公园的先后设立也未能遏制这一局面。2016～2017年，习近平同志先后多次对祁连山的生态环境治理做出重要批示，祁连山遍体鳞伤的现状

* 丁文广，兰州大学资源环境学院教授、博士生导师，世界银行和亚洲开发银行社会发展专家，科技部同行评审专家与国际合作专家，主要研究领域为环境社会学、环境管理学；姜萍，兰州大学资源环境学院博士研究生。

也得到媒体的大量曝光和考问。祁连山生态保护开始日益受到重视，环境治理工作如火如荼，阶段性成果可圈可点，祁连山山水林田湖草系统的保护修复成为热潮。然而，祁连山生态环境的治理、修护与保护，不能仅仅顺势而为。在生态文明建设全面开启的新时期，应牢固树立绿色发展理念，转变传统 GDP 考核形式，提倡“环境善治”治理模式，积极培育“生态民”，构建“社区共管”和“协同治理”机制，鼓励当地居民参与保护区管理，建立祁连山生态保护的长效机制，促进绿色发展成为新常态。

关键词： 祁连山　生态系统　生态安全屏障　环境治理　绿色发展

祁连山是横跨青海省东北部与甘肃省西部边境的重要山脉，由多条西北—东南走向的平行山脉和宽谷组成，是中国著名的高大山系之一，也是西北地区重要的生态储水输水中心，维系着西北地区生态系统的稳定与安全，故有“西北绿色通道”、河西走廊的南部屏障和“冰源水库”之称。

1988 年，国务院批准在祁连山北部中东段设立甘肃省祁连山国家级自然保护区，横跨张掖、武威、金昌三市，旨在保护其生态环境。祁连山保护区内的 3066 条大小冰川，汇就了黑河、疏勒河和石羊河的涓涓水流，孕育了河西走廊广袤无垠的绿洲，抵御了巴丹吉林、腾格里两大沙漠的南侵，成为拱卫青藏高原乃至“中华水塔”三江源地区的生态安全屏障。祁连山保护区以及整个祁连山的生态问题不仅影响西部生态，而且影响全国生态。

毋庸置疑，祁连山生态系统极为脆弱。地处内陆腹地、高山阻隔、降水稀少、气候干燥、植被结构单一、荒漠戈壁环抱等诸多地理、气候及自然条件，使其具有生态承载力低、易被破坏、自修复能力弱等特点。历经岁月变迁，在自然胁迫与人为作用的共同影响下，祁连山地区原本稳健的生态系统几经演变，已然重负难荷。祁连山成就了河西走廊历史上的繁华，当下却在众多生态环境危机的重创下令人忧心忡忡，亟须得到科学、合理且有效的保护。

一 祁连山生态系统的历史演替

（一）祁连山生态系统基本特点

1. 复合性

西北—东南走向使祁连山经纬向跨域较广，涉及 6 个经度、3 个纬度区域，又因最高海拔达 5547 米，故而其气候、植被、土壤、水文、地质地貌及环境均有明显的三向地带性变化。以自然景观和植被为划分依据，祁连山生态系统可划分为冰川、寒漠、森林、草原、水域、荒漠等几大自然生态系统和人工生态系统。人类的定居与发展形成了祁连山地区自然生态系统之间、自然生态系统和人工生态系统之间相互交错、相互镶嵌的特点，进而形成复杂多样的祁连山复合生态系统。祁连山地区自古便有丰富的林木资源，形成了体量庞大的森林生态系统。依植被地带性划分为寒温性针叶林生态系统的灌木林生态系统等，以下又分许多亚系统。复杂多样的生态系统为多种动植物栖息提供了适宜的生态环境，奠定了生物多样性基础。①

2. 脆弱性

祁连山生态系统十分脆弱。祁连山地处内陆腹地、青藏高原的北部边缘，远离海洋，且受群山阻隔，水汽通量减少，致常年降水稀少，整个山区年均降水量 150 ~ 340 毫米，气候极为干燥。祁连山属西北高大山系，山地周围有干旱荒漠、半荒漠、沙漠、盐碱荒地等多种自然景观分布，植被覆盖率低，且被破坏后自恢复难度大或极为缓慢，将对整个地区水源涵养和生态

① 丁国民、刘建泉、宋采福：《祁连山生态系统脆弱性与恢复重建措施初探》，《甘肃林业科技》2002 年第 27（1）期。

系统的稳定性造成影响。随着人口和牲畜数量的增长，人类过度利用资源的情况日益严重，祁连山生态系统内有机体与环境条件相互依存的生态平衡极易受到影响，生态系统易遭到破坏。受经济利益的驱使，祁连山地区持续60多年的生态破坏行为未能得到根本遏制，加之近年工矿及水电企业的无序开发和过度利用力度加大，致使祁连山山水林田湖草等生态系统不同程度的退化。

（二）祁连山生态系统的历史状况

1. 毁林历史已有千年

据史料记载，自原始居民在此狩猎采集以来，祁连山区的人类活动历史已至少有7350年。[①] 在古时，祁连山森林资源丰富，绵延数千里。《汉书》记载，祁连山“在张掖、酒泉二界上，有松柏五木，荚水草，冬温夏凉，宜畜牧”。也就是说，在西汉初期，祁连山森林的分布范围，西逾甘新交界的伊吾地区，东至白银，东西1200千米皆是松柏五木，气候冬温夏凉，适合畜牧业发展。西汉时霍去病出临洮，扫荡匈奴后，匈奴发出“亡我祁连山，使我六畜不蕃息；失我焉支山，使我嫁妇无颜色”的悲歌。唐朝时其景依旧，遂有大诗人李白“明月出天山，苍茫云海间；长风几万里，吹度玉门关”之唱吟，以表对祁连山森林云海的赞叹。即使到了500年前的明末清初，森林覆盖面依旧非常广阔，如史料所云，河西“水声与松声相应，白雪与江水交辉”，“松山万本，雪山千仞，近观林木千行，远望郁郁葱葱”，“高山亘矗，积雪皑皑，滋润流灌着河西肥沃良田”。[②] 祁连山区成为甘肃省最主要的森林分布地区。

祁连山的大规模毁林现象始于清初。史料有载，雍正元年（1723）年羹尧率清军平青海罗布藏丹津之乱，为清缴藏于祁连山密林之中的罗布藏丹津叛乱之军，遂命放火烧山，几万亩森林付之一炬、化为焦土。这些地方至

① 甘肃省地方史志编纂委员会、甘肃省林业志编辑委员会：《甘肃省志：第二十卷 林业志》，甘肃人民出版社，1999。

② 刘兴聪：《青海云杉》，兰州大学出版社，1992。

今森林植被仍未能恢复，依旧是一片赤山，连同其周边的林草也出现了扩张性的萎缩和退化。随着当时人口的不断增加、农业开垦范围的扩大和山区金矿开采的开始等，祁连山森林持续性破坏行为拉开序幕。至清朝嘉庆年间，甘肃提督苏宁阿意识到“奸民偷伐松林，有碍水源”，遂立规“伐木一株者斩”“禁止永远樵采”，以此保护祁连山森林资源。

历史上另一次有关祁连山的大规模毁林行为发生在1937～1941年。当时国民政府驻甘青部队因建材需要，对祁连山的林木连续几年的剃头式联片砍伐，使几千亩林地成为永久性的荒山秃岭。在其不当影响下，当地百姓也兴起乱砍滥伐之风，致使祁连山林木生态状况进入恶性循环怪圈。针对这一状况，重庆国民政府于1942年设置祁连山区的首个林业管理部门——祁连山国有林区管理处，并初步建立了森林警察力量。但该管理处于1945年裁撤，存在时间较短，在森林保护方面发挥的作用甚微。

1949年后，护林意识没有得到加强，毁林行为仍在继续。1958～1959年，“大跃进”和大建设全面带动了破坏性砍伐林木热潮，导致祁连山天然林遭到更为严重的破坏。仅两年间祁连山森林总蓄积量就下降了53万立方米，减少25%。20世纪70年代开始，建设刚需、人口激增，对祁连山长期的过度砍伐及毁林开荒开始。到21世纪初，祁连山森林面积比1949年前再度减少32%。而今，祁连山区浅山森林已消失大半，深山森林也逐渐分离，成片、成块分布，山体东部冷龙岭北坡的油松林和青杆林已被砍伐殆尽，杨树林和桦木林已严重退化，灌木林大量被毁或已沦为荒漠和草场。据祁连山自然保护区管理局调查，近年来另有40万亩灌木林被毁，水土流失面积扩大到670万亩。①

2.“冰源水库”消减明显

全球气候变暖加之人类活动的干扰，祁连山高山地带冰川退缩、雪线上升十分明显。据观测，1956～1976年祁连山东部、中部以及西部地区冰川年均退缩分别达16.8米、3.3米和2.2米。祁连山东段冷龙岭冰川，在1956

① 林泉：《生态危局祁连山》，《生态经济》2007年第2期。

年以来的50年里，年均后退18米。近30年来，尤其是近十多年，冰川、雪线的退缩更加明显，就连曾经退缩较为缓慢的中、西段的退缩速度也在加快。据中国科学院和甘肃水资源部门考察观测，祁连山西尾段的冰川雪线在以每年3~9米的速度退缩，而森林界线平均退缩了32公里，森林覆盖率下降了一半，有的山段原有森林已荡然无存。

生态恶化、雪线上升、冰川退缩等直接导致冰川融水和自然降水逐年递减。石羊河流域受祁连山水源明显减少的影响，中下游已出现水荒，导致民勤盆地出现水库干涸、耕地荒漠化和沙化等前所未有的严重水危机，大批居民弃家远去，此地业已成为中国四大沙尘暴源区之一。祁连山中段冰雪水源的消减直接导致湿地减少、源头诸多溪流干涸，加之淘金、林木乱砍滥伐、挖虫草、盗猎以及过牧等人为因素，引致高寒草原和河谷滩地生态急剧退化，黑河源头产流区水量大大减少，黑河流域径流量近20年间大幅下降，面临水危机。

3. 物种资源衰亡严重

祁连山植物资源极为丰富，尤其是山体中段分布了广袤的以青海云杉为主的乔灌木带，活力木蓄积量达1500多万立方米，成为祁连山“绿色水库”之名的根本保证。祁连山原有高等植物1034种，其中乔木、灌木和草本植物分别有48种、140种和846种。另有优良牧草48种、纤维植物17种、芳香植物20种、药用植物89种、观赏植物24种。① 然而，由于全球气候转暖，冰川和雪线退缩，自然降水减少，加上人为活动的干扰加剧，祁连山区林木和植物资源呈现严重的退化和衰减趋势。具体表现为：雪线以下不少珍贵的高山植物大量死亡甚至灭绝，灌木林与草原交错地带近1/3的灌木林已经或正在枯亡，疏林、灌木林等林地面积锐减，山麓地带草原全线出现超载过牧问题，许多湿地、沼泽地已消亡或正在消亡，不少地方出现大面积严重的荒漠化和沙化现象。

祁连山是中国生物多样性保护的优先区域，是西北地区重要的生物种质

① 林泉：《生态危局祁连山》，《生态经济》2007年第2期。

资源库和野生动物迁徙的重要廊道。祁连山中原有脊椎野生动物265种，占全国总数的13.5%；鸟类290多种，占全国的16%；其中国家一、二类保护珍稀动物多达50多种。由于生态环境的持续恶化和人类活动（盲目开发、盗伐、盗采、盗猎等）的不断影响，祁连山区适宜野生动物生存的条件遭到不断破坏，其生存范围越来越小，生存局限越来越大，繁殖受阻、自然死亡日渐严重。目前，雪豹、猞猁、石貂、马鹿、水鹿、白唇鹿、藏羚羊、麝、野牦牛、马熊、猎隼等珍贵野生动物已经基本灭绝或濒临灭绝，其中不少是国家一、二类保护动物；而一些具有祁连山地域特色物种种群数量的锐减，成为无法补救的损失。

4. 矿山滥采屡禁不止

异常丰富的矿产资源使祁连山成为众多矿产企业青睐的对象。近半个世纪以来，矿山探采一直是造成祁连山生态破坏的主要原因。1970年以来，以小煤矿为主的矿山探采不断发展。1988年，经国务院批准，祁连山国家级自然保护区得以建立，但这一举措未能阻止受利益驱使的进山开矿行为。据调查统计，在开矿高峰期的1997年，仅张掖市就有770家矿产企业分布于保护区内。由矿山开采引发的系列环境问题，如山体破损、地表塌陷、矿石弃渣等，导致大面积植被遭受破坏。2014年10月，国务院批复甘肃祁连山国家级自然保护区划界，明令探采矿、小水电全面停批，自此矿山企业逐步退出，基本停止了保护区内大面积的掠夺式开发行为。然而，保护区内已有的矿产企业仍在生产，环境隐患并未根除。

（三）祁连山生态系统的现实样态

国家级自然保护区以及国家公园的建设，并未给祁连山带来生态系统养息之期。近年来，随着矿产资源粗放开发、水电站高强度建设、牲畜超载过牧、基础设施建设等人类工程活动对生态系统的持续施压，祁连山生态环境退化严重，地层结构稳定性降低，水土体污染程度扩大，植被征占面积激增，草场严重退化，地质灾害频繁，生态环境保护与修复形势严峻。

1. 开发粗放无序，环境持续恶化

祁连山区矿产资源储藏较为丰富，是甘肃重要的矿产资源分布和开发区。然而，受开发利用方式粗放、技术装备水平低、重开采轻保护思想、环境保护措施不力等因素影响，近年来违法违规开发矿产资源问题日趋严重。

经由 2017 年中央督察组专项督察核实，保护区共计设置探矿权、采矿权 144 宗，其中有 14 宗为 2014 年 10 月国务院明确保护区划界后违法违规审批延续的，部分涉及保护区核心区和缓冲区。①大海铜矿勘查项目跨保护区核心区、缓冲区、实验区和外围保护地带，探矿证到期后，甘肃省国土资源厅延续该矿权设置期限自 2015 年 4 月 9 日至 2017 年 4 月 8 日；②凯博煤炭公司马蹄煤矿位于缓冲区和实验区，2008 年投产以来共形成煤炭堆场 10 余处，导致近 2 平方公里地表植被破坏；③青羊铁矿于 2014 年 5 月获得省国土资源厅延续探矿权后，在实验区内进行探矿活动，破坏植被面积 3.34 公顷；④成立于 1954 年的甘肃九条岭煤矿是省属国有煤矿，按照关闭小煤矿的政策，有 13 处位于祁连山自然保护区试验区内的小煤矿，应于 2014 ~ 2015 年关闭，但在 2017 年 2 月媒体报道时仍有 1 处矿井被保留并继续生产；⑤马营沟煤矿下泉沟矿井，在被明确将位于保护区的矿井列入关闭退出名单的情况下，仍然被有关部门批复核定生产能力并同意复工；不加节制且大规模的探、采矿活动，造成保护区局部植被破坏、水土流失、地表塌陷。

以小水电站为主要形式的水资源开发利用是当地能源利用的重要组成部分，然而违法建设、违规运行现象频发致使部分流域水生态系统遭到严重破坏。如石羊河—黑河—疏勒河流域疏于生态流量考虑，水电项目高强度开发，累计共建成水电站 150 余座，其中涉及违规建于保护区内、违规审批、未批先建、手续不全等水电站多达 42 座，导致下游河段出现减水甚至断流现象。同时，由于部分企业轻视环保投入、污染治理设施缺乏、偷排偷放现象屡禁不止，加剧了河道水环境污染。

2. 超载过牧普遍，草地退化严重

受地理条件、经济发展水平等因素制约，祁连山国家级自然保护区经济结构单一，长期以草地畜牧业为主体经济。[①] 据甘肃省草原总站20世纪80年代中期调查，祁连山区天然草地面积1324万公顷，其中可利用面积452.57万公顷，占34.2%。[②] 近年来，牲畜数量增长过快，以草定畜制度难以严格执行，超载放牧现象日趋严重，致使天然草地面积、产草量逐年下降，草地退化、沙化、盐碱化现象逐渐突出，畜均草地占有量大幅减少，草畜资源严重失衡。据研究，到2008年祁连山区草地仅剩486.9万公顷，可利用面积439.08万公顷，退化面积374.75万公顷，占草地总面积的76.97%，其中重度、中度、轻度退化面积分别占38.09%、33.85%和28.06%。由此导致草地环境承载能力不断下降，病虫害频发，水源涵养功能减弱，水土流失加剧；加剧了祁连山生态系统的不稳定性，以致生态安全风险度增大。

3. 旅游监管不力，生态破坏加剧

祁连山自然、人文及社会旅游资源丰富，众多的文化遗址和宗教寺院、多民族共融的民族文化、种类繁多的生物资源、独特的冰川及侵蚀地貌等，带动了祁连山生态旅游业的迅速发展，为当地经济发展做出了积极贡献。

然而，由于缺乏统一规划、未批先建、管理水平落后、忽视生态环境保护等，生态环境问题，如污水随意排放造成的水体污染、垃圾废弃物肆意抛弃、堆积造成的固体废弃物污染等屡见不鲜，导致局部生态环境受到破坏，旅游资源受损。近年来，河西走廊冰川旅游的开发，导致旅游向林区、草地深处发展。受人车频繁活动的影响，生活垃圾等各种废弃物的排弃严重污染了冰川环境，导致冰川区温度升高，加速了冰川消融。

---

① 汤文红：《祁连山北麓地区生态环境保护现状及治理对策》，《农业科技与信息》2018年第1期。

② 蒋兴国、郑杰、许登奎：《祁连山山水林田湖草保护修复调查研究之二——祁连山生态环境与可持续发展存在的问题》，《边疆经济与文化》2018年第3期。

二　祁连山生态系统的屏障功能

（一）区位决定的重要功能

1. 西北生态的安全屏障

祁连山地处甘青两省，是生态屏障的战略高地，具有控制性地位，无祁连之山便无西部乃至全国国土生态安全之稳。祁连山雪山冰川、草原森林连同所涵养的绿洲共同构成了中国西部重要的生态安全屏障。祁连山—阿尔金山—昆仑山形成了青藏高原的北缘，隔断了大陆季风，造就了中华大地东南湿润季风区、西北干旱区和青藏高原高寒区多样性的气候格局。

祁连山总土地面积 15 万平方公里，中、西段海拔多在 4000 米以上，终年积雪，有大小冰川 2859 条，总面积达 2000 多平方公里，冰储量 800 多亿立方米，生成了内陆河、外流河（黄河）和青海湖三大水系，总径流量 116 亿立方米，涵盖了西北三省（区）24 个县（市、区）。内陆河（石羊河、黑河、疏勒河）涵盖河西五市及内蒙古的阿拉善盟北部，累计长度 1940 公里，年平均径流量达到 74 亿立方米，流域面积 27 万平方公里。流域内网状分布的农牧交错带，稳住了巴丹吉林、腾格里等大沙漠，阻断了中西亚与我国西部大沙漠的融合串联，避免了沙漠的东移、南下，守护着炎黄子孙的繁衍生息之所，成为一条横跨三省区的西部绿色生态长城。

无论气候如何演替、流域如何消长、西域古国如何泯灭，祁连山这个重要的生态安全屏障始终凭借其巨大的生态缓冲能力与容量，发挥着神奇的自然修复功能，应对生态危机，护佑着河西走廊乃至华夏文明的不朽与传承。

《中国国家地理》（2006 年第 3 期）就祁连山对中国的意义有这样的描述："东部的祁连山，在来自太平洋季风的吹拂下，是伸进西北干旱区的一座湿岛。没有祁连山，内蒙古的沙漠就会和柴达木盆地的荒漠连成一片，沙漠也许会大大向兰州方向推进。正是有了祁连山，有了极高山上的冰川和山区降雨才发育了一条条河流，才养育了河西走廊，才有了丝绸之路。然而，祁连山的意义还不仅于此。”

2. 能源通道的咽喉要道

西气东输重要能源通道是中国距离最长、口径最大的输气管道，西起塔里木盆地的轮南，东至上海，东西横贯新疆、甘肃、宁夏、陕西、山西、河南、安徽、江苏、上海等9个省份，全长4200公里。甘肃段通道从腾格里沙漠伸出，跨越河面穿过南岸的祁连山余脉，东向而去。可以说，祁连山山脉及其庇护下的河西走廊，是天然气管道、原油管道和成品油管道的重要通道，在西北油气通道中占据重要地位。

“一带一路”倡议的咽喉要道。“一带一路”倡议是国家构建对外开放新格局的重大倡议。甘肃地处丝绸之路经济带黄金段，是构建中国向西开放的重要门户和次区域合作战略基地，将在能源输送、道路互联互通、经贸技术交流等领域发挥重要的不可替代作用，祁连山成为该倡议构想的咽喉要道。四大油气战略通道中的西北油气通道，从中亚及俄罗斯、西西伯利亚等地进口油气资源，自中国西北地区入境，并沿西气东输管道跨越祁连山脉送入。在地理区位方面，祁连山脉地处古丝绸之路“黄金段”，联系内陆并通向中亚、西亚以及欧洲，是中国联通中亚、南亚国家的重要走廊和通道。在道路互联互通方面，目前建设了7条货运班列从中国驶向欧洲，其中蓉欧经过河西走廊，自2013年4月26日开通以来，已开行77列，搭载6238标箱，货运量2万吨，货值5.8亿美元，成为目前国内到欧洲最快的陆路货运大通道。

作为中国西部发展战略中的重要节点，祁连山生态安全之重要不言而喻。《中国新闻周刊》指出：如果祁连山自然保护区继续被破坏下去，河西走廊的生命水将断流，“一带一路”通道将在甘肃受阻。保护祁连山生态环境，对于支撑丝绸之路经济带的建设有着举足轻重的战略意义。

（二）保护的重大举措

正因祁连山重要的生态及战略意义，2017年1月8日，甘肃省政协委员、中国经济地理专业委员会副主任石培基建议，将祁连山国家级自然保护区及周边的自然保护区进行资源整合，申报成立国家公园。2017 年 6 月，习近平总书记主持召开中央全面深化改革领导小组第 36 次会议，审议通过了《祁连山国家公园体制试点方案》。

祁连山省级自然保护区于 1987 年由甘肃省林业厅批准设立。设立之初，保护区位于祁连山北坡中、东段。[①] 1988 年，国务院批准成立祁连山国家级自然保护区，范围横跨武威市、张掖市、酒泉市的 8 个县（区）。1990 年，祁连山国家级自然保护区开始进行工程建设，1998 年全部完工。《祁连山国家公园体制试点方案》的审议通过，标志着祁连山将从核心保护区、生态修复区、游憩科普区和传统利用区等区域建设着手，进入国家公园实质性操作阶段。

（三）维系屏障面临的挑战

不同区域生态系统类型组合特征及其空间布局与结构不同，其屏障功能的强弱及维系生态安全的范围也不一样。生态屏障的安全与否，核心是生态系统功能能否得到正常发挥。

因为祁连山林地处于"冰源水库"和河川水系之间，起着调蓄、涵养水源，保持水土，增加水量，调节气候的作用，所以祁连山是以冰川森林为主体的生态系统。由于森林生态系统的特殊性，加之历史上人类活动的过度干扰，其生态系统脆弱，冰川、高寒荒漠、草原、森林、农田、温带荒漠、水域等多种生态系统镶嵌分布，相互影响，任何一个生态系统发生变化，都可能导致其他生态系统的紊乱，影响生态存续甚至地区经济发展与人民生存。

植被破坏、森林面积与蓄积量的降低，将直接影响祁连山及河西地区水源涵养，这一点古人早有清醒的认识，将其概括为"雪山千仞，松杉万本，保持水土，涵源吐流"。同时，《甘州府志》所载嘉庆七年（1802）《八宝山

① 甘肃省地方史志编纂委员会：《甘肃省志林业志（1986～2007）》，甘肃文化出版社，2009。

松林积雪说》一文有书：

> 甘州人民之生计，全依黑河之水。于春夏之交，其松林之积雪初溶，灌入五十二渠灌田。于夏秋之交，二次之雪融入黑河，灌入五十二渠，始保其收获。……若无八宝山一带之松树，冬雪至春末一涌而融化，黑河涨溢，五十二渠不能承受，则有冲决之水灾。至夏秋二次溶化之雪水微弱，黑河水下而低，不能入渠灌田，则有极旱之虞。……甘州居民之生计，全仗松树多而积雪。若被砍伐不能积雪，大为民患，自当永远保护。

林木资源的损耗，不仅直接制约水源涵养，同时威胁森林抵御灾害的能力和生物多样性。近年来，受自然因素以及矿业无序发展、过度农垦和过载放牧等人为活动的影响，祁连山地区森林生态系统退化严重，森林分布下线由海拔1900米左右上升至2300米，局部地区的天然林消失；森林生态系统边缘的灌草植被遭到严重破坏，极易发生逆行演替；森林抗病虫鼠害能力减弱，林区内个别病虫害连年发生，成灾面积扩大；物种分布范围减小，生物多样性受到威胁。

作为冰雪固体水库、重要的水资源产源地，在冰川持续消融、雪线不断上升的情况下，祁连山已无法正常给流域提供冰雪融水。有关水文资料显示，20世纪50年代祁连山流域年平均径流量为17.8亿立方米，到90年代减少到12亿立方米，21世纪前5年平均年径流量又下降到不足10亿立方米。石羊河流域中下游出现水荒，民勤盆地出现水库干涸、耕地荒漠化和沙化等严重水危机，沦为中国四大沙尘暴源区之一。黑河流域径流量在近20年内大幅减少，导致多条河道干涸。七一冰川、八一冰川后退速度加快，致森林界限出现不同程度的退缩，灌木林线上升，森林覆盖率下降，与草原交错地带的灌木林已经或正在枯亡、迅速荒漠化。

人口的剧增，扩大了对耕地、牧草地和生产生活能源的需求量，进而导致耕地、草地规模不断扩张，农牧业向高海拔区域不断推进，进一步挤占林地，甚至高寒草甸、半荒漠、荒漠和永久冰雪地带等生态承载力极低的区域，致使大量生态赤字的出现……

矿产开采、植被破坏、冰川消融、草原退化等，种种对生态系统的破坏，不仅仅关乎祁连山地区局部环境，关乎人口、资源、环境的均衡和经济社会生态效益的统一，更牵扯国家生态安全屏障功能的发挥。

作为甘、青、蒙三省区乃至我国西北地区的生态屏障，祁连山生态系统的破坏，将直接对丝绸之路的关键区段、能源通道的重要节点、黑河流域经济社会的可持续发展、阻断京津地区西路沙尘、确保完成国务院确定的下游分水任务、维护区域生态安全等方面带来极大的威胁。

三　刻不容缓：祁连山生态系统保护与修复

（一）生态破坏遭通报

祁连山生态安全与长期以来的生态破坏问题历来受到广泛关注与重视。习近平总书记多次做出批示，要求抓紧整改。在中央有关部门的督促下，甘肃省虽然做了一些工作，但情况并没有明显改善，破坏行为未曾停止，祁连山生态环境持续恶化。

2017 年 2 月 12 日至 3 月 3 日，由党中央、国务院有关部门组成的中央督察组就此开展专项督察。同年 7 月，中共中央办公厅、国务院办公厅就祁连山保护区生态环境问题发出《关于甘肃祁连山国家级自然保护区生态环境问题督查处理情况及其教训的通报》（以下简称《通报》），指出了祁连山国家级自然保护区生态环境破坏的主要问题和原因，并对相关责任单位和责任人进行严肃问责。

这次中央对祁连山国家级自然保护区生态环境问题的通报以“中共中央办公厅、国务院办公厅”的名义发出，全篇长达 4000 余字，可谓“狠话”频出。《通报》指出，“甘肃祁连山国家级自然保护区生态环境破坏问题突出”，存在“违法违规开发矿产资源问题严重”、“部分水电设施违法建设、违规运行”、“周边企业偷排偷放问题突出”以及“生态环境突出问题整改不力”等主要问题，造成“保护区局部植被破坏、水土流失、地表塌陷”“下游河段出现减水甚至断流”“河道水环境污染”等，同时相关部门“没有引起足够重视”，以致“生态修复和整治工作进展缓慢”。

对此，《通报》以严厉措辞点评了当地官员，指出甘肃省及有关市县“落实党中央决策部署不坚决不彻底”“在立法层面为破坏生态行为放水”“不作为、乱作为，监管层层失守”“不担当、不碰硬，整改落实不力”等，并对涉事官员进行严肃问责，具体包括：责成甘肃省委和省政府向党中央做出深刻检查，时任省委和省政府主要负责同志认真反思、吸取教训；给予甘肃省政府党组成员、副省长杨子兴党内严重警告处分；甘肃省委常委、兰州市委书记李荣灿在甘肃省委常委会会议上做出深刻检查；甘肃省人大常委会党组书记、副主任罗笑虎在甘肃省人大常委会党组会议上做出深刻检查；由中央纪委监察部按相关程序对负有主要领导责任的 8 名责任人进行严肃问责；对其他负有领导责任的 7 名现任或时任主要负责同志，由甘肃省委和省政府依纪依规进行问责。

此次《通报》充分体现了以习近平同志为核心的党中央推进生态文明建设、实现中华民族永续发展的坚强意志和决心，充分体现了党中央、国务院对甘肃特别是祁连山地区生态环境保护工作的高度重视和殷切期望，为甘肃省委、省政府及各市县相关部门敲响了生态环境保护的警钟。在生态文明建设的新时代，遍体鳞伤的祁连山给予我们深刻的教训。面对“我国建立自然保护区以来，检查范围最广、查处问题最多、整改力度最大、追责问责最严的一次专项行动”,[①] 祁连山生态环境治理与修复已经处于刻不容缓之境。

---

① 《生态环境部等七部门联合部署“绿盾 2018”自然保护区监督检查专项行动》，2018 年 3 月 27 日。

（二）聚力整改已见成效

1. 聚力整治祁连山生态环境问题

（1）强化行政支持体系。自中央严厉通报后，甘肃省委、省政府先后召开了30多次专题会议，责成全省各级各有关方面，认真学习贯彻习近平总书记对祁连山生态环境问题的重要批示指示精神，研究重要《通报》内容并提出贯彻落实意见；甘肃省迅速成立了祁连山生态环境问题整改工作领导小组，由省委书记、省长任双组长；省政府同步成立了省整改工作推进组，负责制定保护区生态环境问题整改落实方案，进一步明确整改任务；各有关市县区和省直相关部门相应制定了整改专项工作方案，并通过建立台账、挂图作业、责任倒逼、限期销号等手段，紧抓整改落实。

（2）完善法规制度，重构依法行政秩序。《通报》中特别强调了立法层面为祁连山生态破坏行为"放水"的问题，对此，甘肃省委、省人大、国土及其他有关部门对各项生态环境保护法规进行逐条完善，对与国家上位法不一致之处及时修订，并经省政府下发执行。同时，为坚决杜绝类似问题的再次发生，有关部门一并对2011~2016年印发的政策文件、地方性法规等逐一进行了合规性复查。

据了解，甘肃省人大严格按照上位法规定的内容，修改了《甘肃祁连山国家级自然保护区管理条例》，具体修改内容包括：按照《中华人民共和国自然保护区条例》第二十六条规定，将原条例第十条"禁止在保护区内进行狩猎、垦荒、烧荒等活动"修改为"禁止在保护区内进行砍伐、放牧、狩猎、捕捞、采药、开垦、烧荒、开矿、采石、挖沙等活动"，以保证修订条例中禁止性活动与上位法规定完全一致。修改完善原条例中表述不准确的条款，明确保护区管理局的行政执法主体和行政处罚依据。删除不符合上位法或国家政策规定的条款，如原条例第十三条在缓冲区"可以从事拍摄影片"、第十四条在试验区可进行"地质勘测、多种经营活动"和"按有关规定向保护站交纳资源保护管理费"等。

与此同时，"举一反三"全面排查甘肃全省其他自然保护区生态环境问题，全面停止国家级自然保护区内水电站及水库项目审批，进一步严格各类保护区内矿产资源的勘查开采管理。甘肃省委研究制定了《关于进一步增强政治责任全面做好祁连山生态保护工作方案》，并向国家发改委报送了祁连山自然保护区生态环境保护方案。省政府印发了《甘肃祁连山国家级自然保护区水电站关停退出整治方案》，明确对甘肃省祁连山国家级自然保护区内42座水电站采取差别化处置意见，以确保祁连山自然保护区水电站生态环境问题得到全面整改。甘肃省成立矿业权退出专项工作整改办公室，制定并下发了《甘肃祁连山自然保护区矿业权退出及矿山生态环境恢复治理行动方案》《关于全面停止各类保护区内矿产资源勘查开采活动的紧急通知》《关于全面停止各类保护区内矿产资源勘查开采活动及矿产资源审核审批事项的紧急通知》《关于开展全省各级各类保护地内矿业权分类处置的指导意见》等，坚决停止各级各类保护区内矿产勘查开采活动和审核审批工作，并出台了《甘肃祁连山国家级自然保护区矿业权分类退出办法》，为甘肃祁连山自然保护区内矿业权清理退出提供了可操作依据。

除进行地方法规的修改完善，制度革新也成为整改重点。以祁连山生态环境问题整改为契机，甘肃省制定了重点生态功能区产业准入负面清单，并启动了祁连山国家公园体制试点，建立国家主导、区域联动的生态保护管理新体制，优化整合现有各类保护地管理机构，探索跨行政区划、跨部门管理的有效途径，健全自然资源资产管理制度。

（3）多措并举，推进环境恢复治理。在各市、县政府积极作为下，开山挖矿、过度放牧、截流发电等生态破坏突出问题得到有效治理。借助封堵探洞、回填矿坑、拆除建筑物以及种草、植树等综合措施，基本完成甘肃祁连山自然保护区内144宗持证和111宗历史遗留无主矿业权的矿山地质环境恢复治理。将位于外围保护带的177个历史遗留无主矿山纳入《甘肃省矿山地质环境恢复和综合治理规划（2018－2022年）》，计划在三年内完成恢复治理。将金昌市、张掖市纳入《甘肃省绿色矿山建设工作方案》的示范区建设中，全面实施甘肃祁连山地区自然生态空间用途管制。以《甘肃祁连山国家公园自然资源统一确权登记实施方案》为标准，全面完成甘肃祁连山国家公园自然资源统一确权登记工作。联合农牧、林业等部门解决甘肃祁连山地区林草“一地两证”问题，切实维护群众合法的自然资源权益。开展源头治理，将各类自然保护地全部纳入《甘肃省矿产资源总体规划(2016－2020年)》的禁止勘查开采区，从严协查制度，确保矿业权设置符合法律法规。畅通12336违法违规举报电话，及时发现和制止矿产资源勘查开采违法违规行为，维护良好的矿产资源开发利用秩序。

2. 保护区生态环境问题整治取得阶段性成效

(1) 保护区相关地方法规制度日趋完善

完成了地方法规与生态保护红线划定工作。《甘肃祁连山国家级自然保护区管理条例》已由甘肃省第十二届人民代表大会常务委员会第三十六次会议于2017年11月30日修订通过。全省生态环境保护地方性法规的逐项逐条清理业已完成，《甘肃祁连山地区生态保护红线划定工作实施方案》顺利出台。以县为单位对祁连山地区生态保护红线进行了划定，进一步加强了生态空间管控。

强化了规划管控和事中事后监管。甘肃省环保、国土、发改、水利、林业等部门按照部门职责和有关法规，对建设项目环评准入、规划修编、行政许可、保护验收等环节进行严格管控。加大生态保护执法力度，制定司法改革方案，出台环境保护行政执法与刑事司法衔接工作实施细则。在公安、法院设立涉生态环境资源专门机构，将重点环境违法案件交由环保部门与监察部门、公安部门联合挂牌督办。同时，通过开展专项督察，加强对保护区生态环境的监测评估，对偷排偷放等破坏生态环境的行为做到依法查处。

建立健全了生态环境保护制度体系。完善祁连山保护区生态补偿机制，在祁连山地区黑河、石羊河流域开展上下游横向生态补偿试点，建立以祁连山国家公园为主体的自然保护地体系。制定《甘肃祁连山地区自然资源资产负债表编制制度》，完成了祁连山地区自然资源资产负债表编制工作。制定《甘肃省国家重点生态功能区产业准入负面清单（试行)》，将祁连山冰川与水源涵养生态功能区的10个县列入范围，严禁其发展与主体功能定位不相符的产业。出台《甘肃省生态文明建设目标评价考核办法》，将祁连山地区生态环境保护纳入重点督察考核内容，列入省政府环保目标责任考核体系，加大考核分值权重，实行“一票否决”。严格执行《党政领导干部生态环境损害责任追究办法（试行）》，对祁连山生态环境问题相关责任人，包括省管、县处级干部共计66人进行了严肃问责。

（2）生态破坏突出问题整改成效显著

探采矿项目全部实现关停。通过统筹推进退矿还绿修复工程，保护区内144宗持证矿业权已经全部停产停工，且已基本完成矿山地质环境恢复与治理。其中，80宗已经完成矿业权退出，其中注销或公告废止式退出、扣除式退出以及补偿式退出分别为71宗、4宗和5宗，除此之外的64宗正在抓紧办理相应退出手续，规划2018年底全面完成。目前，《通报》中明确指出的14宗违规矿业权，业已基本完成封堵探洞、回填矿坑、拆除建筑物以及覆土种草等矿山环境恢复治理。

水电开发项目整改有序推进。祁连山国家级自然保护区内先后共建水电站42座，包括已建项目33座及在建项目9座。目前，退电还水工程已经得到有效落实，在建水电站中已有7座停工退出，仅保留2座，已建成的33座水电站中（根据实际调研情况），有3座已关停退出，保留符合地方法规各项规定的30座，在安装生态流量无障碍下泄设施和视频监控系统的基础上规范运营。值得关注的是，央视新闻曾重点曝光的甘肃电投河西水电开发有限责任公司黑河龙首一级、龙首二级水电站，目前已全部完成永久性生态放流设施的建设改造，借助数字、实景双重监视以及当地政府监控平台的同步监控，确保了枯水期、丰水期分别不少于3.33立方米/秒、7.46立方米/秒的不间断生态放水。

旅游设施差别化整治逐步完成。结合专项督察及祁连山生态环境问题整改工作领导小组的实地调研发现，保护区中共有25个旅游设施有待整治。目前，通过拆除旅游设施的方式，已完成其中21个的整治工作，余下4个旅游项目处于保护区实验区内，经环境评估后决定保留并要求规范管理运营。

核心区和缓冲区居民搬迁稳步推进。针对过载放牧引起的草地生态系统失衡，以及保护区内农牧民人数增加对保护区生态安全的威胁，甘肃省制定了祁连山国家级自然保护区核心区农牧民易地搬迁方案，以期实现退牧还草、退人还地。该方案由生态保护、移民搬迁、农牧民定居、草原奖补、公益林管护、精准扶贫等政策构成，主要目的在于鼓励保护区核心区农牧民易地搬迁。方案实施后，截至 2018 年 7 月，张掖市已完成核心区 149 户 484 名农牧民搬迁，武威市将核心区和缓冲区 10 户 34 人纳入易地扶贫搬迁工程。此外，武威市古浪县通过实施黄花滩项目，至 2017 年底，实现祁连山南部山区 1.2 万多户 5 万多人的生态移民易地扶贫搬迁。

全面实施重大生态保护修复项目。2017 年以来，甘肃从保护区生态环境整治问题入手，加快林地、草地、湿地、冰川保护和水土保持工程建设步伐，推进实施祁连山生态保护规划、山水林田湖草生态保护修复试点等项目，系统修复生态环境。比如，张掖市规划山水林田湖草生态保护修复项目 13 类 78 个项目，2017 年实施祁连山水源涵养植被恢复保护和矿山治理恢复项目 56 个。同时，甘肃推进草畜平衡，将保护区 8 县 1 场所有草原纳入新一轮草原奖补政策范围，其中肃南县核心区农牧民迁出后 95.5 万亩草原全面禁牧，3.06 万头牲畜全部转出。

在经历“环保问责风暴”后，祁连山沿线各地在绿色发展的全新定位中，探寻符合自身实际的产业转型之路。

（三）祁连山生态系统保护不能只是“昙花一现”

1. 祁连山生态环境保护是时代赋予的重大使命

（1）世界环境问题认知的探索与飞跃

从全球视野看，人类面对的环境问题特别是环境污染问题，主要经历了沉痛的代价、宝贵的觉醒、奋起的飞跃三个阶段。

第一阶段：沉痛的代价。主要指自 20 世纪 30 年代起，英、美、日等发达国家工业革命相继展开，为追求经济和物质财富的增长而过度消耗自然资源、破坏生态环境，进而相继引发烟雾、水俣病事件等八大公害的传统工业革命兴盛期。人类以牺牲环境换取经济利益，最终遭到环境的反击并付出沉重的生命代价。

第二阶段：宝贵的觉醒。严峻的环境问题以及长期以来饱受苦楚，促使了人类环境意识的觉醒。这一时期的典型代表为著名的三本论著：《寂静的春天》、《增长的极限》以及《只有一个地球》。上述三本论著撰自不同领域学者之手，但都表达了相同的观点，即环境对人类生存的重要性。

第三阶段：奋起的飞跃。生命的代价促人觉醒，意识的觉醒则推动了人类对环境问题认知的飞跃。以 1972 年 6 月 5 ~ 16 日联合国在瑞典斯德哥尔摩召开的首次人类环境会议、1992 年 6 月 3 ~ 14 日在巴西里约热内卢召开的联合国环境与发展大会、2002 年 8 月 26 日至 9 月 4 日在南非约翰内斯堡召开的可持续发展世界首脑会议和 2012 年 6 月 20 ~ 22 日在巴西里约热内卢召开的联合国可持续发展大会四次世界性环境与发展会议为标志，人类对环境问题的认识发生了四次历史性飞跃。

四次飞跃逐层深入，分别从确立人类对环境问题的共同看法和原则，提出可持续发展战略，提出经济增长和社会进步必须同环境保护、生态平衡相协调，以及绿色经济是实现可持续发展的重要手段四个层次，诠释各时期正确处理环境与经济的关系史，也揭示了环境问题在国际社会中与日俱增的关注度与影响力。

（2）中国环境保护的发展历程与生态文明建设

中国环境保护大致可以分为起步阶段（1978 ~ 1991 年）、深化阶段（1992 ~ 2002 年）、完善阶段（2003 ~ 2012 年）和党的十八大以来的生态文明建设阶段。从周恩来总理看到污染的严重性，提倡不能忽略环境问题，并指示代表团参加人类环境会议开始，历经不到半个世纪的时间，生态文明建设已占据中国各项建设的突出地位，而中国生态文明理念也引起国际社会的广泛关注。

改革开放以来，中国经济快速发展，创造了举世瞩目的“中国奇迹”。然而，粗放的发展方式使旧工业时期英、美、日等国曾经历过的“沉痛的代价”即将在中国重演。资源无度开发利用、大量生态问题日益突出、优质生态产品短缺等弊端开始显现，人民对清新空气、青山绿水的呼唤日渐迫切。

在此背景下，党的十八大以来，以习近平同志为核心的党中央把生态文明建设纳入“五位一体”总体布局和“四个全面”战略布局，放在治国理政的重要战略地位，锐意深化生态文明体制改革，坚定贯彻绿色发展理念，生态环境保护面貌焕然一新。控制温室气体排放、环境保护优先经济发展、率先解决关系民生的突出环境问题、深化污染防治工作、加强生态和农村环境保护等多项举措先后施行，生态文明建设“遍地开花”，取得的成效有目共睹。

党的十九大及全国生态环境保护大会的召开，更是将生态文明建设提上更重要位置。习近平总书记在全国生态环境保护大会上强调，“建设生态文明是关系中华民族永续发展的根本大计”“生态环境是关系党的使命宗旨的重大政治问题，也是关系民生的重大社会问题”，我国要把握好发展的新时期，充分利用长期以来积累的政治优势和物质基础，“加大力度推进生态文明建设、解决生态环境问题，坚决打好污染防治攻坚战，推动我国生态文明建设迈上新台阶。”①

生态文明建设是民之所望、改革所向，是关系人民福祉、关乎民族未来的大计。在我国生态文明建设的新时期，祁连山长达几十年的生态环境破坏是有悖民心、有悖改革所向、有悖人民福祉的“越雷池”行为。祁连山国家级自然保护区生态环境问题整改，是党中央和习近平总书记非常关心、非常关切的重大问题，也是省委、省政府当前和今后一个时期的重大政治任务。

2. 如何实现祁连山生态系统绿色崛起?

祁连山生态环境问题是甘青两省生态保护重中之重、唯此为重的工作，重逾千钧、重如泰山。在《通报》之后，甘肃省以雷霆手段抓整改、搞修复，有力有序有效推进祁连山地区生态环境整治与保护。然而，从大量曝光

① 《习近平在全国生态环境保护大会上的讲话》，2018 年 5 月 18 日。

的整改成效可以了解到，无论是完善地方法规、重构制度体系，还是关停探采水电项目、搬迁农牧民、整改旅游项目等，都是在解决“沉疴旧疾”。筑牢祁连山生态安全屏障，需要对标新的发展理念，聚焦体制机制症结，统筹解决好突出问题，建立长效发展机制，推动绿色发展崛起。

树立绿色发展理念。地方政府及相关部门要深入贯彻落实习近平总书记系列重要讲话精神，认真落实党中央、国务院的决策部署，树立“坚持人与自然和谐共生，坚持绿水青山就是金山银山，坚持山水林田湖草系统治理，坚持用最严格制度最严密法治保护生态环境”的绿色发展理念，牢固树立“四个意识”，摒弃片面追求不可持续的经济发展理念，努力践行绿色、循环、低碳的新发展理念，把生态文明建设放在更加突出的战略位置，融入经济建设、政治建设、文化建设、社会建设的各方面和全过程，积极构建适合祁连山国家级自然保护区资源节约和环境保护的空间格局、产业格局、生产方式。

持续推进祁连山保护区生态环境问题整改。继续紧盯生态环境重点领域、关键问题和薄弱环节，全面落实探采矿、水电站等差别化退出方案，采取“一矿一策、一站一策、一企一策”措施，持续推进祁连山生态环境各项整改任务。确保保护区探采矿和违规水电站设施2019年底前全部退出，2018年底前解决林草“一地两证”问题，基本实现草畜平衡；实验区旅游设施规范运营，科学核定游客容量上限，减少人为活动对生态环境的影响；2020年完成祁连山生态保护规划建设任务和山水林田湖草生态保护修复试点工程，核心区农牧民全部搬出，缓冲区人口有序减少。

转变传统GDP考核形式，建立绿色GDP核算体系。长期以来，单纯追求经济增长的传统GDP考核形式始终是衡量我国各级政府官员政绩的唯一指标，这使决策者耽于通过自然资源的过度消耗获得经济的高速增长，忽视自然资源和生态环境的价值因素，导致发展只等同于经济上量的增长的错误传统发展观的流行。祁连山工矿水电企业无序开发为过分追求经济利益而轻视生态环境的突出表现。因此，不能单纯地用GDP来评估一个地区的发展成果、考核领导班子的政绩。面对祁连山生态环境问题中暴露的经济与生态两相博弈的问题，甘青两省需要在科学发展观的指导下，结合实际，取消部分地区传统 GDP 考核方式，建立新的绩效考核体系，将绿色 GDP 作为综合环境与经济的考核依据，推动粗放型经济增长模式向集约型模式转变。

提倡科学民主化的决策模式，打破“九龙治水”的传统局面。中国环境政策长期采用国家政府高层决策或专家精英决策模式，缺少地方政府、公众、公民社会的参与，不利于利益相关者关系的协调，保证决策的公平合理性。因此，首先在祁连山生态环境保护政策制定过程中，应打破一味强调“自上而下”或“自下而上”的方法，充分结合两种方法，体现政府与社会各阶层之间的互动，保证决策的科学民主性。其次，要通过健全环境管理体制，加大环保执法力度。“九龙治水”是中国环境保护问题中的沉疴，祁连山保护区生态环境政策的执行和落实，需要跨行业、跨部门的合作。应加强各部门在祁连山生态环境治理、修复与保护中的职责分工，打破部门界线，强调相互配合、共同治理、共担职责。

构建多元治理结构体系，提倡“环境善治”治理模式。长期以来，中国环境的治理以政府部门为主体，强调政府职能的专属性和排他性，极易导致“政府失灵”“市场失灵”。同时，中国现行的环境政策往往难以涉及对企业和弱势群体的关注，其利益诉求在公共政策中难以得到体现，无法实现环境保护利益的均衡，以及政府、市场和公民社会在环境治理中力量的整合。在祁连山生态环境保护问题上，如何充分行使政府职能，同时强化市场调节和公众参与，构建多元治理结构体系，打破“相信指令性法规和靠命令而治”的原有格局极为迫切。现阶段，中国市场经济体制日趋成熟，政府职能有所转变，环境法律制度体系逐步完善，环境 NGO 和公民社会不断成长，社会公民参与空间不断拓宽。在这种背景下，应打破传统的政府干预性和管制型治理模式，提倡“环境善治”，融合各种环境主体的力量，建立协同关系与方式，确定环境责任边界，实现治理赋权，通过动员社会最大限度的积极性，创造并制定一系列以政府为主导，多元治理主体共同参与、共同促进生态福祉的祁连山生态环境治理模式与行动策略。

鼓励当地居民参与保护区管理，促进生态环境的可持续发展。在长久的经济增长与环境保护博弈过程中，专家发现“社区共管”、“生态民”、恢复传统的游牧制度、生态扶贫、协同治理五大策略是建立祁连山国家公园生态保护的长效机制。[①] 因此，在祁连山国家公园的建设中应注重：①在祁连山国家公园实施“社区共管”机制；②构建统一规范的综合执法体制和多元一体监督机制；③将祁连山国家公园内的当地居民最大限度地转化为“生态民”；④重新认识草原围栏建设，适度恢复传统的游牧制度；⑤实施生态扶贫，将生态保护与扶贫发展有效结合。

加快推进绿色发展崛起步伐。[②] 认真汲取祁连山保护区生态环境问题的深刻教训，树牢“绿水青山就是金山银山”的理念，加快建立健全绿色低碳循环发展的经济体系，实现绿色发展崛起。全面自查整改各类自然保护区生态环境问题，督促各地各部门抓紧整改落实。突出生态环境综合治理，深入开展全省全域无垃圾三年专项治理行动。多渠道筹集资金，加快“两江一水”、定西渭河源、甘南玛曲沙化草原等重点生态区域治理，继续实施水土流失综合治理、重点防护林建设、天然林保护、退耕还林还草、防沙治沙等重大生态系统保护和修复工程，全面落实河长制，推进实施耕地、草原、森林、河湖休养生息制度，逐步建立市场化、多元化生态补偿机制，筑牢生态安全屏障。

---

① 《丁文广在“国家公园与生态文明建设”高端论坛上的主旨报告》，2018 年 9 月 28 日。

② 《李斌在“国家公园与生态文明建设”高端论坛上的主旨报告》，2018 年 9 月 28 日。

分 报 告

Sub-reports

G.2

祁连山地区森林与水土涵养研究

勾晓华　高琳琳*

摘　要： 祁连山地区的森林承担着水土涵养、调蓄山区及周边地区降水与冰雪融水、灌溉河西走廊、维持生物多样性等多重生态功能，对祁连山发挥生态屏障作用具有重要意义。祁连山地区现有森林总面积 43.6 万公顷，森林覆盖率为 16.4%，其中，青海云杉为分布面积最大的乔木树种。基于树木年轮资料的研究发现，近几十年来随着区域气候变暖、降水增多以及生长季的延长，祁连山地区青海云杉树木生长在 2000 年以后明显加快，归一化植被指数（NDVI）的变化也显示出区域植被整体变好的趋势。从过去千年尺度来看，祁连圆柏树轮

* 勾晓华，兰州大学资源环境学院教授、院长，西部环境教育部重点实验室主任，祁连山研究院院长，主要研究方向为树木年轮与全球变化；高琳琳，兰州大学资源环境学院讲师，主要研究方向为树木年轮与森林生态学。

记录显示近两百年来祁连山地区气候逐渐变湿，树木生长处于相对适宜阶段。对作为祁连山森林生态系统中最敏感地带之一的高山林线的研究也发现，气候变暖导致了高山林线有向上爬升的趋势，林线处树木密度增加很快。通过祁连山地区已有树轮研究结果的综述分析发现，该区域树木生长整体主要受降水或干旱气候因子限制，短期（日际、月际、年际）和长期（年代际）的区域气候波动都会显著地影响树木生长变化趋势。对于祁连山森林生态服务功能的价值评估表明，水土涵养是该区域森林最主要的生态功能与价值。林冠截留、地表枯枝落叶层水文调节以及森林土壤入渗和调蓄地表及河川径流是森林水土涵养的主要机理。对比研究发现，青海云杉林是祁连山地区水源涵养效益最佳的森林类型，未来应该重点保护和发展。

关键词： 祁连山　森林　树木生长　气候变化响应　水土涵养　青海云杉

森林约占地球陆地面积的30%，[①] 不仅具有调节气候、涵养水源、保持水土、维持生物多样性以及为人类提供能源和休闲场所等功能，[②] 还在全球碳循环中发挥着重要作用。[③] 森林的碳储量占整个陆地生态系统碳储量的80%以上，森林每年的固碳量约占整个陆地生物碳固定量的2/3。因此，森

① FAO, "Global Forest Resources Assessment 2005: Progress Towards Sustainable Forest Management 2016", *FAO Forestry Paper* 147.

② Kirilenko, A. P., Sedjo, R. A. "Climate Change Impacts on Forestry", *Proceedings of the National Academy of Sciences* 2007, 104 (50): 19697 - 19702.

③ Bonan, G. B., "Forests and Climate Change: Forcings, Feedbacks, and the Climate Benefits of Forests," *Science* 2008, 320 (5882): 1444 - 1449.

林对于维护全球碳平衡发挥着重大作用，被誉为地球的肺。

祁连山位于青藏高原东北部边缘区，地处我国东部湿润区、西北干旱区和青藏高寒区的过渡带。地跨甘肃、青海两省，东起乌鞘岭，西接阿尔金山脉，南邻柴达木盆地，北部为河西走廊，东西长约 850 公里，南北宽约 200~300 公里。作为河西走廊三大内陆河与黄河上游重要支流湟水河的源区和青海湖的补给区，祁连山支撑着甘肃河西五市及内蒙古、青海等（省区）下游地区经济社会的可持续发展，可谓那片广阔土地上的人民赖以生存的生命之源。祁连山对阻挡巴丹吉林、腾格里、库姆塔格和柴达木四大沙漠的侵袭发挥着极其重要的作用，是西北地区乃至全国的重要生态安全屏障。

祁连山的森林承担着涵养水源、调蓄山区及周边地区降水与冰雪融水、灌溉河西走廊绿洲、维持生物多样性等多种生态功能，对于祁连山发挥生态屏障作用具有重要意义。1980 年祁连山水源涵养林被国务院确定为国家重点水源涵养林，并在 1988 年建立了祁连山国家级自然保护区，旨在保护区域内的森林和野生动植物资源。祁连山国家自然保护区的建立使该地区受人类活动干扰的影响逐步减少，大量天然林资源被较好地保存下来，使这里成为研究自然状态下树木生长、森林生态响应以及气候变化与生态学研究的理想区域之一。

一　祁连山地区植被森林分布情况

祁连山地区的植被分布具有明显的空间差异性。垂直方向表现为明显的植被分布垂直带谱，从低海拔向高海拔依次发育着荒漠草原带、草原带、森林草原带、灌丛草原带、草甸草原带和冰雪覆盖带。水平方向上，由于祁连山自东向西山体海拔逐渐升高，降雨量逐渐减少，气候愈来愈寒旱化，导致植被分布发生了相应的自东向西水平分布变化即东部植被种类相对较多，植被带谱发育较完整，森林覆盖面积较广，林间灌木草本广泛分布；而西部植被稀疏，且植被种类较少，森林和植被带谱发育简单。尤其是北大河以西，较少有森林植被发育成连续带状，仅有小片斑块状森林分布，且灌木稀少，禾本科、莎草科杂草生长较多。祁连山地区森林的主要建群树种为青海云杉和祁连圆柏，一些区域有青杆、油松、杨树和桦树林分布。①

祁连山林区总面积265.3万公顷，现有森林总面积43.61万公顷，森林覆盖率为16.44%，活立木蓄积量为2303.3万公顷。其中，青海云杉林面积10.79万公顷，占总乔木林的75.72%；祁连圆柏林面积1.62万公顷，占总乔木林的11.37%；杨树、桦树林面积1.84万公顷，占总乔木林的12.91%；灌木林面积29.36万公顷，占森林总面积的67.32%。② 森林地被类型主要由青海云杉林（常见的包括藓类云杉林、藓类灌木云杉林、灌木青海云杉林、苔草类青海云杉林、马先蒿藓类云杉林5种林型）、祁连圆柏林、高山湿性灌木林和中低山干性灌木林等四个森林生态系统组成。优势灌木树种有金露梅、银露梅、箭叶锦鸡儿、吉拉柳、青海杜鹃等，常见草本植物有黑穗苔、珠芽蓼、针茅类等。山地森林灰褐土、亚高山灌丛草甸土、山地栗钙土是山地森林生态系统的主要土壤分布类型。③

青海云杉和祁连圆柏是祁连山水源涵养林的主要建群种，也是西北地区的主要造林树种之一。④ 青海云杉和祁连圆柏都是中国特有树种，且主要分布于青藏高原北部和东部边缘地区。不过两者具有较明显的生境分化，对土壤和水热等条件具有不同的要求。青海云杉为松科（Pinacea）云杉，属（Picea）常绿乔木，成年树树高可超过20米，胸径可达60厘米或以上，喜寒冷潮湿的中性土壤，根系虽然较浅，但具有较强的耐贫瘠、耐旱和抗寒性，能够忍受-30°C以下低温，多分布在海拔2500~3500米的山地阴坡、

① 陈桂琛等：《祁连山地区植被特征及其分布规律》，《植物学报》1994年第36期。

② 车克钧、傅辉恩、贺红元：《祁连山水源涵养林综合效益的计量研究》，《林业科学》1992年第4期。

③ 王清忠：《祁连山水源涵养林综合效益分析与可持续发展对策》，《甘肃科技》2003年第11期。

④ 高贤良：《祁连圆柏和青海云杉坡向分布差异的生理生态适应机制》，兰州大学硕士学位论文，2011。

半阴坡以及潮湿谷地。[①] 青海云杉林通常发育为纯林，成熟林森林郁闭度很高。祁连圆柏为柏科（Cupressaceae）刺柏属（Juniperus）常绿乔木，成年树树高可达12米（通常不超过10米），林冠稀疏，老树树干和部分主枝表皮扭曲，耐寒旱，具有顽强的生命力，常分布于海拔2500～4300米的贫瘠且干旱的山地阳坡或半阳坡。[②] 祁连圆柏林通常生境开阔，林相稀疏，树间距离很大，由于其坚实、致密、耐侵蚀的木材属性，是当地历史上墓葬中棺椁的主要用材，为考古研究、古气候和生态环境变化研究提供了非常好的资料。

二　祁连山地区森林树种生长情况

树木地上部分的生物量大部分存储在木质部茎中，[③] 树木年轮直接反映树木木质部每年径向生长的情况。因此，树木年轮是记录和反映树木生长状况以及气候环境对其影响的良好载体，也是研究过去气候变化、森林生态响应以及陆地碳循环的重要途径之一。树木木质部细胞生长在年内有规律地变化，并在不同年份之间形成清晰的界限，即构成了树木年轮。[④] 除热带地区和一些阔叶树木年轮界限不清晰之外，世界上绝大多数地区的乔木，尤其是针叶树种都具有清晰的径向年轮生长特征。一个完整年轮通常包含早材和晚材两部分，早材形成于生长季的早期，通常细胞比较大、细胞壁较薄，颜色比较浅；晚材形成于生长季末期，细胞一般比较小、细胞壁较厚，颜色看起来较深（见图1）。目前较常用的树轮指标有：树轮宽度、同位素（δ13C、δ14C、δ18O、δ15N等）、密度（早材密度、晚材密度、最大密度、最小密

① Zhao, C., Chen, L., Ma, F., et al. "Altitudinal Differences in the Leaf Fitness of Juvenile and Mature Alpine Spruce Trees (Picea crassifolia)", *Tree Physiology* 2008 (1): 133－141.

② 高贤良：《祁连圆柏和青海云杉坡向分布差异的生理生态适应机制》，兰州大学硕士学位论文，2011。

③ Fahey, T. J., Woodall, C. W., "Forest Carbon Storage: Ecology, Management, and Policy", *Frontiers in Ecology & the Environment* 2009 (8): 245－252.

④ Cuny, H. E., Rathgeber, C. B. K., Frank, D., et al., "Kinetics of Tracheid Development Explain Conifer Tree-Ring Structure", *New Phytologist* 2014 (4): 1231－1241. Fritts, H. C., *Tree Rings and Climate*, 1976, London, New York, San Francisco: Academic Press.

度等)，以及年轮解剖特征参数（细胞数目、细胞腔大小、细胞壁厚度等)。树轮宽度因测量成本低、数据测量操作简单，是目前应用最广泛的树轮指标。不同的树轮指标能够指示或反映不同的气候与环境要素，可以提供从年内、年际到年代际等不同时间尺度的森林生长与气候环境变化信息。相比于其他自然记录而言，树木年轮资料具有定年准确、时间分辨率高、记录连续、空间分布范围广、资料易于获得、对外部环境变化敏感等特征，因而在古气候变化和森林生态研究中被广泛应用。①

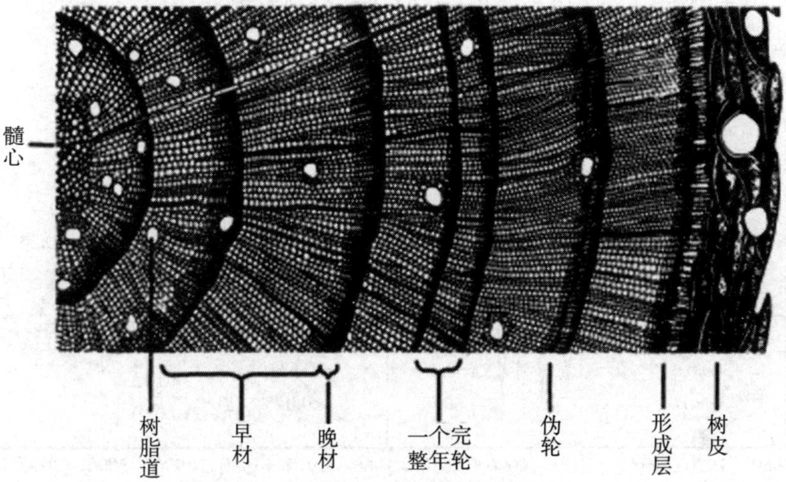

图1　树木年轮解剖结构示意

资料来源：亚利桑那大学树轮实验室。

祁连山地区是国内树木年轮学研究开展较早的区域之一，目前已有不少研究成果发表。近期，Gao 等针对祁连山地区分布面积最广的地带性优势树种——青海云杉的研究发现，基于 38 个青海云杉森林样点的样方调查和树木年轮数据的研究表明，1961 ~ 1980 年该地区树木生长整体呈上升趋势，

① IPCC, "Summary for Policymakers", in Stocker, T. F., Qin, D., Plattner, G. K., Tignor, M., Allen, S. K., Boschung, J., Nauels, A., Xia, Y., Bex, V., Midgley, P. M. (eds), 2013, Cambridge University Press, Cambridge, United Kingdom and New York, NY, USA.

1980 ~2001 年树木生长呈显著下降趋势，而 2000 年以后祁连山地区的青海云杉树木生长又开始出现明显的生长加快趋势[①]（见图 2）。区域 1982 ~2015 年 NDVI 数据的分析也发现，相比于 1980s，1990s 祁连山地区整体的 NDVI 有所下降；但相比于 1990s，2000s 祁连山地区的 NDVI 又开始上升，尤其是西北部地区的 NDVI 上升比较明显，区域东南部少数地区的 NDVI 仍呈下降趋势；2010 年以后，祁连地区的 NDVI 整体呈显著的上升趋势，表明近期该区域植被生长在变好（见图 3）。整体而言，NDVI 变化显示，2000 年以来祁连山地区的植被呈变好趋势，这与该区域的青海云杉树木年轮数据记录结果一致。

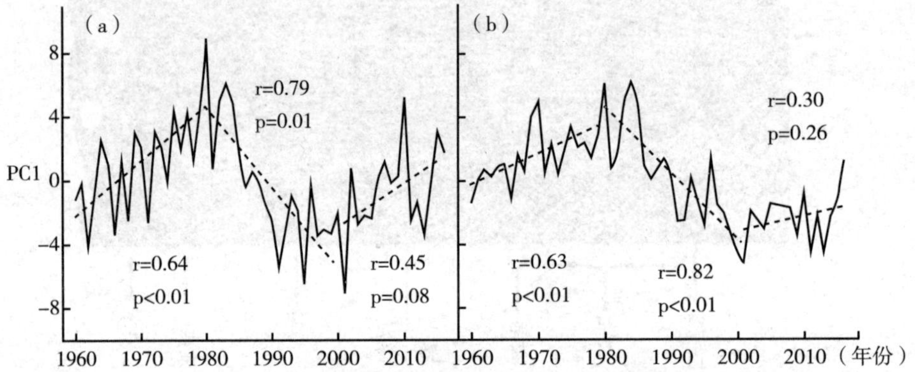

图 2　祁连山地区 38 个青海云杉树轮年表所指示的树木径向生长近期（1961 –2015 年）变化趋势

图 2 根据树轮年表近期变化趋势确定的有共同变化特征的第一组年表（主要来源于祁连山中西部）的第一主成分序列（a），第一主成分解释年表变量的 50%；第二组年表（主要来源于祁连山中东部）的第一主成分序列（b），第一主成分解释了该组年表变化的 42%。图中虚线为两组年表第一主成分分别在 1961 ~1980，1980 ~2001，及 2001 ~2015 年的变化趋势拟合线。

① Gao, L. , Gou, X. , Deng, Y. , et al. , “Increased Growth of Qinghai Spruce in Northwestern China During the Recent Warming Hiatu”, *Agricultural & Forest Meteorology*, 2018, s 260 –261: 9 –16.

在近千年的时间尺度上，祁连圆柏树木年轮数据能较好地反映该地区树木生长的变化特征。该区域树轮记录比较一致地反映了干旱是树木生长的主要限制因子，连续干旱时期或极端干旱年份导致树木生长缓慢、年轮整体较窄，相反气候相对湿润的时期或年份对应树木生长较好、年轮较宽。在过去千年中，气候相对湿润、树木处于高生长阶段的时期有：AD1090 ~ 1096 年，1242 ~ 1251 年，1358 ~ 1369 年，1383 ~ 1395 年，1564 ~ 1582 年，1608 ~ 1617 年，1734 ~ 1742 年，1755 ~ 1764 年，1849 ~ 1853 年，1891 ~ 1910 年；而气候比较干旱、树木处于低生长阶段的时期有：AD1139 ~ 1152 年，1294 ~ 1309 年，1446 ~ 1503 年，1708 ~ 1726 年，1790 ~ 1794 年，1819 ~ 1824 年，1926 ~ 1937 年。[①] 小冰期时期，祁连山地区经历了 3 次持续时间较长的干旱时段（AD1260s ~ 1340s、1430s ~ 1540s、1640s ~ 1740s），这一时期的干冷气候导致树木生长一致性地出现低谷期。经过 Gou 等的分析发现，这一时期的干旱与太阳活动极小期有密切关系，在百年尺度上太阳活动通过影响祁连山地区干湿气候变化进而影响区域的树木径向生长变化。[②]

除了树木年轮直接记录树木径向生长情况之外，基于树木径向生长监测仪（Dendrometer）、微树芯（Micro-core）采样等方法的连续观测研究也能够获得祁连山地区树木生长情况的有关信息，而且树木生长监测研究能够获得树木个体在年内、月尺度以及日际变化等方面较精确和详细的数据，可以弥补年轮记录大多反映样点尺度树木生长，在季节、年际、年代际之间等长时间尺度上变化的不足，从不同时间尺度上获取对树木生长较全面的认识。但因树木生长监测研究耗时耗力且花费较大，目前该方面研究在祁连山地区开展的还相对较少。Wang 等利用 Denderometer 对祁连山地区祁连圆柏树木的径向生长观测研究发现，祁连圆柏径向生长在年内存在

① Gou, X. , Yang, D. , Gao, L. , et al. , "Millennium Tree-ring Reconstruction of Drought Variability in the Eastern Qilian Mountains, Northwest China. ", *Climate Dynamics* 2015a, 45 (7 - 8): 1761 - 1770.

② Gou, X. , Gao, L. , Deng, Y. , et al. , " An 850-year Tree-ring Based Reconstruction of Drought History in the Western Qilian Mountains of northwestern China", *International Journal of Climatology* 2015b, 35 (11): 3308 - 3319.

两个明显的季节差异：冬春季树木径向生长受气温和土壤温度正影响显著，而3月底至11月初这一时段的树木径向生长则主要与降水和土壤湿度呈显著正相关，与温度负相关。① 日平均温度大于0℃是调控祁连圆柏年内径向生长两个阶段变化的关键因素。5～6月是祁连圆柏径向生长最快的阶段。同样利用Denderometer监测仪，Tian等针对祁连山地区的青海云杉树木径向生长进行了连续两个生长季的观测，发现青海云杉树木径向生长开始的时间在5月11日前后，径向生长开始时间与土壤温度有非常密切的关系；② 但青海云杉生长季结束的时间在同年份之间不存在差异，有可能与气候要素无关。降水是影响青海云杉树木年径向生长量的主要因子，而且降水天数比降水总量的影响更大。Zhang等在祁连山南坡和北坡进行每周或两周一次的祁连圆柏微树芯采样，对树木形成层活动及木质部变化进行连续的监测研究。③ 分析结果显示，祁连圆柏形成层活动开始时间主要受温度影响，并且随海拔升高推迟（海拔每升高100米，形成层活动开始时间推迟约8.2天）；但形成层活动结束时间却可能与最高温、干旱都有关。树木木质部生长受生长速率和生产持续时间的共同影响，两者之间生长速率的影响更大一些。2013年祁连山地区气候整体比较干旱，导致祁连圆柏形成层细胞活动结束时间比2012年（相对湿润年份）提前了30天，这对年轮宽度的形成有很大影响。

综上所述，虽然目前祁连山地区开展树木生长监测的研究较少，但已有

---

① Wang, Z., Yang, B., Qin, C., et al., "Two Phases of Seasonal Stem Radius Variations of Sabina Przewalskii Kom. In Northwestern China Inferred from Sub-diurnal Shrinkage and Expansion Patterns", *Trees* 2012, 26 (6): 1747 - 1757.

② Tian, Q., He, Z., Xiao, S., et al., "Response of Stem Radial Growth of Qinghai Spruce (Picea crassifolia) to Environmental Factors in the Qilian Mountains of China", *Dendrochronologia* 2017, 44: 76 - 83.

③ Zhang, J., Gou, X., Manzanedo, R., D., et al., "Cambial Phenology and Xylogenesis of Juniperus Przewalskii Over a Climatic Gradient is Influenced by Both Temperature and Drought", *Agricultural and Forest Meteorology*. 2018, p. 260 - 261: 165 - 175; Zhang, J., Gou, X., Pederson, N., et al., "Cambial Phenology in Juniperus Przewalskii Along Different Altitudinal Gradients in a Cold and Arid Region", *Tree Physiology* 2018, 38 (6).

研究结果表明树木径向生长及形成层活动开始时间与温度有较密切关系，结束时间及其影响因子或机理尚未达成统一认识。随着全球气候变暖、温度升高，树木生长季的开始时间应该有所提前。此外，物候变化是树木生长变化的重要衡量指标之一，基于树木生理模型模拟的祁连山南部、柴达木东北缘地区祁连圆柏的树木径向生长物候变化也显示，[①] 随着近20年区域气候的变湿，祁连圆柏径向生长量呈增长趋势，径向生长开始的时间明显提前，而结束的时间略微推后，整个生长季有所延长。

三 祁连山地区树木生长响应气候变化

近百年来，由于人类活动的影响，大气中二氧化碳的浓度已由工业革命前的280ppm增加到400ppm以上。与此同时，全球陆地和海洋表面平均温度在过去100多年（1880~2012年）中升高了0.85°C[②]。科学家相信，人类活动所引起的温室效应还在不断加强，在未来百年内全球气候格局将发生很大改变。全球气候变化不可避免地对森林生态系统产生一定的影响，同时森林作为地球上的巨大碳库，森林生态系统的变化反过来又会对全球气候变化产生重要的反馈作用。气候变化对森林的影响从细胞、叶片到个体、种群、群落，再到整个森林生态系统、景观、区域乃至全球尺度均有不同程度、不同层次的体现，进而从根本上影响着森林生态系统的组成、结构和功能。[③] 科学家已经利用野外监测、控制实验、模型模拟等方法从不同方面、不同尺度对森林生态系统、气候变化的响应进行了研究，试图获得对全球气候变化影响森林生态系统的较全面认识。已有研究发现，在一些受温度限制的高寒湿

---

① Zhang, Y., Shao, X., Xu, Y., et al., "Process-based Modeling Analyses of Sabina Przewalskii Growth Response to Climate Factors Around the Northeastern Qaidam Basin", *Chinese Science Bulletin* 2011, 56 (14): 1518-1525.

② IPCC, "Summary for Policymakers", in Stocker, TF, Qin, D, Plattner, GK, Tignor, M, Allen, SK, Boschung, J., Nauels, A., Xia, Y., Bex, V., Midgley, P. M. (eds), 2013, Cambridge University Press, Cambridge, United Kingdom and New York, NY, USA.

③ 刘国华、傅伯杰：《全球气候变化对森林生态系统的影响》，《自然资源学报》2001年第1期。

润地区，温度升高将有利于森林生产力的增加。[①] 但是温度的升高常常伴随蒸发蒸腾量的增加，从而可能会加剧部分区域的干旱程度，在一些地区已发现树木生长与气候要素间的关系发生改变，[②] 森林碳汇作用减小甚至大面积的森林衰亡。[③] 另外温度的上升，特别是冬季温度的上升可能会增加森林虫灾和火灾发生的频率，而生长季的增温可能会使森林向一些以往不适宜分布的高纬度或高海拔区域扩展或迁移。[④] 森林中不同年龄、不同大小甚至不同性别的植物个体在面对气候变化时可能会产生差异性响应，而不同个体的差异性响应将会引起一些地区森林种群结构等的变化。总之，森林已经在个体到群落等不同尺度上对全球变化做出响应。

祁连山区是全球独特的温带半干旱区山地，地处我国东部湿润区、西北干旱区和青藏高寒区的过渡带和边缘区。过去 60 年，祁连山区年平均温度急剧升高（0.3℃/10 年），年总降水整体呈略微增长趋势。[⑤] 作为干旱半干旱区的过渡带与气候变化的敏感区，祁连山区的气候变化将会对区域的森林产生重要影响，进一步将影响该区域的水土资源保持、水

---

① Nemani, R. R., Keeling, C. D., Hashimoto, H., et al., "Climate – Driven Increases in Global Terrestrial Net Primary Production from 1982 to 1999", *Science* 2003, 300 (5625): 1560 – 1563.

② Briffa, K. R., Schweingruber, F. H., Jones, P. D., et al., "Reduced Sensitivity of Recent Tree-growth to Temperature at High Northern Latitudes", *Nature* 1998, 391 (6668): 678 – 682; D'Arrigo, R., Wilson, R., Liepert, B., et al., " On the 'Divergence Problem' in Northern Forests: A Review of the Tree-ring Evidence and Possible Causes", *Global & Planetary Change* 2008, 60 (3 – 4): 289 – 305.

③ Allen, C. D., Macalady, A. K., Chenchouni, H., et al., "A Global Overview of Drought and Heat-induced Tree Mortality Reveals Emerging Climate Change Risks for Forests", *Forest Ecology and Management* 2010, 259 (4): 660 – 684; Peng, C. H., Ma, Z. H., Lei, X. D., et al., "A Drought-induced Pervasive Increase in Tree Mortality Across Canada's Boreal Forests. *Nature Climate Change* 2011, 1 (9): 467 – 471; Ma, Z., Peng, C., Zhu, Q., et al., " Regional Drought-induced Reduction in the Biomass Carbon Sink of Canada's Boreal Forests", *Proceedings of the National Academy of Sciences* 2012, 109 (7): 2423 – 2427; Williams, A. P., Allen, C. D., Macalady, A. K., et al., "Temperature as a Potent Driver of Regional Forest Drought Stress and Tree Mortality", *Nature Climate Change* 2013, 3 (3): 292 – 297.

④ Kelly, A. E., Goulden, M. L., " Rapid Shifts in Plant Distribution with Recent Climate Change", *Proc Natl Acad Sci U S A.* 2008, 105 (33): 11823 – 11826.

⑤ 陈晓光、张存杰：《西北区域气候变化评估报告》，中国科学技术出版社，2013。

循环与生态环境等。基于树木年轮的研究表明，祁连山地区青海云杉近60年的生长趋势波动变化与区域的气候变化有非常密切的关系，具体表现为：1961～1980年，因祁连山地区这一时期升温还不显著、降水整体也比较稳定，青海云杉树木在这一时段生长良好；1980～2001年，祁连山地区经历了快速升温、气候变暖而降水又未明显增加的变化，高温导致的干旱加剧严重限制了青海云杉树木的生长，使这一时期的树木径向生长整体表现明显下降趋势，且与生长季温度和干旱指数显著相关的年表数量显著增加；2000年以后，与全球及北半球温度变化曲线出现的“增温停滞”现象一致，祁连山地区的温度升高也停止，同时区域降水略有增加，干旱气候得到缓和，这时期青海云杉树木的径向生长速率又开始明显加快。①

因祁连山地区是国内树轮学研究开展较早的区域之一，且国内树轮序列超过千年的记录大多集中在这一区域与柴达木盆地东北缘地区，笔者对祁连山地区已发表的树轮研究成果进行了统计与分析，试图获得对该区域树木生长主要气候限制因子以及树木生长对气候变化响应较全面和系统的认识。图4展示了各项研究中树轮样点的空间分布位置等信息，仅列出了在文献中有明确采样点位置信息的研究工作，对于采样点较多或仅有采样点范围的工作，以采样范围的中心位置来表示这项研究所在位置。图中用不同图标形状和颜色来区分不同的树轮指标（树轮宽度、树轮同位素和树轮密度）和所指示的气象要素（干旱和温度）。从图3的统计结果能够看出，目前祁连山地区大部分的树轮研究工作都集中在中部地区，② 东部地区有一些时间序列

① Gao, L., Gou, X., Deng, Y., et al., “Increased Growth of Qinghai Spruce in Northwestern China During the Recent Warming Hiatus”, *Agricultural & Forest Meteorology* 2018, s 260 - 261: 9 - 16.

② Yang, B., Qin, C., Shi, F., et al.,“Tree Ring-based Annual Streamflow Reconstruction for the Heihe River in Arid Northwestern China from Ad 575 and its Implications for Water Resource Management,” *Holocene*. 2012, 22 (7): 773 - 784; Zhang, Y., Shao, X., Yin, Z. Y., et al., “Millennial Minimum Temperature Variations in the Qilian Mountains, China: Evidence from Tree rings”, *Climate of the Past* 2014, 10 (1): 341 - 380.

比较短的树轮记录，西部的树轮记录非常少。① 祁连山中部地区的树轮研究工作主要集中在祁连县和肃南县附近的寺大隆林场，黑河下游也有少量研究；东部地区的树轮研究工作主要集中在石羊河流域上游地区，西部地区的树轮研究工作主要在酒泉附近的祁丰林场开展。树轮宽度是目前祁连山地区绝大部分树轮研究工作所采用的指标，仅在祁连山中部地区有少量基于树轮碳同位素②和树轮最大晚材密度③的研究工作开展。

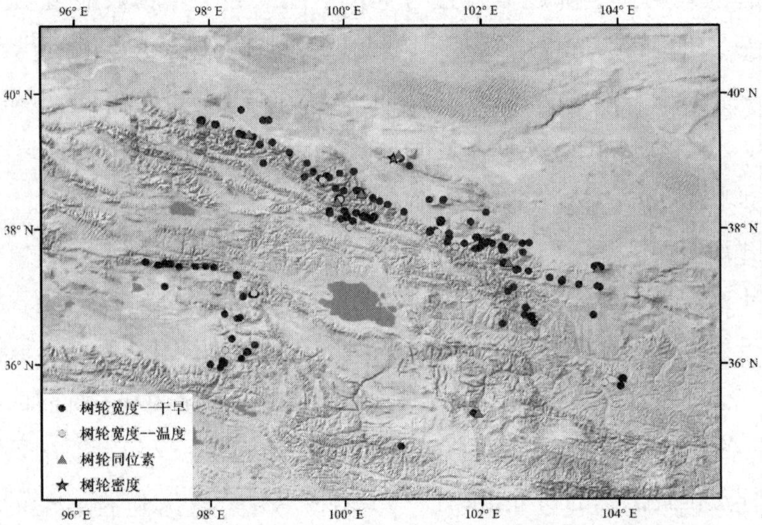

图3 祁连山地区前期已开展部分树轮研究工作样点

资料来源：高琳琳等，2015。

---

① Tian, Q., Gou, X., Zhang, Y., et al., "Tree – Ring Based Drought Reconstruction (A. D. 1855 – 2001) for the Qilian Mountains, Northwestern China", *Tree-ring Research* 2007, 63 (1): 27 – 36; Yang, B., Qin, C., et al., " Rainfall History for the Hexi Corridor in the Arid Northwest China During the Past 620 Years Derived from Tree Rings", *International Journal of Climatology* 2011, 31 (8): 1166 – 1176.

② 刘晓宏等：《祁连山中部过去近千年温度变化的树轮记录》，《中国科学》2004 年第 1 期。

③ Chen, F., Yu, S. L., Fan, Z. A., et al., " Temperature Reconstruction from Tree-ring Maximum Latewood Density of Qinghai Spruce in Middle Hexi Corridor, China", *Theoretical & Applied Climatology* 2012, 107 (3 – 4): 633 – 643.

根据这些树轮记录重建的气候要素来看，大部分树轮序列能够反映降水、干旱指数（PDSI）或主要河流径流量的变化，仅个别样点的树轮序列被用于重建温度变化，说明该区域大部分样点的树木生长主要受干旱、降水或湿度限制。通过统计这些树轮序列重建的气候要素指标发现，大部分干旱或降水重建集中在生长季的5～8月，或者前一年7月至当年6月、前一年8月至当年7月的年尺度干旱组合，说明在祁连山这一干旱半干旱过渡区，生长季以及更长尺度的干旱气候条件显著地影响了树木径向生长。祁连山地区目前已发表的数条千年尺度的树轮长年表记录更是一致地反映了干旱气候变化，且无一例外。这些长年表的建立都是基于生长缓慢、树龄能达到上千年的祁连圆柏树轮资料。祁连山地区的千年树轮记录与青藏高原东北部柴达木盆地东北缘及黄河源地区的千年尺度树轮记录之间表现出非常好的一致性。树轮记录的区域过去千年干旱变化显示（见图4），在过去千年祁连山地区经历了多次显著的干旱和湿润时期，例如15世纪的显著干旱时段。近200年来，树轮记录显示祁连山地区气候逐渐趋于变湿，近期气候处于相对湿润阶段。

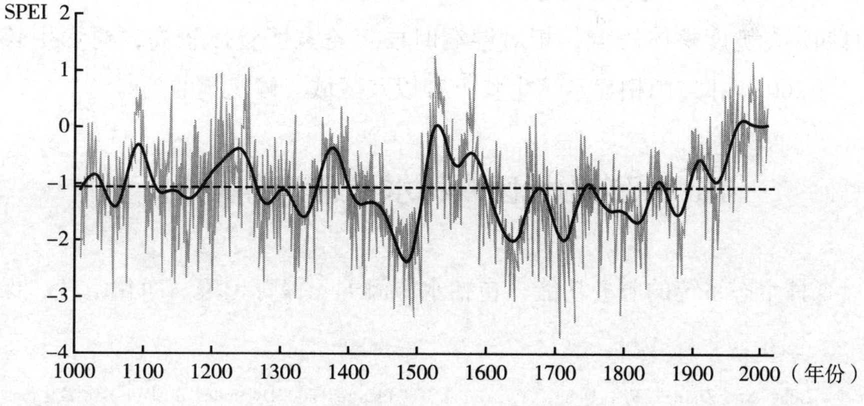

图4　基于祁连圆柏树木年轮记录重建的祁连山东部过去千年干旱变化

资料来源：Gou，X.，Yang，D.，Gao，L.，et al.，"Millennium Tree-ring Reconstruction of Drought Variability in the Eastern Qilian Mountains，Northwest China"，*Climate Dynamics* 2015a，45（7－8）：1761－1770.

林线是森林生态系统中最敏感的地带之一，林线地带树木生长、森林结构、组成与功能的变化对于气候变化的响应可能比其他地区森林的响应更为敏感。Gou et al. ① 和 Fang et al. ② 对祁连山东部、中部上林线动态变化的研究发现，温度是影响研究区林线树木生长和林线动态的主要因子。随着小冰期以来气候变暖，祁连圆柏森林上线有向上爬升的趋势，且森林上线处的树木密度增长很快。Liang 等③研究发现，祁连山中部几个高海拔林线处的青海云杉树木在近期出现生长下降、年轮缺轮率明显增加，甚至个别样点出现树木死亡的现象。该研究认为气候变暖导致的干旱加剧是这几个林线样点树木生长下降甚至死亡的主要原因。但除该研究之外，目前在祁连山地区尚未发现大面积的森林衰退、树木死亡现象。

大量的基于树木年轮资料的气候变化重建研究显示，祁连山地区大部分的树轮序列均反映干旱或水分是限制该地区树木生长的主要气候敏感因子，树木生长对气候变化的响应在不同时段、不同地区存在一定差异。随着近几十年祁连山地区气候暖湿的变化，2000 年以来区域青海云杉树木生长整体呈增长趋势，但在祁连山中部个别高海拔林线样点也有树木生长下降甚至树木死亡的现象。祁连圆柏在过去千年表现出随气候变化生长波动的特征，干旱时期年轮宽度整体较低，相对湿润时段年轮宽度整体较高，树木生长良好。近 200 年祁连圆柏显示了生长上升以及区域气候变湿的趋势。

四　祁连山地区森林水土涵养功能分析

森林生态系统的服务功能，包括水源涵养、保育土壤、净化空气、保护

① Gou, X., Zhang, F., Deng, Y., et al., "Patterns and Dynamics of Tree-line Response to Climate Change in the Eastern Qilian Mountains, Northwestern China", *Dendrochronologia* 2012, 30 (2): 121 - 126.

② Fang, K., Gou, X., Chen, F., et al., "Response of Regional Tree-line Forests to Climate Change: Evidence from the Northeastern Tibetan Plateau", *Trees* 2009, 23 (6): 1321 - 1329.

③ Liang, E., Leuschner, C., Dulamsuren C, et al., " Global Warming-related Tree Growth Decline and Mortality on the North-eastern Tibetan Plateau", *Climatic Change* 2016, 134 (1 - 2): 163 - 176.

生物多样性、固碳制氧以及森林景观与游憩功能等多方面。靳芳等[①]对于祁连山地区森林生态系统服务功能的价值评估结果表明，该地区森林的水源涵养和保育土壤价值占总价值的61%。换而言之，水土涵养功能是祁连山地区森林的最主要生态功能与价值所在。

森林涵养水源的机理主要是通过林冠截流、地表枯枝落叶层水文调节，以及森林土壤入渗和调蓄地表与河川径流等几方面来实现。林冠层通过截流部分降雨来减缓雨滴对地面的冲击，起到保育土壤的作用，同时也延长了水分在森林生态系统的滞留时间。对祁连山水源涵养林的研究表明，林冠层的截留率能达到25%左右。[②] 森林土壤表层的枯枝落叶层相对比较厚、比较疏松，且苔藓枯落物层有较强的吸水能力，透水性强，非毛管孔隙度高，具有重要的涵养水源、水土保持等水文功能。同时，枯枝落叶层影响土壤营养元素的循环、土壤热量、通气状况以及生物种群的类型和数量，生态意义十分突出。常宗强等对祁连山水源涵养林枯枝落叶层水文生态功能的研究发现，祁连山地区森林枯落物的年分解率比较大，可达15.2%，夏季分解速率最快。[③] 水源涵养林枯落物层的含水率一般为100%～200%，年内5～6月达到最低值。典型青海云杉林地除去枯枝落叶层后的径流量和冲刷量比原林分别增加1.8倍和7.9倍，表明森林枯枝落叶层对于调蓄径流、保育水土具有十分重要的作用。对不同林型（青海云杉林、祁连圆柏林和灌丛林）枯落物对降水的拦截率以及蓄水能力指标研究表明，云杉林枯落物层的厚度最大，对降水的平均拦截量最高；而灌丛林枯落物层的最大持水率最高，可达347%。[④]

森林土壤的水文效应与土壤的水文物理性质（持水能力、入渗能力、

① 靳芳等：《甘肃祁连山森林生态系统服务功能及价值评估》，《中国水土保持科学》2005年第1期。

② 王清忠：《祁连山水源涵养林综合效益分析与可持续发展对策》，《甘肃科技》2003年第11期。

③ 常宗强等：《祁连山水源涵养林枯枝落叶层水文生态功能》，《西北林学院学报》2001年第16期。

④ 常学向等：《祁连山森林水源涵养效益初析》，《西北林学院学报》2001年第16期。

土层厚度等）密切相关，常用的衡量指标有土壤容重、最大持水量、最小持水量、毛管持水量、非毛管孔隙度、毛管孔隙度、土壤稳渗率、初渗率、侧渗率等。王金叶等①在祁连山森林生态定位监测站排露沟试验区的研究发现，祁连山亚高山灌丛草甸土的持水能力最强，其次是山地森林灰褐土，山地栗钙土的土壤持水能力最差。亚高山灌丛草甸土的最大贮水量比山地森林灰褐土高1.8%，比山地栗钙土高27.7%，整体亚高山灌丛草甸土的土壤水文特性最好。尽管单位土壤厚度水文效应指标亚高山灌丛草甸土最高，但由于亚高山灌丛草甸土处于高海拔、土层比较薄，其总的水文效应指标除了自然贮水量之外，其他比山地森林灰褐土和山地栗钙土低。据长时间观察②，祁连山林区藓类云杉林、祁连圆柏林和灌丛林内的地表都没有地表径流产生，只有放牧草地类型有地表径流出现。森林覆盖率大的流域，径流量年际和月际变化值比较小。与草地相比，森林对地表径流的影响非常显著，有消减洪峰、减少地表径流和延长径流历时等作用。寺大隆林场的观测结果表明，对有云杉植被分布两侧的山坡和荒山对比发现，两区域河流的年平均含沙量相差近4倍，表明森林具有减轻和控制地表径流和水土流失的功能，使河川含沙量明显减少，可延长水库的使用寿命。

常学向等③对祁连山森林水源涵养林效益的整体评估表明，区域森林枯落物最大持水能力为3387.3万吨，土壤稳渗效益总计3992.4万吨，林地蓄水效益总计为9027万吨。其中，青海云杉林的枯落物最大持水能力、土壤稳渗效益、林地蓄水效益均大于灌丛林地，灌丛林地大于祁连圆柏林地，即青海云杉林的水源涵养能力最强，灌丛林和祁连圆柏林地次之。车克钧等④对祁连山水源涵养林水文效应的Fuzzy综合评价结果显示，青海云杉林是祁

---

① 王金叶等：《祁连山林草复合流域土壤水文效应》，《水土保持学报》2005年第19期。

② 王清忠：《祁连山水源涵养林综合效益分析与可持续发展对策》，《甘肃科技》2003年第11期。

③ 常学向等：《祁连山森林水源涵养效益初析》，《西北林学院学报》2001年第16期。

④ 车克钧、傅辉恩、贺红元：《祁连山水源涵养林综合效益的计量研究》，《林业科学》1992年第28（4）期。

连山地区水源涵养效益最佳的森林类型，提议今后应重点保护和发展青海云杉林，同时祁连圆柏林和灌木林作为涵养水源和保持水土的主要林型应该全面封育改良。近几十年来，祁连山水源涵养林恶化主要表现在林线后移、森林面积减小、林分质量下降等方面，主要是由历史上对森林的严重破坏，及全球性气候变化所引起。[①] 在未来的发展中，应充分考虑祁连山地区森林的特殊性、重要性以及状况与问题，因地制宜、科学合理地制定区域森林发展、保护与管理的可持续发展对策。

五 结语

祁连山是我国西北地区乃至全国重要的生态安全屏障，祁连山的森林承担着涵养水源、调蓄山区及周边地区降水与冰雪融水、灌溉河西走廊绿洲、维持生物多样性等多种生态功能，对于祁连山发挥其生态屏障作用具有重要意义。祁连山地区的植被分布具有明显的空间差异性，主要表现为垂直方向和水平方向的植被带谱分布。祁连山现有森林总面积43.61万公顷，森林覆盖率16.44%，其中青海云杉林分布面积最大，占总乔木林的75.7%，祁连圆柏林面积占总乔木林的11.4%，灌木林占森林总面积的67.3%。青海云杉林、祁连圆柏林、高山湿性灌木林和中低山干性灌木林是该区域森林的四个主要类型，常见优势灌木树种主要有金露梅、银露梅、箭叶锦鸡儿、吉拉柳、青海杜鹃等。

树木年轮是记录和反映树木生长状况以及其受气候环境影响的良好载体。基于树木年轮的研究表明，近千年来祁连山地区祁连圆柏树木生长经历了多个高生长和低生长阶段，与区域气候的干旱和冷暖变化有密切关系。小冰期时期，祁连山地区经历了3次持续时间较长的干旱时段（AD1260s～1340s、1430s～1540s、1640s～1740s），这一时期的干冷气候导致树木生长一致性地出现低谷期。近200年来，树轮记录显示祁连山地

① 王清忠：《祁连山水源涵养林综合效益分析与可持续发展对策》，《甘肃科技》2003年第11期。

区气候逐渐变湿，树木生长呈加快趋势。同时，对祁连山地区青海云杉树木生长的研究也发现，2000 年以来该树种树木生长上升趋势明显，区域 NDVI 的变化也显示 2000 年以来祁连山地区植被整体呈变好趋势。树木生长监测研究在更微观的尺度（月尺度、日尺度）揭示了树木径向生长以及物候的变化，研究发现温度是影响树木径向生长以及形成层活动开始的决定性因子，随着全球气候变暖，祁连山地区树木径向生长开始时间提前，整个生长季有所延长。

通过对整个祁连山区已开展树轮研究工作的综述与分析发现，该区域大部分的树轮记录都反映降水或干旱是限制树木生长的主要气候因子，且干旱对树木生长的影响主要集中在生长季以及更长尺度上。林线作为森林生态系统中最敏感的单元之一，其树木生长、森林结构、组成与功能均对气候变化做出一定响应。随着全球气候变暖，祁连山地区的上林线表现向上爬升的趋势，且林线处树木密度增长很快，个别林线甚至出现气候变暖导致干旱加剧和树木死亡现象。

水源涵养和保育土壤是祁连山地区森林最主要的生态功能与价值，森林主要是通过冠层截留、地表枯枝落叶层水文调节以及森林土壤入渗和调蓄地表与河川径流等几个关键过程实现水土涵养功能的。对祁连山不同森林类型水文效益的综合评估发现，青海云杉林是祁连山地区水源涵养效益最佳的森林类型，对地表径流有非常显著的影响，有消减洪峰、减少地表径流和延长径流历时的作用，同时能明显减少河川含沙量、延长水库的使用寿命。大力保护和发展青海云杉林应该是祁连山地区今后应该重点发展的方向，同时祁连圆柏林和灌木林作为水源涵养和水土保持的主要林型应得到全面封育和改良。在未来的发展中，应充分考虑祁连山地区森林的特殊性、重要性以及现实与问题，因地制宜、科学合理地制定区域森林发展、保护与管理的可持续发展对策。

G.3

祁连山区天然草原退化原因分析与可持续利用对策*

——以肃南县为例

赵成章　刘兴德**

摘　要： 天然草原是畜牧业发展的重要物质基础。由于缺乏有效的制度安排和技术创新，人类无节制的生产活动加剧了草原退化，导致了西部生态环境的恶化。本报告拟以祁连山区的肃南县为例，通过对天然草原退化状况的调查研究，剖析祁连山区草原生态环境保护与经济发展之间的突出矛盾和草原退化的深层原因，提出指导天然草原永续利用的对策。

关键词： 天然草原　退化　可持续利用对策

祁连山是中国西部重要的生态安全屏障，是黑河、疏勒河、石羊河等6大内陆河的重要水源产流地，也是全国生物多样性保护优先区域。祁连山在维护青藏高原生态平衡，阻止腾格里、巴丹吉林和库姆塔格三大沙漠南侵，保障河西走廊内陆河径流的补给等方面，具有重要的功能和意义。随着中国社会经济的快速发展，对能源的需求增大，经瓜达尔港、河西走廊输送到内

---

* 本文2004年发表于《中国沙漠》。

** 赵成章，西北师范大学地理与环境科学学院副院长，甘肃省湿地资源保护与产业发展工程研究中心主任、教授、博士生导师，甘肃省自然灾害应急专家；刘兴德，兰州大学资源环境学院硕士研究生。

地的石油、天然气等能源是中国未来经济发展的重要保障。长期以来，祁连山局部生态破坏十分严重，特别是长期不合理的人类活动和全球气候变化的影响，导致森林质量下降，水源涵养能力减退，草地退化严重；草畜矛盾突出，生物多样性降低，水土流失加剧，直接危及河西绿洲经济社会的可持续发展，甚至危及西部生态安全和丝绸之路经济带的顺利推进。2011 年，开始实施草原生态保护补助奖励机制。该政策借鉴国外生态服务付费经验，通过资金、实物、技术等方面的补贴和政策优惠，促使牧民实施禁牧和草畜平衡的实现，从而促进草原生态环境恢复①。

祁连山地区生态系统面临的最大威胁是人口迅猛增长和社会经济迅速发展对自然资源的压力。首先，山区载畜量增长过快，过去 60 年几乎翻了三番，导致土、草、畜、人系统相悖，② 结果是 85. 9% 的草地退化（1/3 以上严重退化），加剧草畜不平衡，暖季牧草盈余 57. 4%，冷季亏缺 45. 2%，造成 30% 左右的动物生产损失。其次，人口压力之下，绿洲的一些产业尤其是种植业向山区蔓延。虽然耕地面积仅占祁连山区的 2. 3% 左右，但均位于河谷台地，属于关键位点，对水源涵养有特殊作用。山区与绿洲、荒漠耦合，绿洲反哺山地，可以把对草地资源的压力降下来。③ 利用绿洲的耕地生产优质牧草供应山地和荒漠，缓解草原的放牧压力；绿洲通过草田轮作，避免土壤盐渍化，同时吸引山区的家畜来育肥，提升整个系统的经济效益。因此，有必要开展祁连山地区草原管理优化模式与技术研究集成，建立祁连山畜牧业合理发展与生态系统安全的策略体系，维护草原健康，增强草原生态功能和水源涵养功能，通过祁连山山地 - 荒漠 - 绿洲系统耦合优化调控，建立高山生态系统草畜耦合优化模式与技术体系，保障祁连山地区生态平衡。

肃南县是甘肃省的主要畜牧业县之一，地处河西走廊中部、祁连山北麓，

① 娜日苏：《牧民视角下的草原生态奖补政策实施的效果影响分析——以内蒙古锡林郭勒盟为例》，内蒙古大学硕士学位论文，2013。

② 任继周、侯扶江：《山地 - 绿洲 - 荒漠的系统耦合是祁连山水资源保护的关键措施》，《草业科学》2010 年第 2 期。

③ 闫月娥等：《祁连山北坡草地资源及退化现状分析》，《草业科学》2010 年第 7 期。

东西长650公里，南北宽120～200公里，海拔在1327～5564米，平均海拔3200米，总土地面积238.9万公顷，可利用草原面积171万公顷，其中可利用草原142.2万公顷，面积大、类型多、草质好，理论载畜量120万个羊单位，为发展畜牧业经济提供了得天独厚的条件，是甘肃省牛羊产业大县和甘肃优质高山细毛羊基地。目前牲畜饲养量达116万多头（只），年出栏各类牲畜75多万头（只），出栏率为64.66%，年末牲畜存栏可达61万多头（只），畜牧业收入约占农牧民收入的65%以上。年均日照时间2200～3100小时，年均气温0～4℃（昼夜温差大），年降水量66～600毫米，年蒸发量250～2900毫米，无霜期40～145天。全县辖5乡3镇、9个国有林牧场、101个行政村和3个城镇社区，有裕固、汉、藏、蒙古等16个民族，共14554户37579人，其中农牧人口2.55万，占68%；少数民族人口2.12万，占56.5%；裕固族人口1.02万，占27%，人口密度为每平方公里1.5人，是高寒山区传统畜牧业县，也是国务院确定的22个人口较少民族县之一。黑河、疏勒河、石羊河等几大水系横贯全境，有33条主要出山河流，总流域面积215公顷，出境水流量43.11亿立方米，是河西走廊工农业生产和居民生活的主要水源地。由于长期不适当的利用和气候影响，44.5%的天然草原退化，重度退化面积接近30%，严重制约肃南县草原畜牧业发展和生态环境建设。

肃南县草原总面积171万公顷，其中在祁连山国家级自然保护区内的草原总面积127.2公顷（含省绵羊繁育技术推广站、宝瓶河牧场），占草原总面积的74.4%，其中：核心区12.01万公顷，缓冲区16.66万公顷，实验区54.1万公顷，外围保护地带44.5万公顷。在落实新一轮草原生态保护补助奖励政策时，落实奖补草原面积2091.9万亩，核定适宜载畜量为83.53万个羊单位，超载牲畜10.18万个羊单位，截至2017年底，肃南县完成减畜7.13万个羊单位。

一　草原退化现状分析

草原退化是在不合理利用情况下，草原植被的产量和质量下降、土壤环境恶化等使草原生态系统的生产与生态功能衰退的现象[①]。肃南县草原退化类型主要包括荒漠型退化、毒杂草型退化、鼠害型退化、黑土滩型退化。

（一）草原生产能力下降

据2001年实测值与有关资料比较分析，肃南县草原生产力水平在1968～2001年的33年中呈总体下降趋势。1968年祁连山综合考察队对肃南县草原的评价是：不仅质量优良，而且产草量不算低，一、二等草原占总面积的80%。

随着牧区定居点建设和畜牧兽医科技普及，牲畜饲养量迅速增加，由1954年的26.4万个羊单位增加到2016年的123.58万个羊单位，家畜的践踏和采食影响植物的生长和耐性，优质牧草产量逐步下降。1983年草原牧草产量较1966年下降15%～65.8%，2001年较1983年下降2%～77%，2010年较2001年下降5%～46%。草地载畜量是衡量草地生产力的主要标准。[②] 根据家畜食草量计算全县天然草原理论载畜量由1968年的124.2万个羊单位下降为2001年的60万个羊单位，降幅51.5%，草原等级由一、二等占80%转变为三至五等占76.9%。根据2010年肃南裕固族自治县草原资源的系统调查[③]，2010年肃南县理论载畜量为106.41万个羊单位，参照《中国草地资源评价原则和标准》，肃南县已无一至四级草原，五级草原为高寒灌丛草甸1类，六级草原为高寒草甸、温性草原、温性草原化荒漠、温性草甸草原、高寒草原5类，七级草原为温性荒漠、温性荒漠化草原和低平地草甸3类。

---

① 付华等：《放牧对阿拉善荒漠草地土壤性状的影响》，《中国沙漠》2012年第4期。樊自立等：《试论中国荒漠区人工绿洲生态系统的形成演变和可持续发展》，《中国沙漠》2004年第1期。赵兴梁、杨根生：《论北半球三大温带草原农垦与沙漠化的关系》，《中国沙漠》2002年第5期。张自和：《无声的危机——荒漠化与草原退化》《草业科学》2000年第4期。

② 王根绪、程国栋：《江河源区的草地资源特征与草地生态变化》，《中国沙漠》2001年第2期。

③ 赵忠等：《肃南裕固族自治县草原资源调查》，《草业学报》2010年第6期。

（二）草群结构逆向演替

天然草原上，优良的禾本科牧草长期在牲畜的过度啃食和践踏下失去繁衍生息之机和竞争能力，毒杂草凭借对不良环境的适应性，从伴生或偶见种变优势种或建群种。肃南县草原上分布的毒害草有5科10属34种，对家畜和草原构成危害的毒害草主要有狼毒（Stellera Chamaejasme L.）、棘豆（Oxytopis Dc）、披针叶黄花（Thermopsis Lanceolata . R. Br）、甘肃臭草（Mprzewalskyi Roskev）、醉马草（Achnatherum Inebrianskeng）等。在山地草原和山地草甸草原上狼毒、棘豆严重危害面积达18万公顷，占该类草原的37.7%，仅狼毒一种，严重地段就有30~50株每公顷，每株分枝10~90枝，分盖度达30%~80%，产草量占35%~82%。

（三）草原虫鼠危害严重

肃南县草原蝗虫有27属55种，多发生在冬春季放牧草地上，危害面积28.47万公顷，占该类草地可利用面积的40%，以雏蝗（Chorthippus Fieber）、星翅蝗（Cauiptamus Serville）、小车蝗（Oedaleus Fieber）、曲背蝗（Pararcyptera Toorbinsky）、痂蝗（Bryodema Tieb）等为优势种。2008年，肃南县虫鼠害发生面积达34.9万公顷，虫口密度79~131头/平方米。鼠类有6科30多种，危害严重的主要是高原鼠兔（Qchotma Curzonlae）、中华鼢鼠（Myospalax fontanieri）、沙土鼠（Meriones Hnguicalcatus）等，分布于全县6区23乡，严重地区有效鼠洞密度1800~2100个/公顷。

（四）草原植被遭到滥垦、滥伐，生态环境严重恶化

1958~1961年全县6区2场累积垦荒面积达9246公顷，现保存4694公顷，有3628公顷开垦地因气候条件限制不能种植作物而沦为弃耕地，撂荒后演替为马先蒿+萎陵菜—苔草+禾草型，不可食草产量占60%~90%。弃耕地因缺乏植被保护，原本就相当脆弱的草原生态系统在人为干扰下失去

原有的平衡，短期内草原植被难以恢复，坡度较大的撂荒地受风雨侵蚀，表层土壤损失殆尽，已出现石漠化迹象。

二　草原退化原因

影响天然草原退化的因素复杂多样，而且在不同的发展条件下各因素之间的作用过程、强度均不同，其相互作用机理非常复杂。

（一）监督无力，造成无序利用

政策制定和制度安排的合理性是至关重要的，是农牧业和农村牧区经济发展的第一动因。长期以来，草地资源被看作大自然对人类的恩赐，是一种公共财产，正如马克思所说："在天然放牧草场上饲养家畜几乎不需要任何费用。"使用权不落实导致草原利用多年来处于"草原无主、牧民无权、侵占无妨、破坏无罪"的无序状态。

（二）经营封闭，产业结构单一

产业结构是社会经济发展程度的主要标志，草地资源的利用方式虽然是多样的，但利用家畜自行觅食发展畜牧业却是最经济的行为。地理位置的边缘性造成草原畜牧业高度的分散性和流动性，难以促进分工和协作。长期以来放牧就成牧民的唯一产业，以牛羊为主的单一产业结构，只能提供初级的原始产品，难以通过延长产业链发展第二、三产业增值，促进经济良性循环。对从事传统畜牧业的牧民来说，牛羊是唯一的收入来源。由于牛羊市场价格波动大，牧民预期收入也具有较大的波动性，而预期支出则刚性增加，于是牧民的经营策略就是多养牛羊，以保证预期收入的增加。由于动物生产系统与植物生产系统的时间相悖，[①] 中国北方牧区牧草亏供时间长达 4 ~7

① 任继周、朱兴运：《中国河西走廊草地农业的基本格局和它的系统相悖》，《草业学报》1995 年第 3 期。

个月，即一年33%～84%的时间内，放牧动物处于营养不良状态。这一时期家畜体重下降所造成的损失，一般高于全年总产值的25%。加上冬春季节6%的家畜死亡，亏供造成的损失大约为牧业总产值的30%。[①] 单一的畜牧业结构已成为传统牧区草地资源可持续利用的主要制约因素。

（三）投入不足，技术缺乏创新

在草地资源量一定的情况下，要想增加产出，能够改变的外部条件主要是技术。技术是基础，资金又是技术发展的前提。全县用于天然草原建设的投资平均只有1.14元·$hm^{-2}\cdot a^{-1}$，由于缺乏必要的资金支撑，草业技术队伍力量薄弱，针对本地草原状况开展的应用研究寥寥无几，技术创新水平较低。

三　缓解草原退化对策

（一）加大资金投入，吸引新技术投入

1. 毒害草治理

中国科学院知识创新项目——“祁连山毒草治理技术研究与实验示范项目”于2001年7月在肃南县通过甘肃省科技厅技术鉴定。由中国科学院寒区旱区环境与工程研究所樊胜岳研究员研制的“灭狼毒”“灭棘豆”在杀灭狼毒、棘豆方面获得重大突破，狼毒杀灭率在98%以上，棘豆杀灭率在95%以上，可以作为治理毒杂草型退化草地的有效手段。应以毒杂草治理为关键，配以叶面施肥、补播耐旱牧草、短期休牧等措施，探索毒杂草型退化草原的治理模式。

2. 虫鼠害防治

借鉴过去几十年治虫灭鼠的经验和教训，采用招鹰灭鼠、生物毒素灭鼠

① 任继周、贺达汉：《荒漠绿洲草地农业系统耦合与模型》，《草业学报》1995年第6期。

等生态生物技术防治鼠害，避免天敌二次中毒和环境污染，建设无鼠害示范区。从防治效果分析，药物防治蝗虫只能起到临时控制蝗虫的作用，不能从根本上解决虫害问题。应采取综合措施，通过改变植被成分，提高牧草的高度和盖度，减少草地裸斑，消除蝗虫的适宜生存条件和环境，从根本上治理蝗虫。①

3. 人工草地建设

在西北牧区作物和牧草生长的有效积温相差500℃左右，这相当于2～2.5个月的生长季。② 在植物生产过程中，种植牧草是重要的优化手段。对山旱地和沟谷台阶耕地实施退耕还草，引种驯化适宜高寒山区种植的优良牧草，采用适宜的混播方式和措施，提高现有人工草地的产量和质量。进一步发展饲料工业，特别是加强青贮、氨化、草粉、块状饲草料的开发生产，解决牲畜冬春补饲问题。

（二）优化结构，发展高效牧业

畜牧业已成为一个地区和国家现代化农业发展水平的重要窗口。③ 适应市场经济发展和生态建设的要求，调整畜种畜群结构，控制牦牛饲养量，禁止饲养山羊，加大细毛羊改良力度，培育毛肉兼用并突出肉用性能的新品种，提高适龄母畜比例。利用牧区饲养成本低廉和农区饲草、料丰富的优势，进行山地与沟谷、农区和牧区的耦合，系统耦合后，系统结构的变化必然引起系统内部诸多潜能的释放，从而显著提高系统的生产水平。④ 山区种植的饲草用于为母畜提供冬春补饲，结合暖棚接羔技术，繁殖冬季羔羊，提高羔羊的成活率和品质。山下绿洲地区的交通条件、市场信息等都比山区优

---

① 甘肃省草原总站：《甘肃草地蝗虫》，甘肃省科学技术出版社，1997，第5～146页。

② 董光荣、苏志珠、马义娟：《中国北方农牧交错带农业经营方向初探》，《中国沙漠》2002年第5期。

③ 任继周、王钦、胡自治：《草原生产流程及季节畜牧业》，《中国农业科学》1978年第21期。

④ 周立华、樊胜岳：《祁连山区草原畜牧业的可持续发展问题与发展模式》，《山地学报》2001年第6期。

越，充分加工利用农区丰富的饲草料，集中对山区繁育的架子羊和羔羊进行短期育肥，提高畜牧业效益。

（三）明晰产权，明确用户责任

草地产权制度应以明确所有权、落实使用权、搞好经营权、确保收益权为主要内容。为做到草地有价、使用有偿、建设有责，把草地的使用权、经营权、保护权真正落实到牧户，充分调动牧民保护草原、建设草原的积极性，肃南县政府制定了草原有偿承包经营的规范性文件，于2000~2001年全面推行了以草定畜、草原有偿承包责任制，将天然草原全部划分承包到户，较好地解决了抢牧乱牧问题。合理规划利用草地资源，是保护脆弱生态环境的根本途径，[①] 随着国家生态治理工程的启动，合理安排畜牧业发展规模，大力发展二、三产业，把剩余劳动力从草地上转移出来，降低天然草原的实际承载量，最终实现以草定畜、增草增畜、建设养畜。

（四）健全社区共管保护机制

社区共管即保护区内农牧民与保护局进行合作、共同管理自然资源的一种模式。社区共管模式强调不再将保护区内的贫困农户视为保护局的对立面，而是纳入保护力量。筹集的项目经费通过保护局以小额信贷的模式提供给保护区的贫困农户，农户可以一切合法经营作为回报，保护区内的农民不但不再偷砍树木，而且还自发组建护林队，积极配合保护局执法。保护局对保护政策在保护法许可的范围内做了适当调整：将以前不允许农民砍伐树木、挖草药、采集木耳等调整为不允许农民砍伐树木，但可采集木耳和草药等以弥补生计需要。在贫困面大、贫困人口多的保护区内，要实现生态保护的目标、考虑贫困人口的生计问题，将贫困人口纳入保护力量，才能保证保护区的可持续保护与发展，实现和谐发展、协调发展目标。

---

① 董光荣等：《我国荒漠化现状、成因与防治对策》，《中国沙漠》1999年第4期。

（五）优化政策，实施生态补偿

改变自然保护区保护的传统固有思维模式。根据国际经验，移民涉及许多棘手问题，且成本高，往往适得其反。牧民参与自然保护的模式在三江源已经有成功经验可借鉴。因此，建议将保护区内的居民（如裕固族）作为核心保护力量，给予他们适当的生产生活用地，允许饲养少量家畜以保障生计，并将部分保护经费发给当地居民作为保护补贴，通过生态补偿弥补牧民的生计收入，引导农牧民参与保护区的保护，将农牧民培训为生态民，让他们承担保护站森林警察的部分职能，这样既能实现保护的目标，又可节约大量成本，是一个多赢的模式。

（六）划区放牧，减轻生态压力

非洲萨赫尔（Sahel）曾经是一个庞大的贸易帝国，生态环境良好，但这些地方有世界上最贫穷的国家，其中好几个国家必须依靠国际援助才能满足基本的粮食需求，人民在贫困中挣扎。国际学者对萨赫尔的研究表明，萨赫尔衰退的一个主要原因是对自然资源的管理没有充分依赖当地居民的参与，当地居民的传统生态文化传承链被割裂。所以，自然保护区的保护及生态文明建设要吸取萨赫尔的教训，充分发挥公众和当地居民的参与，传承中华民族的传统生态文化。中国当前在牧区普遍实施的草原围栏制度，在恢复草原生态、促进草原确权承包、明确草原权属责任等方面的确发挥了积极作用，但这一制度主要借鉴西方发达国家如新西兰的围栏制度，而中国的气候条件、人口数量、经济发展水平等与新西兰等发达国家有很大差距。研究表明，草原围栏对野生动物迁徙、草原鼠害的天敌如鹰造成了很大伤害，对牧民传统的游牧文化和草原生态保护理念的传承造成负面影响，且草原长期围栏使牧草根系容易腐烂，浪费了宝贵的草地资源，秋冬季草原极易发生火灾，不利于草原的可持续保护和利用。因此，建议恢复传统的游牧制度，在保护区核心区适当围栏，预留充足的野生动物迁徙通道，探索一种游牧制度与围栏保护的中间模式。

（七）生态扶贫，协调保护发展

生态扶贫，顾名思义就是在解决农户的贫困问题时要保护生态环境。项目团队在平凉市崆峒区实施的“绿色母牛银行项目”就是典型的生态扶贫项目的成功案例。通过给农民无偿提供良种繁育母牛，解决贫困农户的增收问题，要求农户配套种植苜蓿和薪炭林，将生态修复的任务交给农民完成。一头良种母牛通过滚动发展，让 3 户贫困户受益，至少改善了 12 亩生态，且有利于农户助人互助传统文化的传承。在项目实施过程中，通过培训提高了农民创收和互助的能力。以生计改善为切入点，充分调动农户修复生态的积极性。母牛是贫困户的银行，滚动促进绿色发展。“绿色母牛银行模式”有效地将物质扶贫、精神扶贫和科普推广结合起来。这一案例充分说明，在贫困地区保护生态，一定要将贫困与生态综合考虑，政府或其他援助机构解决农民的贫困问题，农牧民义务保护当地的生态环境，生态扶贫模式有助于可持续保护目标的实现。

G.4

祁连山的水资源及其利用研究

张宝庆　姜　萍*

摘　要： 祁连山区拥有近2684条现代冰川、20835万亩流域、山体中上部年均400~500毫米的降水量以及由降水和冰川融水提供的丰富的地上地下水资源，或长久储存待消融入径，或一泻千里汇成河流，或沿河入渠兴工富农兴城哺民育畜……然而在用水效率低、体量大、浪费多，非消耗性用水易受利益驱使，水资源开发利用管理体制不健全且监管不到位等诸多顽疾面前，祁连山区水资源开发利用受到严重威胁。本报告旨在通过对祁连山区主要水资源类型储量、利用现状及存在问题的分析，引起各界对祁连山区水资源综合治理的关注与重视。

关键词： 祁连山　水资源　开发利用　治理

冰川、地表水、大气降水和地下水构成了祁连山丰富的水资源。在如此充沛的水源基础上，祁连山孕育了石羊河、黑河、疏勒河等水系，维系着河西走廊台地上一系列绿洲自然生态系统的自我平衡，也维系着历史上生活于此的人类及其他物种的生存与繁衍。

---

* 张宝庆，兰州大学资源环境学院副教授；姜萍，兰州大学资源环境学院博士研究生。

一 祁连山水资源贮量分析

（一）冰川

祁连山拥有近2684条现代冰川，冰川面积为1597.81±70.30平方千米，冰储量约84.48平方千米。[①] 这些冰川集中分布在海拔4000～4500米以上的高山地带。祁连山东部比较湿润而西部相当干燥，但西部山脉的巨大高度绰有余裕地弥补了这个缺陷，使其在那样的高度上，具有与东部近似的降水条件和优越得多的低温条件。祁连山冰川平均中值面积海拔为4972.7米，受山脉走势和地势影响，冰川中值面积海拔自东向西逐渐升高，由4483.8米上升为5234.1米。因此，主要的冰川区位于东经99°以西的山地西部。冰川粒雪线和末端位置均由东向西递增，小型冰川在冰川总数中占绝对优势。受山文特征的影响，冰川朝向以近似垂直于山脉走向的北、北东、北西和南西方向为主，并因山脊高度不同而分别呈梳状、不对称羽状和星状排列。在古夷平面突破雪线高度的中西部各山脉中，有规模不等的平顶冰川。[②]

截至目前，祁连山的冰川已进行两次编目，第一次为1956～1983年，第二次为2005～2010年。根据两次冰川编目的对比，1956～2010年祁连山区冰川面积和冰储量分别减少420.81平方千米（-20.88%）和21.63立方千米（-20.26%）。[③] 从遥感影像分析的角度，祁连山区1990～2010年冰川面积缩小了22.8%±3%。[④] 面积小于1.0平方千米的冰川急剧萎缩是该山区冰川面积减少的主要原因。由于冰川退缩，海拔4000米以下山区冰川已完

---

① 孙美平等：《近50年来祁连山冰川变化——基于中国第一、二次冰川编目数据》，《地理学报》第 期。

② 伍光和等：《祁连山现代冰川基本特征研究》，《兰州大学学报》1980年第 期。

③ 孙美平等：《近50年来祁连山冰川变化——基于中国第一、二次冰川编目数据》，《地理学报》2015年第9期。

④ 田洪阵：《祁连山区现代冰川面积变化研究》，兰州大学博士学位论文，2013。

全消失，海拔 4500 米以下冰川面积损失均大于 50%，海拔 4350 ~5100 米冰川面积减少量占冰川面积总损失的 84.24%。冰川数量和面积在各个朝向均呈减少态势，其中朝北冰川面积减少最多（ –210.34 平方千米），朝东冰川减少最快（ –32.72%），而西北朝向冰川变化最为缓慢。①

从局部区域和单个冰川的案例研究更能看出明显的冰川退缩。祁连山西段的遥感分析表明，1956 ~1999 年冰川面积减少了 10.3%，冰储量减少了 14.1%。② 祁连山中段（包括黑河流域和北大河流域）的冰川变化遥感和实测结果表明，1956 ~2003 年冰川面积共缩小 21.7%，其中黑河流域冰川面积缩小 29.6%，北大河流域面积缩小 18.7%。③ 祁连山西段老虎沟 12 号冰川的监测结果显示，1957 ~2009 年老虎沟冰川面积减少 11.59%，④ 海拔高程上 2000 ~2014 年平均减薄值均为 0.29m · a –1。⑤ 祁连山东段冷龙岭地区宁缠河 3 号冰川的实测和遥感分析对比表明，1972 ~2009 年冰川萎缩严重，末端退缩约 6%，面积减小 13.1%，冰川体积减小 35.3%；冰川主要以减薄的形式在萎缩，冰川平均厚度由 1972 年的 36.8 米，减为 2009 年的 27.4 米。⑥ 曹泊⑦通过高精度差分 GPS 测量，对冷龙岭北坡宁缠河和水管河的 9 条冰川测量表明，1972 ~2010 年这 9 条冰川都处于退缩状态，长度退缩从 91 ±57.4 米到 250 ±57.4 米，平均退缩速率 4.7 ±1.5m/a。

祁连山冰川融水是河西走廊和柴达木盆地内陆河流的重要补给来源。初步估算，河西走廊各主要河流的冰川补给量平均占年通流总量的 13%，东

---

① 孙美平等：《近 50 年来祁连山冰川变化——基于中国第一、二次冰川编目数据》，《地理学报》2015 年第 9 期。

② 刘时银等：《祁连山西段小冰期以来的冰川变化研究》，《冰川冻土》2002 年第 3 期。

③ 陈辉等：《近年来祁连山中段冰川变化》，《干旱区研究》2013 年第 4 期。

④ 张明杰等：《1957 ~2009 年祁连山老虎沟流域冰川变化遥感研究》，《干旱区资源与环境》2013 年第 4 期。

⑤ 张其兵、康世昌、王晶：《2000 ~2014 年祁连山西段老虎沟 12 号冰川高程变化》，《冰川冻土》2017 年第 39（4）期。

⑥ 刘宇硕等：《祁连山东段冷龙岭地区宁缠河 3 号冰川变化研究》，《冰川冻土》2012 年第 5 期。

⑦ 曹泊：《祁连山东段冷龙岭现代冰川变化研究》，兰州大学博士学位论文，2013。

部所占比重最小，如石羊河水系的杂木河只占 1.4%，向西至丰乐河增到 17.8%，至党河增长到 49%。柴达木盆地西北部的哈尔腾河冰川融水占年逸流量的 55.6%。发源于山系内部的长大河流，比外部山区的短小河流接纳的冰川融水更多，因而冰川补给的比重较后者大。① 冰川退缩对河西走廊的水资源安全构成很大威胁。

宁缠河冰川（见图 1）共有 6 条冰川，一直是兰州大学自然地理学国家基地班的实习点，也是潘保田教授团队的研究基地之一。根据研究团队宁缠 1 号冰川花杆观测结果表明，冰川变化明显。另据冰川编目与冰川遥感结果对比，发现 1972 年至今包括宁缠冰川在内的冷龙岭地区冰川面积退缩约 30%，冰川厚度平均减薄 18 米，且有逐渐加速的趋势，其间雪线升高约 200 米。目前雪线已至 4700 米左右，而宁缠 1 号冰川的积累区业已消失，预示着该冰川将会面临较为强烈的退缩。

图 1　宁缠河现代冰川

① 中国科学院兰州冰川冻土研究所、祁连山冰雪利用研究队：《祁连山冰川的近期变化》，《地理学报》1980 年第 1 期。

（二）地表径流

1. 祁连山河流概况

祁连山水系呈辐射－格状分布，辐射中心位于北纬38°20′、东经99°附近的所谓“五河之源”，即托来河（北大河）和布哈河源头。河流分为内陆河水系和外流河水系。由此沿毛毛山一线，再沿大通山至青海南山东段一线为内外流域分界线，此线东南侧的黄河支流有庄浪河、大通河，属外流水系；西北侧的石羊河、黑河、托来河、疏勒河、党河，属河西走廊内陆水系；哈尔腾河、鱼卡河、塔塔棱河、阿让郭勒河，属柴达木的内陆水系；还有青海湖、哈拉湖两独立的内陆水系。上述各河多发源于高山冰川，以冰川融水补给为主，冰川补给比重西部远大于东部。河流流量年际变化较小，而季节变化和日变化较大。流域总面积20835.0万亩，多年平均径流量138.05亿立方米，其中内陆河流域面积15615万亩，多年平均径流量86.08亿立方米；外流河流域面积5220万亩，多年平均径流量51.97亿立方米。

内陆河流包括河西走廊水系、柴达木水系和哈拉湖水系的60多条河流，其中黑河水系流域面积4065万亩，多年平均径流量36.67亿立方米；石羊河水系流域面积1348万亩，多年平均径流量15.74亿立方米；疏勒河水系流域面积6918万亩，多年平均径流量15.95亿立方米；苏干湖水系流域面积1093万亩，多年平均径流量4.17亿立方米及其他水系多年平均径流量6.22亿立方米；巴音郭勒河流域面积1119万亩，多年平均径流量3.2亿立方米；鱼卡河流域面积357万亩，多年平均径流量0.91亿立方米；哈拉湖水系流域面积715万亩，多年平均径流量3.23亿立方米；青海湖水系流域面积4455万亩，多年平均径流量16.03亿立方米。外流水系主要包括黄河1级支流湟水河和庄浪河。湟水水系流域面积4920万亩，多年平均径流量50亿立方米。其中湟水支流大通河流域面积2265万亩，多年平均径流量28.5亿立方米。庄浪河流域面积300万亩，多年平均径流量1.97亿立方米（见表1）。

表1　祁连山流域河流信息

流域	水系名称	河流名称	测站(位置)	境内集水面积(平方千米)	径流量(亿立方米)
总计				138909.0	138.06
黄河流域	湟水水系	湟水河		17700.0	21.50
		大通河	连城站	15100.0	28.50
	庄浪河		武胜驿站	2001.0	1.97
	合计			34801.0	51.97
内陆河流域	苏干湖水系	哈尔腾河	哈尔腾站	5967.0	2.98
		小哈尔腾河	出山口	1320.0	0.66
		前山区			0.53
		小计		7287.0	4.17
	疏勒河水系	白杨河	天生桥站	741.0	0.48
		石油河	玉门市	656.0	0.41
		疏勒河	昌马峡站	19820.0	9.94
		榆林河	蘑菇台站	2474.0	0.65
		党河	党城湾站	14325.0	3.16
		安南坝河	安南坝站	316.0	0.03
		小沟小河		7792.0	1.28
		小计		46124.0	15.95
	黑河水系	洪水河	上湾村站	578.0	1.20
		大渚马河	瓦房城战	217.0	0.87
		黑河	莺落峡	14628.0	15.50
		酥油河	酥油口水库	147.0	0.45
		梨园河	梨园堡站	2240.0	2.31
		马营河	红沙河站	619.0	1.16
		丰乐河	丰乐河站	568.0	0.99
		洪水坝河	新地站	1574.0	2.87
		讨赖河	沙沟站	4502.0	6.41
		小沟小河		2066.0	4.91
		小计		27100.0	36.67
	石羊河水系	西大河	插剑门站	811.0	1.55
		东大河	沙沟寺站	1614.0	3.11
		西营河	四沟咀站	1455.0	3.79
		金塔河	南营站	841.0	1.44
		杂木河	杂木寺站	851.0	2.46
		黄羊河	水库坝下	828.0	1.46
		古浪河	大靖峡站	878.0	0.78
		大靖河		389.0	0.13
		马营河			0.09
		小沟小河		1318.0	0.93
		小计		8985.0	15.74

续表

流域	水系名称	河流名称	测站(位置)	境内集水面积(平方千米)	径流量(亿立方米)
内陆河流域	其他水系				6.22
	柴达木水系	巴音郭勒河		7462.0	3.20
		鱼卡河		2382.0	0.91
		小计		9844.0	4.11
	哈拉湖水系			4768.0	3.23
	合计			104108.0	86.08

2. 祁连山北坡的内陆水系

祁连山北坡的内陆水系是维系河西走廊生态安全的重要基础，具体可分为石羊河流域、黑河流域、疏勒河流域三大流域。

石羊河流域位于河西走廊东部，面积为1.5×10^4 ~ 1.7×10^4平方千米。其径流形成区主要位于冷龙岭以东、祁连山出山口以西、天祝乌鞘岭以北、民乐与永昌中间线以南，地理坐标为东经101.8°~102.7°、北纬31.6°~32.4°的区域。

石羊河水系自东向西由大靖河、古浪河、黄羊河、杂木河、金塔河、西营河、东大河、西大河8条河流及多条小沟小河组成，河流补给来源为山区大气降水和高山冰雪融水，产流面积1.11万平方千米，多年平均径流量14.54×10^8立方米（见表2）。

表2　石羊河流域各河出山多年平均径流量

单位：亿立方米

西大河	东大河	西营河	金塔河	杂木河	黄羊河	古浪河	大靖河	合计
1.577	3.232	3.702	1.368	2.38	1.428	0.728	0.127	14.54

资料来源：

石羊河流域按照水文地质单元又可分为3个独立的子水系，即大靖河水系、六河水系及西大河水系。大靖河水系主要由大靖河组成，隶属大靖盆地，其河流水量在本盆地内转化利用；六河水系上游主要由古浪河、黄羊河、杂木河、金塔河、西营河、东大河组成，该六河隶属于武威南盆地，其水量在该盆地内经利用转化，最终在南盆地边缘汇成石羊河，进入民勤盆地，石羊河水量在该盆地全部被消耗利用；西大河水系上游主要由西大河组成，隶属永昌盆地，其水量在该盆地内利用转化后，汇入金川峡水库，进入金川－昌宁盆地，在该盆地内全部被消耗利用。

背景资料

1. 西营河

西营河是石羊河流域径流量最大（3.2m^3/s，919mm/a）的一个支流，跨甘青两省，北看河西走廊、南侧为大通河、西临东大河、东临金塔河。西营河由4条一级支流（宁缠河、水管河、响水河和土塔河）组成，其中干流宁缠河由3条主要的二级支流（青羊河、骆驼河和龙潭河）组成。西营河流域的南部边界为海源断裂系控制，皇城－塔尔庄断裂穿越西营河流域中部，河流出山口附近受控于康宁桥断裂，三条断裂的控制造成了西营河流域巨大的地形高差（超过3500米）。流域内保存有二郎山掌山顶面（4200米）与百花掌主夷平面（3200米），以及剥蚀面（2700米）。

西营河地貌过程野外观测站是以姚檀栋院士主导的973课题（2006年）为依托开始逐步建立的。自2006年起，潘保田坚守课题组、分批逐步建立了西营河气象观测网络。目前该网络由6个自动气象站或雨量图组成，覆盖了2500米的海拔梯度，观测结果显示流域内降雨量的海拔梯度显著（200～600mm/a）（见图2）。

西营河流域交通具有通达性，从武威沿省道S211可直达垭口，河谷两侧牧民十余户，人类活动干扰较少，研究区基本保持了自然状态，区内地貌过程十分丰富，是非常适合开展野外观测研究的区域。具有灾害性质的侵蚀过程观测与预报是祁连山生态修复的关键，是国家地质公园的标配，也是西营河地貌过程野外观测站今后需要着重关注并努力增设的内容。

2. 青土湖

青土湖为石羊河流域的尾闾。20世纪初期，青土湖湖区水域面积

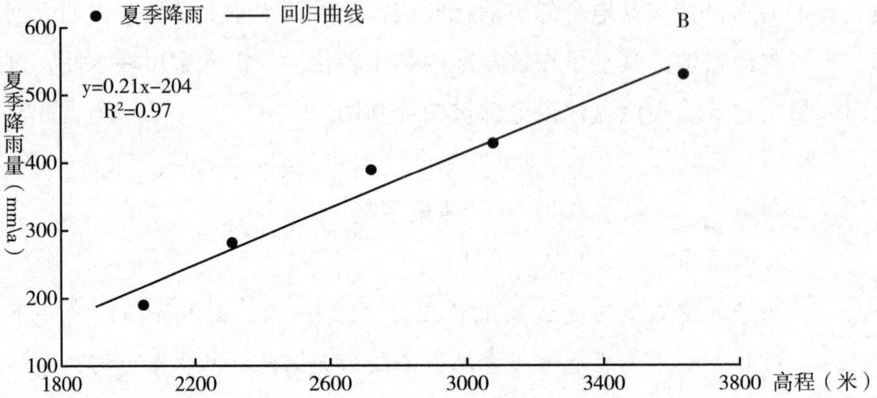

图 2　西营河野外观测站记录的夏季降雨梯度变化

大约 120 平方公里，芦苇丛生，碧波荡漾，环境优美。随着流域人口的增长和灌溉农业的发展，民勤绿洲的地下水位持续降低，2000 年前后已形成很明显的地下水漏斗（见图 3）。绿洲沙漠化、土地盐碱化迅速，威胁到居民的生产生活。

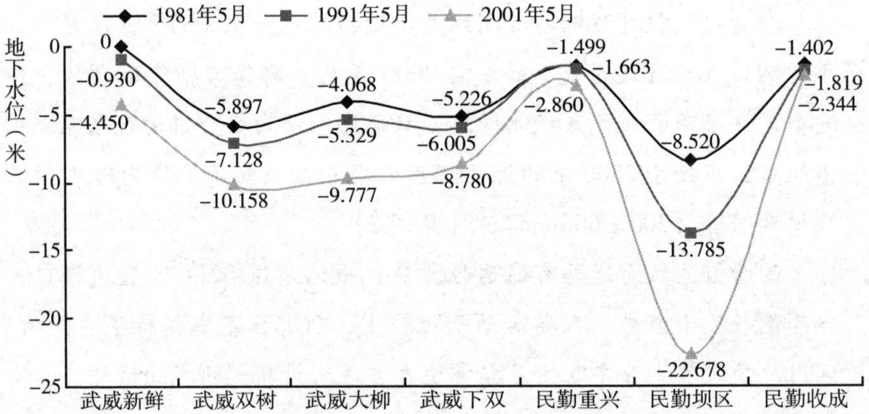

图 3　1981～2001 年武威、民勤地下水位变化

因地下水位降低和上游来水量持续减少，青土湖水域面积逐渐萎缩。20 世纪 40 年代末，水域面积尚有约 70 平方公里，50 年代中后期水域面积迅速缩小，1959 年青土湖完全干涸，昔日“碧波荡漾，芦苇丛生，野鸭成群，游鱼无数”的石羊河尾闾青土湖，名存实亡。

2003 年以后，石羊河流域整体治理推进，通过外调生态用水补偿、地下水开采限制、生态移民搬迁、用水结构调整等措施的落实，至 2008 年前后，干涸 51 年之久的青土湖形成了 3～22 平方公里的人工季节性水面，北部湖区出现总面积约 70 平方公里的地下水埋深小于 3 米的浅埋区，形成一定范围的旱区湿地，湖区生态系统有所修复。

3. 近期径流变化

根据水文站监测数据，1960～2010 年，石羊河流域出山年径流量呈微弱减少趋势，黑河流域和疏勒河流域出山年径流量呈显著增加趋势，50 年来黑河流域和疏勒河流域出山年径流量存在显著突变特征（见图 4）。1960～2010 年，石羊河流域和黑河流域出山年径流经历了“枯－丰－枯－丰”4 次交替，疏勒河流域出山年径流量经历了“枯－丰”2 次交替。1960～2010 年，石羊河流域、黑河流域、疏勒河流域出山年径流量变化的主周期分别为 5 年、22 年和 15 年，但不具有统计显著性。河西走廊三大内陆河流域出山年径流量变化受祁连山区降水影响较大，山区人类活动对年径流量变化影响较小。①

河西走廊内陆河流域出山径流量的影响因子主要为降水和气温。对干旱、半干旱地区来说，降水是非常重要的气候因子，其变化直接关系到地表径流和干湿状况的变化。相关学者对河西地区和祁连山降水统计表明，河西地区不同等级降水日数、降水强度的空间分布表现出东多西少、南多北少的分异。小雨、中雨日数的年际变化呈显著增多趋势，大雨日数呈明显增多趋势，暴雨日数呈不明显增多趋势。②

① 张晓晓等：《河西走廊三大内陆河流域出山径流变化特征及其影响因素分析》，《干旱区资源与环境》2014 年第 28 期。

② 贾文雄：《近 50 年来祁连山及河西走廊降水的时空变化》，《地理学报》2012 年第 67（5）期。

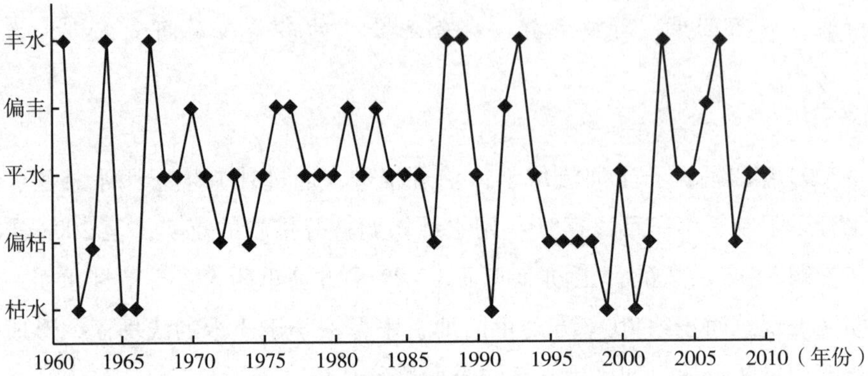

石羊河流域

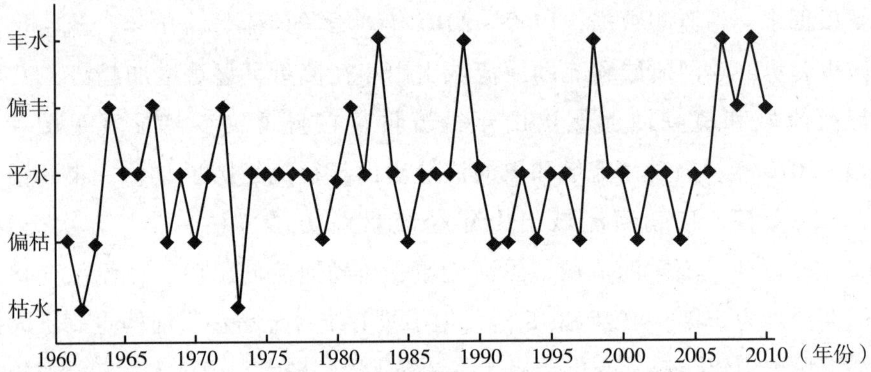

黑河流域

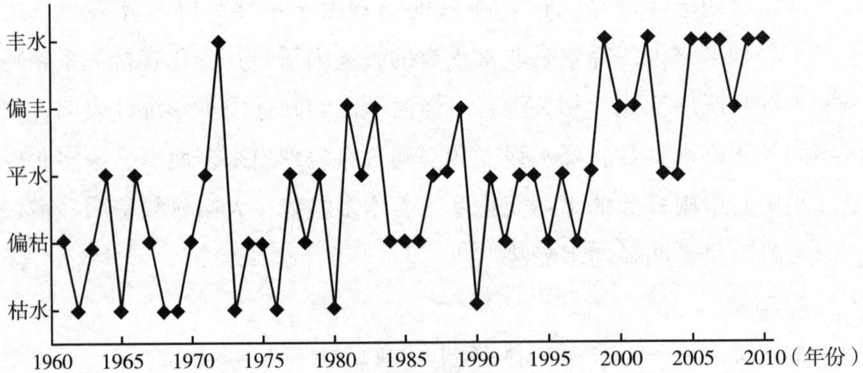

疏勒河流域

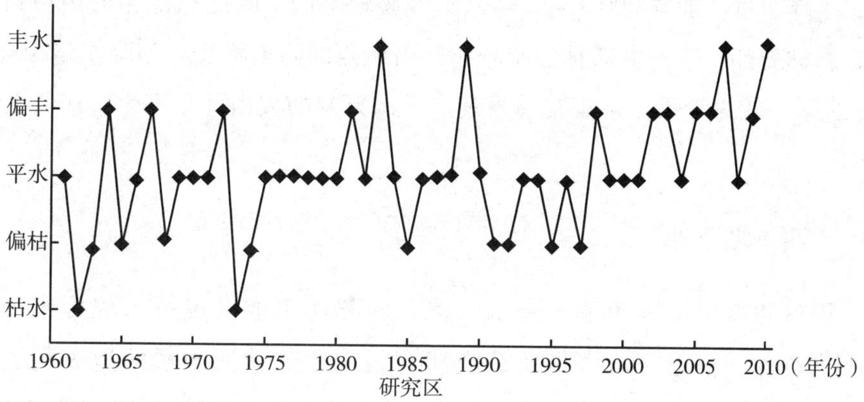

图 4　1960～2010 年河西走廊内陆河流域径流量变化①

（三）大气降水

祁连山区深居内陆，远离海洋，属典型大陆性气候。山区全年降水主要集中在 5～9 月，降水量南坡大于北坡，高海拔地区大于低海拔地区。②受区域经纬度及地形影响，山区不同区域降水量差异较大：一般山前低山属荒漠气候，年平均气温 6℃左右，年降水量约 150 毫米；中山下部属半干旱草原气候，年平均气温 2℃～5℃，年降水量 250～300 毫米；中山上部为半湿润森林草原气候，年平均气温 0℃～1℃，年降水量 400～500 毫米；亚高山和高山属寒冷湿润气候，年平均气温 -5℃左右，年降水量约 800 毫米。大致以海拔 3500 米为基线，地势每升高 100 米，年降水量增加 10～12 毫米。③

祁连山是由一组呈西北—东南走向的平行大山组成，由于处于不同的气候区，降水量从东向西逐渐减少。山地东部处于季风作用区，降水相对丰

① 张晓晓等：《河西走廊三大内陆河流域出山径流变化特征及其影响因素分析》，《干旱区资源与环境》2014 年第 28 期。

② 邸华、刘建泉、贺晓香：《祁连山保护区近 56 年降水量变化稳定性探析》，《甘肃科技》2014 年第 18 期。

③ 张举等：《祁连山西段地下水天然资源》，《甘肃地质》1998 年第 2 期。

富，年降水量一般在200～400毫米，气候较湿润，因此东部祁连山植被繁茂、森林蓊郁，有许多森林公园分布；山地西部降雨稀少，年降水量100～200毫米，较为干燥，呈现荒漠景观：千沟万壑的大山寸草不生，极具荒凉美感。

（四）地下水

积雪和冰川持续消融、降水入渗，为祁连山地区提供了较为丰沛的地下水资源。根据甘肃省地质研究所资料，在疏勒河水系的地表径流中冰雪融水量占37.6%，降水占22.9%，地下水占39.5%。[①] 降水是祁连山地区地表水和地下水的主要补给源，其中地下水主要以基岩裂隙水的形式存在。

受地理分布、地形地貌等差异的影响，祁连山中、东段区域和西段区域水文地质特征表现出明显差异，进而对地下水资源储量的探测通常以上述两区域为对象分别展开。

祁连山中、东段地下水受多年冻土结构性的影响，可分为冻结层地下水及非冻结区地下水两类，前者又包括冻结层上水、冻结层下承压水和基岩区冻结层上水，后者则包括第四系松散堆积层空隙潜水和基岩裂隙水。冻结层上水受大气降水补给，季节性动态变化明显，分布广泛，水量丰富，水质较好，是夏季牧场主要水资源。

祁连山西段是河西走廊地下水的主要形成带。山区基岩裂隙水的补给源是降水及冰雪融水，排泄途径是流入盆地、泉水溢出及蒸发，其水循环主要发生在多年冻土层之上，并具有夏季畅流、冬季固结的季节性活动特点。盆地地下水的主要补给源为山区地表径流的垂直入渗和基岩裂隙水的侧向流入，其次为降水入渗，排泄途径是通过主干河流流向区外和蒸发蒸腾。张举等早在1998年已采用大气降水入渗法、地下水径流模数法和排泄量统计法

① 岳燕琴、张百祖：《肃北县南部祁连山区域内地下水资源分布规律浅析》，《甘肃农业》2015年第7期。

等，对祁连山西段地下水天然资源进行概算，得出祁连山西段地下水天然资源总量为16.93亿立方米。①

二　祁连山水资源利用分析

（一）祁连山水资源开发利用历史概述

作为全国面积较大的自然保护区之一，祁连山国家级自然保护区水资源相当丰沛。该保护区水源涵养林是黑河、石羊河和疏勒河三大水系56条河流的主要集水区和径流形成区，每年涵养和径流水量72.6亿立方米，供应着河西走廊70多万公顷农田灌溉、480万居民生活和近千家企业生产。

目前，对祁连山水资源的开发利用主要分为消耗性用水和非消耗性用水两种基本形式。消耗性用水则是指城乡居民生活用水和工农业生产用水，非消耗性用水主要指水力发电、旅游、渔业等借助水体和水能而基本不消耗水资源的开发利用形式。

甘肃、青海两省无疑是祁连山区水资源开发利用大户。祁连山区充沛的水源为两省多市县灌区用水、城镇生活用水、农村饮水等提供了可靠保障。

1. 黑河流域水资源利用之古今变化

甘肃省河西走廊的黑河流域是西北干旱区最有代表性的内陆河流域，来源于祁连山区降水和冰雪融水汇聚形成的地表径流。黑河流域水资源开发利用历史悠久，经历了逐水草而居阶段（西汉之前）、初步开发利用阶段（西汉至元代）、农田水利迅猛发展期（明清时期）和农田水利全面开发利用时期（1949~2000年）四个阶段，各阶段水资源利用特点迥异。

（1）逐水草而居阶段。流域内以游牧民族为主，逐水而居，寻草放牧，

① 张举、刘兴春、陈秀清等：《祁连山西段地下水天然资源》，《甘肃地质》1998年第2期。

完全没有农田水利开发之需，属于原始用水阶段，即对水资源基本没有破坏和浪费。

（2）初步开发利用阶段。各朝各代受政治局势影响，或移民屯田、开渠引水以发展灌溉农业，或鼓励农耕，或兴修水利满足屯田之需……农业发展渐成规模，农田水利建设开始走上舞台。据考证，唐代所修水渠可灌溉中游农田约46.54万亩，至元十八年（1281）屯田面积多达1164顷。[①] 总之，这一时期属初步农业计划用水阶段。

（3）农田水利迅猛发展期。继汉、唐之后，明、清两代迎来内陆河灌区的大发展时期。据《重刊甘镇志》统计，明代在张掖地区引水渠道多达110条，可灌田1.17万余公顷。据《甘州府志》记载，清代甘州府各县修建的水渠多达127条，高台、民乐等地也加强开发灌区。[②] 随着农田水利的迅速发展，水事纠纷问题开始凸显，渠道遭到破坏，不加规范的水资源利用已初现弊端。

（4）农田水利全面开发利用时期。1949年后大搞农田水利基本建设时期，水资源开发主要集中在中游平原区和下游金塔灌区。近50年间，在农田水利体系及配套灌溉系统的辅助下，黑水河流域迎来水资源开发利用的高潮。截至1995年全流域已建成水库98座，总库容达到4.57亿立方米。[③] 至2015年流域内开采机井8000余眼，地下水年开采量约5亿立方米，开采利用率为13.5%。[④] 1949～2000年，流域水资源开发利用率高达112%，[⑤] 远高于40%的国际公认警戒线，流域的水生态安全已在高强度的用水模式下受到严重威胁。

2. 河西走廊灌区水资源利用

河西走廊在合黎山以南、祁连山以北、乌鞘岭以西，因位于黄河以西，

---

① 甘肃省张掖地区行政公署水利电力处编《张掖地区水利志》，张掖内部资料［甘出准059字总061号（93）28号］，1993。

② 甘肃省张掖市志编修委员会：《张掖市志》，甘肃人民出版社，1995。

③ 程国栋：《黑河流域水－生态－经济系统综合管理研究》，科学出版社，2009。

④ 张光辉：《西北内陆黑河流域水循环与地下水形成演化模式》，地质出版社，2005。

⑤ 谢继忠：《河西走廊的水资源问题与节水对策》，《中国沙漠》2004年第6期。

为两山夹峙，而得名。走廊气候干旱，多地年降水量不足200毫米，但因有祁连山丰富冰雪融水的滋养，灌溉农业较为发达。

河西走廊灌区（武威、张掖、酒泉、金昌及黄羊农场）位于干旱地区，土地资源和光热资源丰富，经济、科技基础相对坚实，具有发展农业的天然优势。走廊内灌溉网已基本形成，灌溉条件便利。截至2000年，已有干渠3391千米、支渠8186千米、斗渠19079千米、农（主）渠55201千米，干、支和斗渠衬砌率分别为71.2%、50.8%和27.5%，渠系水利用系数为0.61，年供水能力57.59亿立方米。①

（二）祁连山水资源利用问题突出

1. 消耗性用水效率低、体量大、浪费巨

消耗性用水关系地区民生及经济发展，其重要性可见一斑。但由于各种原因，祁连山区水资源无序利用、大肆浪费等现象日趋严重。在农业农村用水方面，高耗水型农业在农业生产中的主导地位导致水资源的持续高消耗；农区灌溉工程老化失修，田间渠系混乱，在输水过程中仅渠系渗漏就损失50%以上的水；无高效滴、喷、渗灌等节水设施，大水漫灌，用水量很大，相当大部分属无效使用，单位产量耗水量过高。在工业用水方面，大量工业企业污水净化、循环用水等配套设施缺乏，工业用水重复利用率低，同时可能导致地下水矿化度提高。城市水价偏低，城镇工业、生活用水无限量，单位及个人用水约束机制尚未建立，缺少相应的节水及鼓励节水有效机制，在城镇居民用水方面，居民生活用水供应存在设施陈旧和老化情况，导致城镇水资源浪费问题难以避免。

案例　祁连山内陆河流域相继面临水资源枯竭威胁

据研究，石羊河流域上、下游用水比率已由20世纪年代的1∶0.57降至70年代的1∶0.27，80年代以后，下游用水量持续减少。目

① 尉元明等：《河西走廊水资源利用现状与节水灌溉工程分析》，《中国沙漠》2004年第4期。

前，民勤盆地已面临水资源枯竭的威胁，生态环境恶化。[①] 黑河流域正义峡断面断流天数，已由50年代平均51天上升到70年代的80天，目前下游的额济纳旗绿洲已成为沙尘暴的策源地，流域生态环境问题异常突出。因移民工程的实施，疏勒河流域增加了上、中游的用水量，下游来水量也呈逐年下降趋势。[②]

2. 非消耗性用水效率不高

目前，祁连山区水资源非消耗性用水以水力发电为主。祁连山部分水域存在高强度开发水电项目，且多处涉及违规审批、未批先建、手续不全，在设计、建设、运行中对生态流量考虑不足等问题，致使下游河段出现减水甚至断流，严重破坏现有水生态系统。与此同时，部分工业企业防污、排污技术创新滞后，更有甚者完全不配套节水、净水设施，加剧了祁连山区水资源短缺和地下水污染问题。另则，以祁连山丰富水源为依托的渔业、旅游业等并未得到充分合理开发，以致水资源使用价值下降。

3. 水资源开发利用监管不到位

由于体制和观念的束缚，水源地不管供水，供水地不管排水，排水地不管治污，造成“水产业链”脱节，水污染难以遏制。如黄河龙羊峡以下流域，特别是湟水河，其水污染近十年来已到非常严重的地步。

三　祁连山水资源综合管理分析

流域作为一个具有明确边界的地理单元，以水为纽带，将上、中、下游组成一个普遍具有因果联系的复合生态系统，是实现资源和环境管理的最佳单元。流域综合管理已经被认为是实现资源利用和环境保护相协调的最佳途径。流域综合管理涉及多学科、多部门，内容非常广泛。针对石羊河流域、

① 陈隆亨、曲耀光：《河西地区水土资源及其合理开发利用》，科学出版社，1992。

② 李孔安：《疏勒河项目移民安置对当地社会环境的影响分析》，《发展》2001年第1期。

黑河流域严重的水文生态问题，流域综合管理是目前应选择的重要管理手段。

（一）石羊河流域综合治理

1. 民勤绿洲的生态退化

石羊河流域是甘肃河西内陆河流域中人口最多、经济较发达、水资源开发利用程度最高、用水矛盾最突出、生态环境问题最严重的地区之一。其生态退化主要表现在下游民勤盆地。民勤盆地东北被腾格里沙漠包围，西北有巴丹吉林沙漠环绕，中部是石羊河冲积而成的一个狭长、平坦的绿洲带，是我国典型的荒漠绿洲之一。民勤盆地生态恶化，主要表现为湖泊萎缩、干涸，天然植被枯萎、死亡，土地沙漠化、盐渍化进程加快，地下水位下降，矿化度上升。其北部生态恶化形势最严峻，范围逐步向南延伸，速度呈加快之势。目前，民勤盆地地下水矿化度约增加 $0.12g \cdot L^{-1}a^{-1}$，矿化度普遍高达 $2 \sim 4g \cdot L$，最高地区达 $10g \cdot L^{-1}$。在盆地北部，2000 年前后部分群众已无法生存，只好撂荒土地背井离乡沦为“生态难民”，“罗布泊”现象已经局部显现。

民勤盆地绿洲自清代以来就开始超载，[①] 生态退化逐渐显现。据民勤县志记载，民勤盆地在清康熙年间就有生态恶化现象。19 世纪初期以来的 200 多年间，沙漠已侵吞农田 26 万亩，村庄 6000 多个，汉代的三角城遗址和唐代的连城遗址距离沙漠约缘约达 6 公里。20 世纪 50 年代以来，沙漠化速度呈加快之势，其北部沙漠推进了 50 ~ 70 米，侵吞耕地约 6000 余亩；西部沙漠东移 30 ~ 60 米，使近 7000 亩耕地失去耕种能力，另外还有 8 万余亩耕地出现了不同程度的沙化。70 年代以前，民勤盆地丘间、洼地大都为湿生系列的草甸植物，后来急速退化，目前已被旱生植物所代替，大面积的天然林木和五六十年代人工种植的沙枣林相继衰败、枯死，已失去再生和自然繁衍

---

① 王乃昂等：《近 2ka 河西走廊及毗邻地区沙漠化过程的气候与人文背景》，《中国沙漠》2003 年第 1 期。

能力，削弱了防沙、固沙和对绿洲的保护作用，使土壤、植被不断向沙漠化和盐渍化发展。盆地盐渍化面积从20世纪70年代的不足20万亩发展到目前的60多万亩，其中重盐碱化土地达40余万亩，且还在不断向南扩展，程度也在加重。

20世纪初期，其尾闾青土湖水域面积大约120平方公里，芦苇丛生，碧波荡漾，环境优美。随着流域人口的增长和灌溉农业的发展，青土湖水域面积逐渐萎缩。40年代末，水域面积尚有约70平方公里，50年代中后期，水域面积快速缩小，1959年青土湖完全干涸。70年代，国家出版的1/50000地图上已无青土湖一名。昔日"碧波荡漾，芦苇丛生，野鸭成群，游鱼无数"的石羊河尾闾青土湖，已成沙漠大举入侵绿洲的通途。

民勤盆地生态演变恶化，究其原因，历史上主要由人为破坏森林、无节制的采樵砍伐、毁林（牧）开荒造成；20世纪50年代以来，主要是由于人口的不断增长，上中游水资源开发利用程度提高，进入民勤盆地的地表水量减少，加之民勤盆地过量开采地下水，导致地下水位急剧下降，生态环境恶化。

2. 石羊河流域综合治理

石羊河流域综合治理开始于20世纪90年代。1989年9月编制的《石羊河流域初步水利规划摘要》对水井、调水工程、输水工程均进行规划，但规划中主要考虑水利设施，缺乏区域水资源的总体协调，对生态的重视程度不够，导致整个90年代民勤绿洲的生态不但没有好转，反倒越来越恶化。2007年完成的《石羊河流域重点治理规划》为流域第二版总体规划。此规划从2002年开始组织编制，涉及多个部门，采纳了流域综合治理的观点，偏重于生态环境恢复、上中下游水资源的协调，尤其是政府的关注为规划的实施提供了资金和政策保障。如今，民勤绿洲的生态恶化趋势已基本得到遏制，局部地区的生态有所恢复。

综合治理的内容包括：对石羊河流域的工农业发展政策进行实质性调整；淡化石羊河商品粮基地的作用，增强爱护环境、保护环境的意识；减少石羊河流域的灌溉农田面积；发展节约型农业；对水权进行深入研究，确立水权制度；有计划的人口控制和移民；跨流域调水等。

通过一系列治理项目的实施，至2008年前后，干涸51年之久的青土湖形成了3~22平方公里的人工季节性水面，北部湖区出现总面积70平方公里左右的地下水埋深小于3米的浅埋区，形成一定范围的旱区湿地，湖区生态系统有所修复。

（二）黑河流域综合治理

黑河是一个资源型缺水流域，干流多年平均年径流量15.8×10^{8}立方米。人均可利用水资源仅1250立方米，是全国人均水平的54.2%，接近缺水上下限（3000~1000立方米）低值。随着流域经济的快速增长，黑河流域水资源开发力度逐年增大，逐渐呈现过度趋势。国际上公认的内陆河流域水资源开发利用率（供水量/水资源总量）的警戒线为40%，黑河流域一度达到112%。在流域层面，由于缺乏统一管理，上中游水资源需求的增加直接导致下游河道断流加剧，沙漠侵蚀日甚，绿洲极度萎缩，尾闾西居沿海1961年宣告枯竭，东居延海1992年消失。

1999年，水利部黄河水利委员会成立黑河流域管理局，负责黑河水量统一调度。2001年8月3日，国务院批复《黑河流域近期治理规划》，标志着黑河流域综合治理的开始。通过三年治理，《黑河干流水量分配方案》的实施，逐步形成以水资源合理配置为中心的生态系统综合治理和保护体系，遏制了生态系统恶化趋势，并为逐步改善当地生态系统奠定坚实基础。

黑河流域的综合治理主要是通过行政手段向下游强制放水。2002年，东居延海初次进水，2003年湖面开始重新出现，2004年以来，湖泊开始常年有水，面积在40平方千米左右波动，2011年水面达到42.3平方千米，初步遏制了黑河流域下游生态环境恶化的趋势。

同时，流域水资源的分配引起主要用水部门之间用水结构变化。高耗水行业用水比重明显降低，其中农业用水比重和农业内部农田灌溉用水比重均降低1%~2%，尤其是高耗水农作物得到控制。工业用水、服务业用水以及农林牧渔用水比重呈逐渐上升趋势。但这种趋势是否与经济发展本身相关还需要深入研究。然而，中游地区耕地面积已然呈增加趋势，工业用地、交通用地和居住用地也在持续增加，这些均对水资源和水环境带来很大压力。

生态方面，由于水量的保证和东居延海专用输水渠道的建成，湖泊、河流等水域面积逐渐恢复并稳定扩张；下游地下水位逐步上升，水质趋于淡化，整体水环境有所好转。下游生态环境从分水前的恶化转变为分水后逐渐恢复，并呈持续好转趋势。对额济纳绿洲胡杨的年轮分析表明，自 2003 年以来，胡杨径向生长逐渐恢复，2007 年胡杨林生长状况基本恢复至 1990 年前的平均水平。但东河中下段的恢复状况仍不容乐观。

政　策　篇

Policy Articles

G.5
祁连山生态环境保护政策回顾与分析

谢顺涛　穆阳洁*

摘　要： 祁连山是西北地区重要的生态安全屏障，其生态环境问题备受关注。祁连山经历了20世纪六七十年代的森林无序砍伐、80年代的矿山开采、90年代以后的小水电站开发等人为活动，近年来更是由于整改措施不到位，其生态环境破坏问题愈发严重。为保护祁连山生态环境，党中央、国务院及地方政府相继制定出台了一系列相关政策。本报告详细回顾研究了近五六十年祁连山地区的生态环境保护政策，从环境政策的制定、执行、评估、监控四个方面分析了祁连山生态环境保护政策失灵的原因：①立法层面对破坏祁连山生态环境的

* 谢顺涛，兰州大学资源环境学院博士研究生；穆阳洁，兰州大学资源环境学院硕士研究生。

行为“放水”，缺少强有力的问责和回应机制；②政策执行过程中未充分发挥政策工具的作用，政策落实不坚决、不彻底；③针对祁连山地区的政策评估行为较少，缺少政策上的强制性，公众参与评估还须加强；④政策监控层层失守，整改落实不力。

关键词： 祁连山　生态环境保护　政策分析

生态环境与经济可持续发展密切相关，是与人类生存和发展相关联的水资源、土地资源、生物资源以及气候资源质量与数量的总称。生态环境问题则是人类在利用和改造大自然的过程中产生的负反馈效应，主要包括生态环境的污染和破坏。

地处甘肃、青海交界的祁连山是黑河、石羊河和疏勒河三大水系 56 条内陆河的主要水源涵养地和集水区，在维护中国西部生态安全方面有着举足轻重和不可替代的地位，是西北地区重要的生态安全屏障，因而有“河西走廊生命线”和“母亲山”之美誉。

祁连山，一个生态极其脆弱的区域，森林覆盖率 5%，年降水量 200～400 毫米，年蒸发量 1200 毫米左右。作为水源涵养林主体的青海云杉天然林，树种结构单一，林分密度大，林下灌木草本稀少，生物多样性较低，天然更新能力差，生态系统易受自然条件的影响，承载力低，易受破坏，修复能力弱。在过去，人们毫无顾忌地追求利益而忽视生态保护，导致祁连山地区冰川储量下降、雪线逐渐升高、森林逐渐减少、草原质量降低且沙漠化面积逐渐增加、生物种类及数量逐渐减少。虽然早在 1972 年政府就开始出台相关政策，提出“全面规划、合理布局、综合利用、化害为利、依靠群众、大家动手、保护环境、造福人民”的方针，但祁连山生态环境问题始终得不到根本性解决。

一 祁连山生态环境保护政策与法规

（一）1949～1986年出台的政策与法规

1972 年之前，祁连山生态环境保护主要为对草原植被的保护。20 世纪 50 年代后期，草原剧减，对牧区实行冬春、夏秋二季轮牧。而针对冬春草场放牧时间长、超载量过重等情况，采取上午吃残、下午吃鲜、逐日蚕食的办法节约用草。

1972 年斯德哥尔摩联合国人类会议召开，发出世界各国人民保护和改善人类环境的倡议。1973 年 8 月，国务院委托当时的国家计委（现发改委）在北京组织召开了中国第一次环境保护会议，揭开了中国环境保护事业的序幕。会议审议通过了“全面规划、合理布局、综合利用、化害为利、依靠群众、大家动手、保护环境、造福人民”的环境保护工作 32 字方针和中国第一个环境保护文件——《关于保护和改善环境的若干规定》。1974 年 10 月，国务院批准成立了国务院环境保护领导小组。1975 年 5 月，国务院环境保护领导小组印发的《关于环境保护的 10 年规划意见》，明确要求各地区各部门把环境保护纳入长远规划和年度计划中，作为国民经济计划的组成部分，统筹兼顾，适当安排，改变环境保护纳不进计划、排不上队的情况。1976 年 5 月，国务院印发的《关于编制环境保护长远规划的通知》同样要求把环境保护纳入长远规划和年度计划中。

1978 年 2 月，第五次全国人民代表大会通过的《中华人民共和国宪法》规定，“国家保护环境和自然资源，防治污染和其他公害”，为环境保护法制化建设奠定了法律基础。1978 年 12 月，国务院环境保护领导小组的《环境保护工作要点》中提出，“必须把控制污染源的工作作为环境管理的重要内容，向排污单位实行排放污染物的收费制度，由环境保护部门会同有关部门制定具体收费办法”。1979 年 4 月，国务院环境保护领导小组的《关于全国环境保护工作会议情况的报告》中要求，“要从资源开发利用、厂址选择、工艺路线和产品品种的选择、环境质量影响评价等基本建设前期工作抓起，防止产生新的污染源”。1979年9月颁布《中华人民共和国环境保护法（试行）》明确了“32字方针”这一环境保护基本方针的法制地位，确定了“谁污染谁治理”的政策，为全国环境保护工作指明了发展方向。1982年5月，国务院批准成立城乡建设环境保护部。1982年7月，国务院颁布实施《征收排污费暂行办法》，标志着排污收费制度正式确立，并在之后不断完善。1983年12月31日，国务院召开第二次全国环境保护会议将环境保护作为一项基本国策。1984年，国务院成立环境保护委员会。

1978年7月，甘肃省祁连山水源涵养林研究院成立，以青海云杉、祁连圆柏生态系统结构、涵养水源功能及生态过程为研究对象。1980年，国务院确定祁连山水源涵养林为国家重点水源涵养林区，并做出停止采伐森林的决定。

这一时期的祁连山生态环境的破坏，是生态环境保护意识的缺乏、生态环境保护政策的不完善造成的。在生态环境匮乏的情况下，在党中央以粮为纲和优先发展重工业的路线指导下，盲目地开垦荒地、毁坏森林草原，致使草原森林面积大幅度降低。之后，大规模的矿山无序开采，使祁连山地表植被遭破坏、水土流失加剧、地表塌陷，矿山开采造成的山体破损、矿石弃渣、尾矿，对生态破坏十分严重。

（二）1987～2002年出台的政策与法规

1987年10月24日，甘肃省人民政府批准将祁连山地区划分为省级自然保护区。1988年5月9日，国务院发布《关于公布第二批国家级森林和野生动物类型自然保护区的通知》，标志着祁连山自然保护区成为国家级森林和野生动物类型自然保护区之一。

1989年，在北京召开第三次全国环境保护会议，提出“经济建设、城乡建设和环境建设同步规划、同步实施、同步发展，实现经济效益、社会效益、环境效益相统一”的指导方针，确定了强化环境管理作为环保工作的中心环节的有中国特色的环境保护道路，制定了“预防为主，防治结合”、“谁污染谁治理”和“强化环境管理”三大政策。1992年8月，中共中央国务院批准了的《环境与发展十大对策》，明确提出了“实行可持续发展战略”，主张中国的环境污染从末端治理转向全程控制，实行清洁生产；建设项目必须做到先评价、后建设；坚持把环境效益作为考核政府官员政绩的内容之一。其他九条分别为：采取有效措施，防治工业污染；深入开展城市环境综合治理，认真处理城市“四害”（水、气、渣、噪声）；提高能源利用率、改善能源结构；大力推进科技进步，加强环境科学研究，积极发展环保产业；运用经济手段保护环境；推广生态农业，植树造林，加强生物多样性保护；健全环境法制，强化环境管理；加强环境教育，提高全民族的环境意识；参照联合国环境发展大会精神，制定中国行动计划，如《中国环境保护战略》《中国 21 世纪议程》《中国生物多样性保护行动计划》等环境政策。

1993 年，全国人大制定出台了《清洁生产促进法》《环境影响评价法》等法律，修订了《大气污染防治法》《水污染防治法》等法律。之后，甘青两省相继制定了《大气污染防治法实施办法》《森林法实施办法》《实施草原法细则》等地方性法规。办法和细则明确了对辖区内大气、森林和草原的保护与预防措施，对造成环境污染、森林草原破坏的个人和团体依法给予处分和处罚。

1996 年，国务院召开第四次全国环境保护会议，提出环境保护是实施可持续发展战略的关键，保护环境的实质就是保护生产力，要坚持污染防治和生态保护并举，全面推进生态环境工作。同年 8 月，国务院发布了《关于环境保护若干问题的决定》，首次明确提出了2000 年力争使环境污染和生态破坏加剧的趋势得到基本控制。

1998 年，国家环境保护局、国家计委制定的《国家自然保护区发展规划纲要（1996～2010）》指出，重点加强森林生态系统和野生动物类型、草原与草甸生态系统类型的国家级自然保护区建设，同时要求制定适合各地区、各部门的自然保护区规划。1999 年 9 月，甘肃省人民代表大会通过了《甘肃省自然保护区管理条例》，明确了自然保护区内综合管理部门、行政管理部门的责任，规定自然保护区申报条件和申报程序等。

2000年，祁连山保护区被确定为国家天然林保护工程区，为祁连山自然保护区天然林资源保护注入了新的活力。2001～2010年，祁连山自然保护区实施了天然林保护一期工程，加强了森林保育。

（三）2003年至今出台的政策与法规

2003年，党中央、国务院调整发展战略，提出以人为本、全面协调可持续的科学发展观，要求转变发展思路，创新发展模式，实现人与自然的和谐发展。

2003年，为遏制西部地区天然草原退化趋势，促进草原生态修复，国家启动了退牧还草工程，其中包括甘青两省。两省对祁连山自然保护区开展了退牧还草工程围栏建设，内容包括禁牧围栏、休牧围栏、轮牧围栏、退化草原补播改良等。退牧还草有效地缓解了祁连山植被退化的问题，使草原得以休养生息，草原植被覆盖率和牧草种类数目得到提高，改善了草原生态环境，提高了土壤的持水性，防止地表水分减少，改善草原荒漠化，防止水土流失。

2004年，祁连山保护区森林被认定为国家重点生态公益林。2007年，甘肃省林业厅制定了《甘肃省公益林管护办法（试行）》，2011年进行修订。该办法中规定了队伍建设和职责、保护管理、监督检查、奖惩等。2013年，甘肃省林业厅相继制定了《甘肃祁连山国家级自然保护区公益林管护制度》《甘肃祁连山国家级自然保护区公益林巡山查林制度》《甘肃祁连山国家级自然保护区公益林监测制度》《甘肃祁连山国家级自然保护区公益林补偿基金管理制度》等。这些制度明确了祁连山公益林管护、巡山查林、监测和补偿基金的管理办法、奖惩依据等。

2006年2月，国家环保总局和监察部发布了《环境保护违法违纪行为处分暂行规定》，强化国家各级行政机关的环境责任，震慑环保违法违纪行为。

2008年，环保部公布的《全国生态功能区划》，将祁连山区确定为水源涵养生态功能区，祁连山山地水源涵养重要区列为全国50个重要生态服务功能区之一。2015 年环保部与中国科学院联合发布的《全国生态功能区划（修编版）》中增加确定祁连山区为土壤保持及重要区域，充分肯定了祁连山在生态环境中的重要作用，并对祁连山的生态意义做出定位。

2008 年 11 月，《国务院关于支持青海等省藏区经济社会发展的若干意见》明确提出，要启动祁连山水源涵养区生态环境保护和综合治理规划研究。2008 年初，甘青两省分别启动了《祁连山生态环境保护和综合治理规划》，2010 年 9 月，中国国际工程咨询公司分别对两省规划进行了现场评估。根据评估意见，两省再次对规划文本体例、生态功能分区和建设项目投资补助标准进行了统一。2012 年 12 月 28 日，国家发展改革委正式批复《祁连山生态保护与综合治理规划（2012～2020）》，规划的范围包含祁连山南坡（青海）和北坡（甘肃），行政区域涉及甘肃、青海两省 23 个县（市区、场等），主要建设内容包括林地保护和建设、草地保护和建设、湿地保护和建设、水土保持、冰川环境保护、生态保护支撑工程以及科技支撑工程等 7 项内容。

2012 年 11 月，党的十八大提出大力推进生态文明建设的战略决策，并明确指出，面对资源约束趋紧、环境污染严重、生态系统退化的严峻形势，必须树立尊重自然、顺应自然、保护自然的生态文明理念，把生态文明建设放在突出地位，坚持节约资源和保护环境的基本国策，坚持节约优先、保护优先、自然恢复为主的方针，着力推进绿色发展、循环发展、低碳发展，形成节约资源和保护环境的空间格局、产业结构、生产方式及生活方式，从源头上扭转生态环境恶化趋势。之后，中共中央、国务院出台了《关于加快推进生态文明建设的意见》《生态文明体制改革总体方案》《生态文明建设考核目标体系》等政策。2015 年 1 月，青海省人大常委会颁布了《青海省生态文明建设促进条例》，首次对青海省生态文明建设的责任主体、规划与建设、保护与治理、保障机制、监督检查、法律责任等内容做出明确规定。2015 年 12 月，甘肃省委、省政府制定《甘肃省加快推进生态文明建设实施方案》，明确指出甘肃省加快生态文明建设的八项重点任务：一是落实主体功能区战略，优化国土空间开发格局；二是建设国家生态安全屏障综合试验区，加大自然生态系统和环境保护力度；三是协同推进生态建设与扶贫攻坚；四是深入推进循环经济示范区建设；五是发展生态友好型产业；六是加强防灾减灾体系建设；七是加强生态文明制度建设，建立健全生态环境保护机制；八是提高生态文明意识，形成良好社会风尚。

2016年，祁连山被列为第一批山水林田湖生态保护修复工程试点区，甘肃省发改委通过多渠道累计筹措整合资金25亿元，加快林地保护、草地保护、湿地保护、水土保持、冰川保护、生态保护支撑和科技支撑等七大工程建设。青海省为了加强生态功能区域整体保护、系统修复、综合治理，提升生态环境保护的系统化、科学化和精细化管理水平，先后出台了《青海省祁连山区山水林田湖生态保护修复试点项目实施方案》《青海省祁连山区山水林田湖草生态保护修复试点项目》等政策法规。武威、张掖两市及祁连县制定了山水林田湖生态保护修复工程项目实施方案。

2016年8月，为实现甘青两省执法适度整合、信息高度聚合，提高执法效率，加大联合保护管理力度，两省有关方面在门源县隆重召开了祁连山自然保护区第一届联防联治工作会议。

2016年11月30日至12月30日，中央第七环境保护督察组对甘肃省开展环境保护督察并形成督察意见，甘肃省委、省政府根据意见制定下发了《进一步增强政治责任全面做好祁连山生态保护工作方案》《甘肃祁连山自然保护区生态环境问题整改落实方案》《中办祁连山生态环境整治回访调研报告重点工作任务落实方案》等文件，对严格落实地方主体责任、抓紧清理关停违法违规项目、着力强化开发利用监管、妥善解决历史遗留问题、加大资金投入力度、加强动态监测和监督执法、建立健全长效机制等7个方面31项整改任务，逐项明确了牵头单位、责任单位、完成时限和工作措施，压实了工作责任。2017年8月8日至9月8日，中央第七环境保护督察组对青海省开展了环境保护督察并形成督察意见，青海省委、省政府高度重视中央环保督察整改工作，组织制定了《青海省贯彻落实中央环境保护督察反馈意见整改方案》，严守生态环境保护红线，大力整治生态敏感区域环境问题。强化自然保护区管理，持续开展绿盾自然保护区监督检查专项行动，依法依规核准自然保护区范围及功能区边界，理顺自然保护区管理机制。建立多元化资金筹措保障机制，探索建立牧民群众、社会公众参与的特许经营机制，全面落实生态管护公益岗位一户一岗。

2017 年 4 月 20 日上午，中国科学院、张掖市人民政府和河西学院协作成立祁连山生态研究院，并在甘肃张掖河西学院举行成立仪式。2018 年 1 月 13 日上午，祁连山研究院揭牌仪式暨祁连山生态环境保护管理与可持续发展高端论坛在兰州大学逸夫科学馆举行。

2017 年 6 月，为突出生态系统整体保护和系统修复，以探索解决跨地区、跨部门体制性问题为着力点，在中央深化改革领导小组第三十六次会议上祁连山国家公园批准建立，并通过了《祁连山国家公园体制试点方案》。2018 年 5 月，甘青两省祁连山国家公园体制试点方案编制工作协调会在兰州召开，甘肃省副省长李斌与青海省副省长严金海就祁连山国家公园范围划定原则、范围划定初步方案、功能区划分等内容进行协商衔接，并就试点方案进行对接，初步达成一致意见。之后，青海省人民政府印发了《祁连山国家公园体制试点（青海片区）实施方案》，甘肃省省委常委会议通过了《祁连山国家公园体制试点（甘肃省片区）实施方案》。

2017 年 7 月 11 日，为认真贯彻落实《中共中央办公厅国务院办公厅关于甘肃祁连山国家级自然保护区生态环境问题督查处理情况及其教训的通报》精神，环境保护部等七个中央政府部门决定联合开展“绿盾 2017”国家级自然保护区监督检查专项行动，并印发《“绿盾 2017”国家级自然保护区监督检查专项行动方案》；2018 年生态环境部等五部门开展了“绿盾 2018”自然保护区监督检查专项行动，甘青两省制定印发了《“绿盾 2018”自然保护区监督检查专项行动实施方案》，并集中开展“绿盾 2017”专项行动问题整改回头看和中央环境保护督察反馈意见回头看。

根据《中华人民共和国矿产资源法》《中华人民共和国自然保护区条例》等法律法规，2017 年 12 月，为切实做好祁连山生态环境问题整改，甘肃省在以冻结方式全面停止祁连山国家级自然保护区内矿产资源勘查开发活动的基础上，根据党中央、国务院对祁连山生态环境保护的部署要求，差别化推进已设矿业权分类退出工作，并制定了《甘肃祁连山国家级自然保护区矿业权分类退出办法》。该办法中明确规定了退出原则、退出范围、退出方式、时限及适用条件、退出程序、补偿标准、法律责任、实施责任和资金筹措等。同月，为全面加强甘肃祁连山国家级自然保护区生态环境问题整改，妥善解决祁连山国家级自然保护区内水电站历史遗留问题，甘肃省人民政府制定了《甘肃祁连山国家级自然保护区水电站关停退出整治方案》。该方案对差别化处置意见、治理恢复措施、补偿办法、保障措施等做出明确规定。

二 祁连山生态环境保护政策与法规分析

（一）政策与法规的制定

首先是环境政策制定阶段。[①] 从表面过程看，与以前相比，21 世纪环境政策决策的咨询系统开始逐渐发挥作用，政策制定的透明化程度逐渐提高，体现出一定的民主化发展趋势，主要包括政策制定阶段举行公众听证会，政策制定后通过预留公示期、构建网络信访平台等方式，实现环境政策制定过程的公众参与，但由于公众的环境教育程度参差不齐，部分人对中央的环境保护基本政策条例和生态环境情况等缺乏必要了解，故出现参与度不高等问题，从而使该咨询系统未能完全体现出它的价值。在地方政府制定相关政策和法规时，出现在具体条例上不遵循中央制定的国家法律法规等立法层面的问题。比如甘肃省政府对《甘肃祁连山国家级自然保护区管理条例》进行过三次修正，[②] 其中的一部分规定始终与《中华人民共和国自然保护区条例》不一致，将国家规定“禁止在自然保护区内进行砍伐、放牧、狩猎、捕捞、采药、开垦、烧荒、开矿、采石、挖沙”，删减修改为“禁止进行狩

① 丁文广：《环境政策与分析》，北京大学出版社，2008，第 76 ~ 79 页。

② 新华社：《中共中央办公厅、国务院办公厅就甘肃祁连山国家级自然保护区生态环境问题发出通报》，2017 年 7 月 20 日。

猎、垦荒、烧荒”，而后三类行为近年来发生频次少或基本已经得到控制，其他七类行为刚好在近年来频繁发生且对生态环境有明显破坏；2013 年 5 月修订的《甘肃省矿产资源勘查开采审批管理办法》，违法违规允许企业在国家级自然保护区进行矿产开采；《甘肃省煤炭行业化解过剩产能实现脱困发展实施方案》违法违规允许保留保护区内的十几处煤矿等。这些对国家政策法律法规采取打折扣执行的行为显然应该尽早整改。除此之外，强有力的问责和回应机制缺失等问题延续至今，对祁连山生态环境造成持续不断的影响，故应尽早建立完善该机制体系。

（二）政策与法规的执行

近年来，党和政府对生态环境保护工作的重视达到前所未有的高度，科学发展观暨可持续发展战略的实施，标志着祁连山保护区也进入生态环境保护新时期。① 全国相应政策与法规的执行力度也逐年加大，环境政策与法规工具的运用也和之前相比有了很大进步，但两者在体制上均存在一些需要整改的问题。该时期使用的环境政策与法规工具已经发展到综合化工具运用阶段，但各个工具手段的使用仍然存在不足。主要表现在：政府虽在政策执行过程中适当引入公众参与，但其作用在该过程中仍占较大比例，在生态环境保护和治理工作中容易出现部门失灵和地方保护主义等情况，即部门间政策冲突导致已经制定的环境政策得不到有效执行，政府为了追求经济政绩而对污染现象持保护、纵容或支持态度等，对祁连山环境政策与法规的实际执行形成很大阻碍；在技术工具方面，清洁生产、节能技术和生态环境的信息化管理都随社会的发展逐渐完善，但西部相对落后，管理不完善，加之地方保护主义盛行，导致这些环保型技术普及和实施力度不大，祁连山地区的生态环境也并没有因此而好转；市场化工具的运用逐渐趋于成熟，政府下达强制性政策与法规通过实施庇古手段（税收、收费、补贴等）和科斯手段（排污权交易等）逐渐将环境物品私有化，以充分调

① 丁文广：《环境政策与分析》，北京大学出版社，2008，第 46 ~ 74、110 ~ 111 页。

动环保积极性，现在已经有一定成效，但由于环境的外部性特征、监察实施不到位等原因未达到预期效果。其间，社会化工具开始初步发展，社会公众对生态环境的态度、认识程度和责任感逐年强化，西部的环保 NGO 组织不断涌现，但社会化工具在政策与法规整体执行过程中参与度相对不高，还有很大的发展空间。

（三）政策与法规的评估

21 世纪以来，由于公众对政府的信任危机和媒体性质的两面性，一些非政府机构作为第三方评估机构开始发展起来。① 这些机构作为中立方承接并评估已经制定实施的环境政策，在市场化机制优胜劣汰的压力下，采用国际上先进的评估方法和技术设备等对目标进行评价，因此可以保证评估结果更加准确和专业。由于缺乏政策上的强制性，这些年有关祁连山地区生态环境政策评估较少，这些第三方评估机构发挥的作用有限，无法改变部分有问题的政策与法规继续实施的现实。除此之外，公众往往是环境问题的第一发现者和真实体验者，居住在祁连山生态环境脆弱区的公众在当地环境政策与法规执行方面更有发言权，对执行效果也有最直观、最深刻的感受。因此，他们反馈的信息会更加真实可靠。祁连山地区生态环境问题的暴露，大多都有公众参与在背后推动，这是一股不可忽视的力量。所以，在政策评估过程中应该尽可能将公众势力纳入，有利于政策评估趋向科学民主化。

（四）政策的督察与监控

政策的监控是为环境保护政策法规合法化及其制定、执行、评估和终结等活动达到预期目标，避免出现不必要的错误而进行监督和控制的过程。监控包括监督和控制两方面，② 其中监督主体有立法机关、行政机关、司法机

---

① 丁文广：《环境政策与分析》，北京大学出版社，2008，第 154 ~ 155、168 页。

② 丁文广：《环境政策与分析》，北京大学出版社，2008，第 170 ~ 172 页。

关、非政府组织、媒体和公众、政党系统六方面力量。祁连山生态环境破坏问题频发与监督主体在政策监控上的层层失守有很大关系,[①] 政府机关责任落实和履行职责不到位的问题比较突出，以致一些违法违规项目畅通无阻，自然保护区管理有关规定得不到具体落实。如环境保护部不仅没有加强对有关部门工作的指导、监督，反而在保护区划界确定后仍然违法违规审批或验收项目，根本没有起到其监督和控制作用。面对环境监控上的政府失灵，其他监督主体如媒体和公众则会成为成本最低、最为积极有效的环保监控力量，在近年来祁连山生态环境政策监控方面发挥重要作用。针对 2017 年祁连山重大生态环境破坏事件，中央已经直接成立督察小组下到地方督促政府限期整改，政府机关的监控作用也开始真正发挥出来。

① 新华社:《中共中央办公厅、国务院办公厅就甘肃祁连山国家级自然保护区生态环境问题发出通报》, 2017 年 7 月 20 日。

G.6
祁连山生态环境与区域经济协调发展研究

吴建祖　王蓉娟*

摘　要： 如何解决祁连山地区生态恶化与经济落后的双重困境，缓解生态安全屏障责任与地区经济发展任务间的矛盾，是现阶段祁连山可持续发展亟待研究解决的关键问题。本报告采用2008～2017年祁连山地区5市的平衡面板数据，基于环境库兹涅茨曲线假设，实证分析祁连山地区环境污染与经济增长的关系。研究发现，人均废水排放量与经济增长存在“倒U”形关系，人均二氧化硫排放量与经济增长存在“倒N”形关系，在考虑了其他影响因素之后发现，环境污染与经济增长的关系有所改变。结果表明，EKC出现逆转趋势并不仅是经济增长所致，也受其他因素的影响。经济增长并不会自动解决环境问题，只有政府、企业、社会等多方利益主体实行多中心治理，才能真正找到实现环境保护与经济增长双赢的发展路径。

关键词： 祁连山　生态保护　经济增长　环境库兹涅茨曲线

祁连山国家级自然保护区地处甘肃、青海交界的祁连山地区，是黑河、石羊河和疏勒河三大水系及56条内陆河的主要水源涵养地和集水区，在维

* 吴建祖，博士，兰州大学管理学院教授，主要研究方向为战略管理、可持续发展与环境政策；王蓉娟，兰州大学管理学院博士研究生，主要研究方向为可持续发展与环境政策。

护中国西部生态安全方面有举足轻重和不可替代的地位，是西北地区重要的生态安全屏障、维持生态平衡的关键源头、黄河流域重要水源产流地，故有河西走廊的“生命线”和“母亲山”之称。祁连山地处西北干旱区，受水资源短缺、气候干旱等恶劣自然环境因素的影响，生物种群组成简单，天然更新能力差，生态系统脆弱，具有抗干扰能力弱、时空波动性强、边缘效应显著、恢复能力差等特点，极易遭到破坏且难以恢复，容易发生森林向草原、荒漠草原、荒漠的逆向演替。祁连山地处我国西部经济欠发达地区，生存在那里的人们“靠山吃山”的观念根深蒂固，当地政府也在发展与环保之间左右为难且易选择生态保护让步于经济发展。正是由于自然和人为的长期响应，祁连山冰川萎缩、雪线上升、天然植被退化、荒漠化和水土流失加重、出山径流量减少，生态问题日益严重，不仅影响周边地区经济社会可持续发展，而且对我国西部地区的生态安全构成严重威胁。2017 年 7 月 30 日，兰州大学教授丁文广在接受《中国新闻周刊》采访时直言，如果祁连山自然保护区继续被破坏下去，河西走廊的生命水将断流，“一带一路”通道将在甘肃受阻。因此，解决祁连山地区生态恶化与经济落后的双重困境，实现环境保护与经济增长双赢，缓解生态安全屏障责任与地区经济发展任务之间的矛盾，将是现阶段祁连山可持续发展亟待解决的关键问题。

一　祁连山地区生态环境与区域经济概况

祁连山地区经历了从 20 世纪 60 年代开始的森林砍伐、80 年代的矿产开发、90 年代的水电开发、21 世纪以来的旅游开发以及长期的过度放牧等，这一系列长期持续的大规模甚至违规开发行为没有得到及时制止，也没有对矿山开采、水电开发、过度放牧等造成的破坏进行有效修复。长期大规模开发，加之气候因素等，祁连山出现了严重的生态环境问题。2015 年 9 月，环保部会同国家林业局就祁连山生态环境保护问题，对甘肃省林业厅、张掖市政府进行公开约谈，但没有引起足够重视，保护工作进展缓慢，生态环境问题没有明显改善。2017 年 7 月，中共中央办公厅、国务院办公厅就甘肃祁连山国家级自然保护区生态环境问题发出通报，对相关领导人员进行了严肃问责，党中央、国务院高度关注，习近平总书记做出批示，要求甘肃省加紧整改落实祁连山的保护与修复措施。

（一）生态环境状况

1. 空气质量情况

空气质量与人们的身体健康息息相关，空气质量也是衡量地区环境状况的重要指标。图 1 显示了 2013 ~2017 年祁连山地区空气质量达到二级以上天数占全年的比重，从图中可以看出，祁连山地区空气质量达到二级以上天数占全年的比重均值总体上呈“先减少后增加”的趋势。2013 年祁连山地区空气质量达到二级以上天数占全年比重均值在 94. 41%，到 2016 年下降到 80. 22%，2017 年又有所提升，达到 83. 80%。其中，张掖市空气质量达到二级以上天数占全年比重波动最大，2015 年占比 94%，2016 年大幅度下降，下降到 77. 30%，一年内下降了近 17 个百分点。

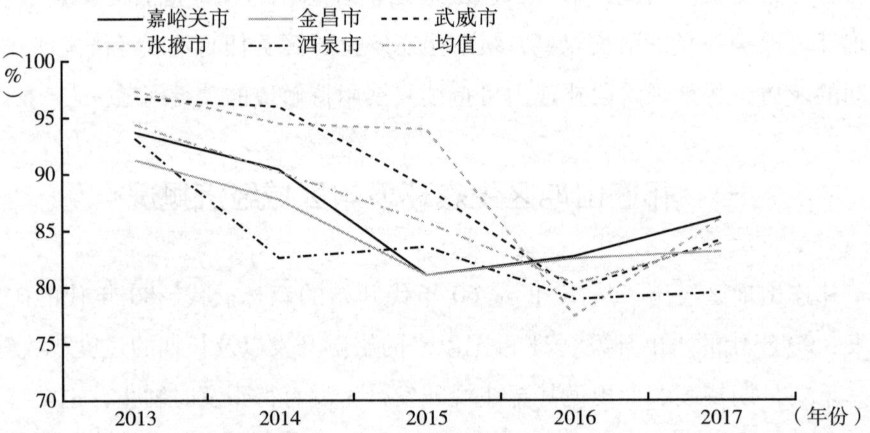

图 1　2013 ~2017 年祁连山地区空气质量达到二级以上天数占全年的比重

中国不同省份、不同城市根据国家环保局的有关技术规定，结合本地的实际情况，计入大气污染指数的污染物项目不尽相同，暂规定空气质量必须依据的污染物有三项：二氧化硫（SO_2）、二氧化氮（NO_2）、可吸入颗粒物（PM10）。图 2 反映了 2013 ~ 2017 年祁连山空气质量主要指标情况。可以看出，祁连山地区空气中的主要污染物是可吸入颗粒物（PM10），处在雷达图最外围，其中 2015 年最为严重，达到 0.58 毫克/立方米；2017 年为 0.44 毫克/立方米，下降了 24.14%。2013 年祁连山地区空气中 SO_2 为 0.18 毫克/立方米，2017 年下降到 0.12 毫克/立方米，下降幅度达到 33.33%。祁连山地区空气中污染物相对较少的是 NO_2，2013 ~ 2017 年均在 0.12 毫克/立方米左右浮动，较为平稳。

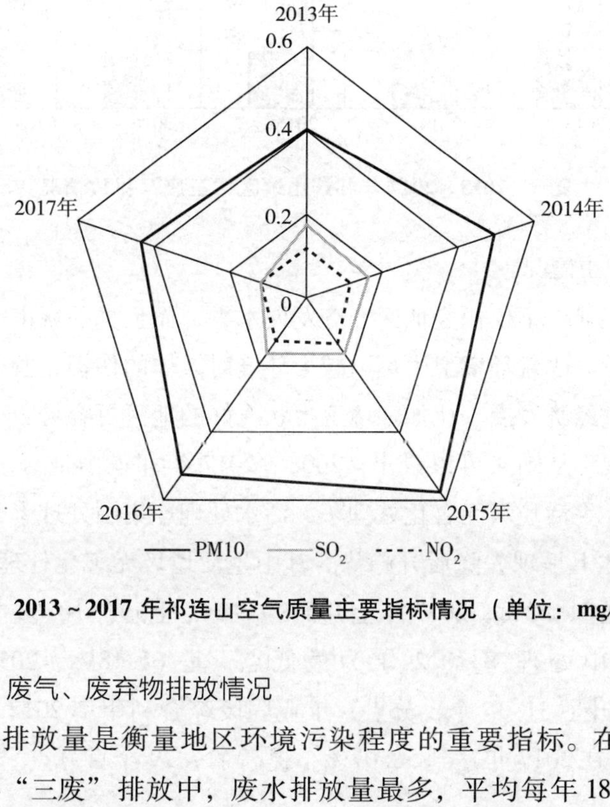

图 2　2013 ~ 2017 年祁连山空气质量主要指标情况（单位：mg/m^3）

2. 废水、废气、废弃物排放情况

“三废”排放量是衡量地区环境污染程度的重要指标。在祁连山地区 2013 ~ 2017 年“三废”排放中，废水排放量最多，平均每年 18068.69 万吨；废气排放量平均每年 5358.76 亿立方米；工业固体废弃物产生量平均每年 3528.99 万吨。废气排放 2016 年最为严重，达到 6111.70 万吨，2017 年下降到 4971.96 万吨，下降 18.65%；废水排放呈先增后减趋势，废水排放也是 2016

年最为严重，达到18936.01万吨，2017年有所下降，下降到17775.65万吨，下降6.13%；工业固体废弃物产生量呈逐年下降趋势，2013年为4128.59万吨，2017年下降到3087.50万吨，下降比例达到25.22%（见图3）。

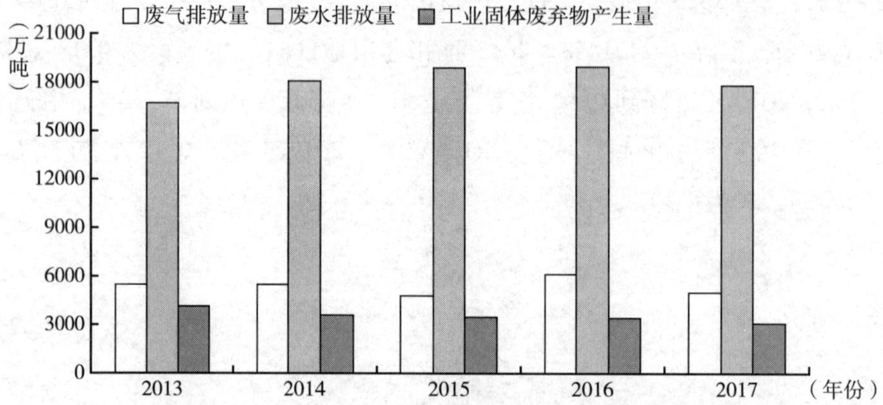

图3　2013~2017年祁连山地区“三废”排放情况

3. 环境卫生情况

城市环境卫生不仅代表地区经济发展水平，而且关乎城市市民的身体健康和生活质量。改善环境卫生可以减少环境对人体的伤害，营造良好的生活环境也会促进经济发展。比如环境卫生状况好的地区更容易吸引游客，带动旅游业的发展。从图4可以看出，2008~2017年祁连山地区环境卫生总体上有所改善，生活垃圾无害化处理率、污水处理厂集中处理率、工业固废综合利用率总体上呈现先降后升趋势。其中生活垃圾无害化处理率在2010年为最低点，是81.22%，2017年上升到99.9%，上升了18.68个百分点；污水处理厂集中处理率2012年为最低点，是61.18%，2017年上升到92.53%，上升了31.35个百分点；工业固废综合利用率2012年为最低点，是50.78%，在2017年达到58.07%，提高了7.29个百分点。

（二）社会经济状况

1. 人口增长情况

人口自然增长率是一定时期内人口自然增长数与该时期内年均人口数之

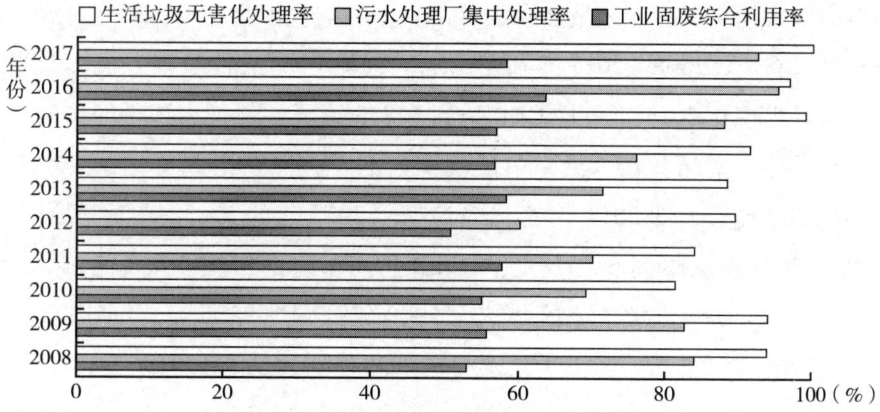

图4　2008～2017年祁连山地区环境卫生情况

比，它是反映人口自然增长趋势和速度的指标。人口自然增长过快会给地区环境与经济带来压力。2008～2017年祁连山地区人口自然增长率总体上呈波动上升趋势。祁连山地区2008年人口自然增长率均值为5.66‰，在2017年达到8.08‰，上升了2.42个千分点（见图5）。

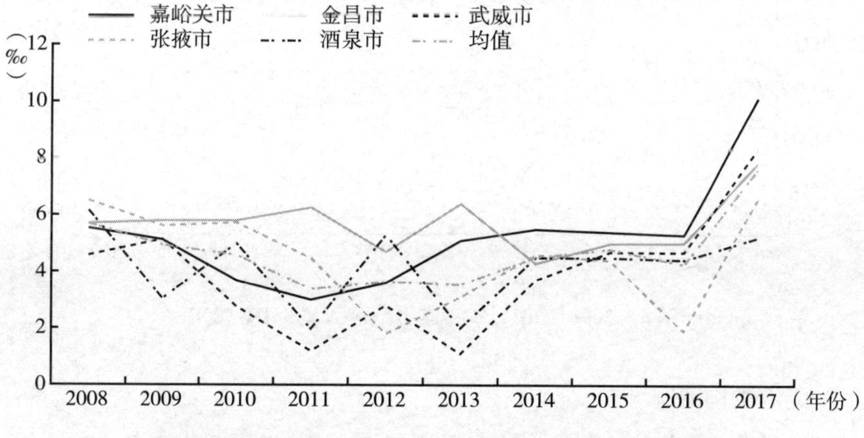

图5　2008～2017年祁连山地区人口自然增长率情况

2. 人均GDP基本情况

人均GDP是了解和把握地区宏观经济运行状况的有效工具，也是衡量人民生活水平的标准。2017年全国人均GDP为59660元，甘肃为27643元，祁连山地区为 43338 元，虽然高于甘肃省，但与全国相比仍有一定差距。从图 6 可以看出，2008 ~ 2017 年祁连山地区人均 GDP 总体呈现“倒 U”形趋势，拐点出现在 2014 年人均 GDP 达到 52755 万元。祁连山地区经济发展状况相对较好的嘉峪关市、酒泉市出现明显的“倒 U”形趋势，在人均 GDP 分别达到最高点，即 2013 年的 115123 元、2014 年的 57832 元时开始下降，到 2017 年分别下降到 62641 元、51721 元。祁连山所辖主要地市武威市、张掖市人均 GDP 呈现快速增加趋势，2008 年分别为 9885 元、11514 元，到 2017 年达到 25396 元、32729 元，增长幅度分别达到 156. 91%、184. 25%；金昌市出现“倒 N”形趋势，2008 年人均 GDP 为 45574 元之后开始下降，2010 年下降到 41060 元之后开始上升，2015 年上升到 54565 元又开始下降，到 2017 年下降到 44202 元（见图 6）。

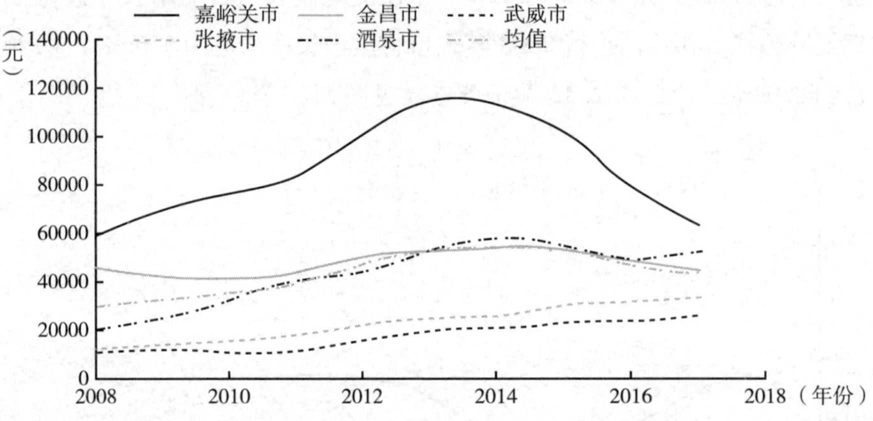

图 6　2008 ~ 2017 年祁连山地区人均 GDP 情况

3. 经济结构情况

经济结构是指经济系统中各个要素之间的空间关系，主要包括企业结构、产业结构、区域结构等。产业结构依据经济发展的历史和逻辑序列从低水平向高水平发展，包括产业结构由第一产业占优势比重逐渐向第二、第三产业占优势比重演进。图 7 反映了 2008 ~ 2017 年祁连山地区产业结构基本情况，可以看出，第一产业占比变化不大；第二产业占比呈下降趋势，2008

年为56.77%，到2017年下降到37.61%，下降了19.16个百分点；第三产业占比呈现逐年增长趋势，2008年为27.04%，到2017年达到46.77%，增加了19.73个百分点。第三产业的发展能源消耗少，环境污染物排放少，表明祁连山地区产业结构不断优化，正在由原来的工业主导型经济向服务主导型经济转变，有利于祁连山地区环境质量的改善。

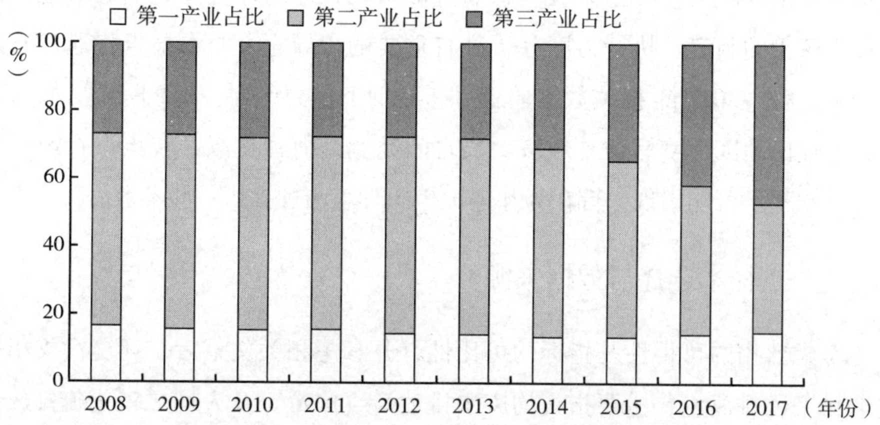

图7 2008~2017年祁连山地区产业结构基本情况

二 祁连山地区环境污染与经济增长关系分析

政府如何在经济增长和环境治理间做出权衡，学术界常用环境库兹涅茨曲线来衡量两者间的变动关系。20世纪90年代，Grossman和Krueger在美国经济学家西蒙·库兹涅茨（Kuznets）提出的基尼系数和人均GDP存在“倒U”形曲线的理论基础上，提出了著名的环境库茨涅茨曲线（Environment Kuznets Curve，EKC），并通过对42个国家面板数据的研究分析发现，长期而言，大多数污染物所带来的环境污染与经济增长呈现“倒U”形关系。根据EKC假设，在经济发展起步阶段，经济增长会导致环境质量的下降，然而一旦经济发展超越了某一临界值，人均收入水平的进一步提高反而有助于降低污染排放、改善环境质量及降低环境污染水平。[①] 环境退化具有累积和放大效应，在经济发展的较早阶段所允许的某些环境恶化发展到后期有可能变为不可逆转的恶化，如资源的枯竭、沙漠化、生物多样性的消失等，即在出现环境质量改善拐点之前，可能已经打破了该区域的生态阈值。部分学者认为如果 EKC 是不可避免的客观规律，就可以对全国各省份的环境污染进行预测，以此确定污染的临界点和环境污染治理政策，避免突破生态阈值带来灾难性的环境问题，这对地区环境保护政策的制定及执行力度分析都有重要的指导意义。本报告将通过祁连山地区 2008 ~2017 年相关数据验证祁连山地区是否存在 EKC 曲线。如果存在，祁连山地区环境污染与经济增长之间究竟是何种关系，转折点在经济增长何种水平上可能出现，旨在为祁连山生态环境治理提供一些参考。

（一）样本选择与数据来源

考虑数据的可得性及指标的可比性，并参考相关文献后，环境污染指标选取污染物排放量，主要指人均废水排放量（*pwat*）及人均二氧化硫排放量（*pso*2）；经济增长指标选取人均地区生产总值（*pgdp*）。因为与总量指标相比，人均 GDP 更能反映真实经济发展水平。可用于 EKC 实证分析的模型一般包括面板数据模型、截面数据模型和时间序列模型。截面数据模型暗含的一个前提是同一国家的不同地区以及世界上所有国家都在环境污染和经济增长问题上具有相同的发展路径，这抹杀了不同的情境因素，且使用截面模型的数据年份不易掌握，选择不同年份的数据可能对结果造成较大影响；对于时间序列模型，一般需要获得较长时间的数据，而各种污染物排放数据都是从 1990 年开始才较为完整的，这样就不足以提供足够长期的数据以使用该模型进行实证分析。而面板数据同时包含截面数据和时间序列数据，可以避免时间序列模型和截面数据模型的缺点，扩大样本容量，控制个体差异性和内生性问题，可以包含较多数据点，同时增加自由度从而提高参数估计的有

① GROSSMAN，G. M.，KRUEGER，A. B.，“Environmental Impacts of a North American Free Trade Agreement”，*Social Science Electronic Publishing* 1991（2）：223 –250.

效性。故最终选取 2008～2017 年甘肃祁连山地区五市的平衡面板数据作为研究对象，数据主要来源于《中国城市统计年鉴》和《甘肃省统计年鉴》（见表 1）。

表 1　各指标符号及单位

符号	含义	单位
pgdp	人均地区生产总值	元/人
pwat	人均废水排放量	吨/人
pso2	人均二氧化硫排放量	吨/人

资料来源：2008～2017 年《中国城市统计年鉴》、《甘肃省统计年鉴》。

（二）模型建立

在 EKC 模型中，被解释变量是工业污染排放量指标，解释变量为经济增长水平及其平方时，称模型为 EKC 的二次方程模型；如果解释变量进一步包括经济增长的三次方，则称模型为 EKC 的三次形式。[①] 很多学者认为，对数平方模型是标准的 EKC 模型。但也有实证分析表明，不同的样本数据采用的回归方程不同，得到的回归曲线的形状也各不相同。即使同样的样本数据，也存在不同的回归曲线形状，很难找到一个通用的环境污染模型。笔者参考已有研究采用对数三次方的方程作为回归方程的基准形式，采用三次方的人均 GDP 项，是为了使模型估计得更加精确。已有研究表明，仅包含二次方人均 GDP 项时，测算出的环境污染达到峰值，对应的人均收入水平有可能过高。[②] 对数据进行对数化处理后不改变数据原有特征。为了消除可能存在的异方差性及降低数据的波动程度，使时间序列变得平稳，实证分析

① 朱平辉、袁加军、曾五一：《中国工业环境库兹涅茨曲线分析——基于空间面板模型的经验研究》，《中国工业经济》2010 年第 6 期。

② 郝宇、廖华、魏一鸣：《中国能源消费和电力消费的环境库兹涅茨曲线：基于面板数据空间计量模型的分析》，《中国软科学》2014 年第 1 期。

中对所有指标都进行对数化处理。具体模型①如下：

$$\ln env_{it} = \alpha_i + \gamma_t + \beta_1 \ln pgdp_{it} + \beta_2 (\ln pdgp_{it})^2 + \beta_3 (\ln pdgp_{it})^3 + \varepsilon_{it}$$

其中，i 表示城市，t 表示时间，env_{it}代表城市 i 在 t 年的单位环境污染指标，$pgdp_{it}$代表城市 i 在 t 年的人均 GDP，α_i 表示不随时间而变的个体效应，γ_t 表示时间效应，ε_{it} 表示随机扰动项。β_1 、β_2 、β_3 用来度量人均经济增长和环境污染的关系，具体而言：①若 $\beta_1 > 0, \beta_2 = 0, \beta_3 = 0$，则环境污染随经济增长单调递增；②若 $\beta_1 < 0, \beta_2 = 0, \beta_3 = 0$，则环境污染随经济增长单调递减；③若 $\beta_1 > 0, \beta_2 < 0, \beta_3 = 0$，则环境污染与经济增长之间存在“倒 U”形关系；④若 $\beta_1 < 0, \beta_2 > 0, \beta_3 = 0$，则环境污染与经济增长之间存在 U 形关系；⑤若 $\beta_1 > 0, \beta_2 < 0, \beta_3 > 0$，则环境污染与经济增长之间存在 N 形关系；⑥若 $\beta_1 < 0, \beta_2 > 0, \beta_3 < 0$，则环境污染与经济增长之间存在“倒 N”形关系。

（三）模型分析

1. 主要变量描述性统计及相关性分析

从表 2 可以看出，各变量标准差都较小，表明数据较稳定，有利于进一步研究分析。此外，各变量具有较强的相关性，均为显著的正相关关系，这也为进一步研究提供了可能。

表 2　主要变量描述性统计及相关性分析

变量	obs	mean	std	ln*pwat*	ln*pso*2	ln*pgdp*	ln*pgdp*2	ln*pgdp*3
ln*pwat*	50	2.96	1.36	1				
ln*pso*2	50	5.63	1.82	0.785***	1			
ln*pgdp*	50	10.46	0.67	0.767***	0.790***	1		
ln*pgdp*2	50	109.88	14.00	0.771***	0.788***	0.999***	1	
ln*pgdp*3	50	1158.70	219.27	0.773***	0.784***	0.998***	0.999***	1

注：**表示 $P < 0.05$，***表示 $P < 0.01$。

① 李鹏涛：《中国环境库兹涅茨曲线的实证分析》，《中国人口·资源与环境》2017 年第 1 期。

2. 平稳性检验

为提高数据拟合准确度及避免“伪回归”，在估计结果前需做平稳性即LLC检验。[①] LLC检验的前提是 n/T→0 即要求横截面维度小于时间维度。本报告时间维度为10，截面维度为5，适合采用LLC模型检验面板数据平稳性，具体估计结果见表3。从表中可以看出，人均GDP及其二次方、三次方偏差校正后的 t 统计量分别为 -2.17、-2.47、-2.76，均在5%水平上显著，因此强烈拒绝面板包含单位根的原假设，认为面板为平稳过程。由于人均二氧化硫排放量（$t=-0.27$，$p=0.39$），没有拒绝面板包含单位根的原假设，故对其进行一阶差分值检验，此时也拒绝了存在单位根的原假设（$t=-6.82$，$p=0.00$），其他变量一阶差分值检验时也均拒绝存在单位根的原假设。综合判断，本报告各变量是一阶单整，通过平稳性检验。

表3　主要变量水平值及一阶差分值单位根检验

变量	原值			一阶差分值		
	t	p	结论	t	p	结论
ln*pwat*	-3.17	0.00	平稳	-1.63	0.05	平稳
ln*pso2*	-0.27	0.39	不平稳	-6.82	0.00	平稳
ln*pgdp*	-2.17	0.01	平稳	-1.51	0.06	平稳
ln*pgdp2*	-2.47	0.01	平稳	-2.69	0.00	平稳
ln*pgdp3*	-2.76	0.00	平稳	-2.73	0.00	平稳

3. 实证结果

对EKC模型的回归分析一般分三步：若三次方模型回归中三次项系数显著，则采用三次方模型回归；若三次项系数不显著，而平方模型回归中

① 许广月、宋德勇：《中国碳排放环境库兹涅茨曲线的实证研究——基于省域面板数据》，《中国工业经济》2010年第5期。

平方项系数显著，则采用平方项模型回归；若三次方、平方项模型回归均不显著，则采用线性单次回归。[①] 本报告具体估计结果如表 4 所示。从表中可以看出，当因变量是人均废水排放量时，三次方模型回归中三次项系数不显著（$\beta = -0.34$，$t = -1.30$），而平方模型回归中平方项系数显著（$\beta = -0.55$，$t = -4.31$），故采用平方模型。在平方模型回归中 $\beta_1 > 0$、$\beta_2 < 0$，表明祁连山地区 2008 ~2017 年人均废水排放量与经济增长之间呈“倒 U”形关系，拐点发生在 *pgdp* 为 101286 元处。从图 8 也可以直观地看出，人均废水排放与人均 GDP 的“倒 U”形关系，但实际上在本报告的研究时间范围内，祁连山地区人均 GDP 最高仅达到 54076.2 元，与拐点相差甚远。这表明祁连山地区还处于“倒 U”形的左半段，即废水污染与经济增长还处于同向阶段。虽然不能改变曲线的整体趋势，但可以改变曲线的影响因素。Muainghe 指出，如果实施可持续发展战略以及政府的环境政策得当，可以降低“倒 U”形曲线的弧度，让拐点提前到来。[②] 因此，祁连山地区实施绿色发展战略，尤为重要。

当因变量是人均二氧化硫排放量时，进行三次方模型回归发现三次项系数显著（$\beta = -0.32$，$t = -2.91$），故采用三次方模型回归，结果显示 $\beta_1 < 0$、$\beta_2 > 0$、$\beta_3 < 0$，表明 2008 ~2017 年祁连山地区人均二氧化硫排放量与经济增长之间呈“倒 N”形关系。从图 9 中可以看出，现阶段只出现一个拐点即极小值，为 19872 元。在本报告研究时间范围内、祁连山地区人均 GDP 最低达到 29270.6 元，已超过极小值拐点，最高达到 54076.2 元。由于尚未出现极大值拐点，所以人均二氧化硫排放量可能会随经济增长继续增加，什么时候出现拐点还与具体的环境政策及其他影响因素有关，具体作用机制尚有待进一步研究。

---

① 杨林、高宏霞：《经济增长是否能自动解决环境问题——倒 U 型环境库兹涅茨曲线是内生机制结果还是外部控制结果》，《中国人口·资源与环境》2012 年第 8 期。

② 林伯强、蒋竺均：《中国二氧化碳的环境库兹涅茨曲线预测及影响因素分析》，《管理世界》2009 年第 4 期。

表 4　环境污染与经济增长关系估计结果

变量	ln*pwat*		ln*pso*2
	立方模型	平方模型	立方模型
ln*pgdp*	-97.24* (-2.08)	10.84*** (4.10)	-96.83** (-2.96)
$(\ln pgdp)^2$	9.90* (2.19)	-0.55 (-4.31)	9.25** (2.88)
$(\ln pgdp)^3$	-0.34 (-1.30)		-0.32** (-2.91)
个体效应	yes	yes	yes
时间效应	yes	yes	yes
Constant	320.78* (1.99)	-50.43 (-3.65)	-236.10** (-3.13)
N	50	50	50
R^2	0.48	0.32	0.62
形状	—	倒 U 形	倒 N 形
拐点	—	101286	19872

注：*、**、***分别表示 10%、5%、1% 的显著性水平；括号中是 *t* 值，采用稳健标准误计算。

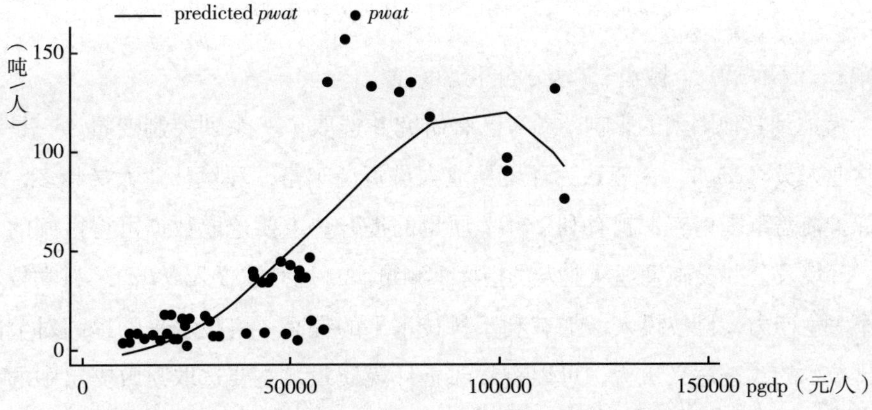

图 8　人均废水排放量与经济增长关系

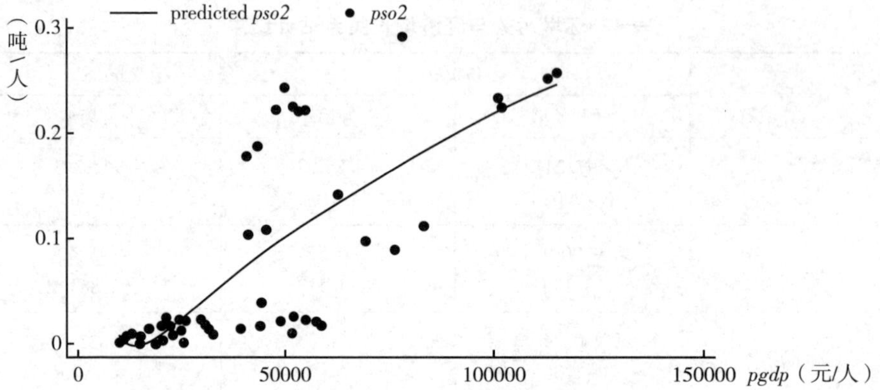

图 9　人均二氧化硫排放量与经济增长关系

三　祁连山地区环境污染与经济增长作用机制分析

为了更加全面地揭示祁连山地区 EKC 曲线存在的内在机理，拟在经济增长变量的基础上，参考已有研究成果，加入 6 个影响环境污染的控制变量，进一步构建更为全面描述环境污染与经济增长关系的模型，以期打开环境污染与经济增长关系存在的“黑箱”并厘清其内在作用机制。具体模型如下：

$$\ln env_{it} = \alpha_i + \gamma_t + \beta_1 \ln pgdp_{it} + \beta_2(\ln pdgp_{it})^2 + \beta_3(\ln pdgp_{it})^3 + \beta_4 emp_{it} + \beta_5 tec_{it} + \beta_6 ind_{it} + \beta_7 pop_{it} + \beta_8 com_{it} + \beta_9 edu_{it} + \varepsilon_{it}$$

其中，i 表示第 i 个城市，t 表示年份。

考虑到其他因素的影响，参考已有研究并选取了一系列控制变量。一是环境从业人员（*emp*）。一般认为环境从业人员资源丰富，环境从业人员越多，环境保护覆盖范围越广，越有利于环境质量的提升，主要选取数据可得性好的水利、环境及公共设施管理从业人员指标来测量。二是科技投入（*tec*）。科学技术是第一生产力，科技投入增加有利于科技水平的提高，科技水平的提高对节能减排技术的改进意义重大，可以有效改善环境质量，主要选取财政支出中的科技支出。三是工业化水平（*ind*）。本报告采用第二产业占 GDP 比重来表示工业化，一般理论认为工业化程度越高的地市，工业“三废”排放量也越高，环境治理的困难程度也越高；四是人口密度（*pop*）。一般认为人口密度越大，环境质量越差，当地生态压力就越大，从而影响环境治理，本报告选取单位面积土地上居住的人口数量测量人口密度。五是企业数量（*com*）。一般认为企业多的地方环境污染相对严重，本报告选取规模以上企业数量来表示。六是教育水平（*edu*）。通常认为教育程度高，环境意识相对较高，这对地方政府环境治理也是有利的，本报告以普通高等学校在校人数占地区总人口的比重刻画不同地区人口素质水平。以上数据均来源于2008～2017年《中国城市统计年鉴》，模型估计具体结果如表5所示。

表5　环境污染与经济增长作用机制分析

变量	ln*pwat* 立方模型	ln*pso2* 立方模型
ln*pgdp*	-125.98*** (-3.41)	-293.06*** (-3.54)
(ln*pgdp*)²	12.57*** (3.54)	28.38*** (3.56)
(ln*pgdp*)³	-0.41*** (-3.65)	-0.91*** (-3.57)
emp	0.28 (1.24)	-3.04** (-2.94)
tec	-8.20*** (-6.26)	1.21 (0.46)
ind	0.01 (-0.22)	0.04** (1.99)
pop	-0.001 (-0.22)	-0.03*** (3.73)
com	0.003*** (-5.52)	-0.01*** (-13.7)
edu	-0.004** (2.33)	0.01*** (3.62)
个体效应	yes	yes
时间效应	yes	yes
Constant	420.27*** (3.31)	99.89*** (3.50)
N	50	50
R^2	0.81	0.52
形状	倒N形	倒N形

注：*、**、***分别表示10%、5%、1%的显著性水平；括号中的是t值，采用稳健标准误计算。

从表5中可以看出，当因变量是人均废水排放量，并考虑影响因素时，进行三次方模型基准回归，三次项系数显著（$\beta = -0.41$，$t = -3.65$），故采用三次方模型进行回归，结果显示 $\beta_1 < 0$，$\beta_2 > 0$，$\beta_3 < 0$，表明2008～2017年祁连山地区人均废水排放量与经济增长之间呈倒N形关系，EKC曲线发生了改变，不再是原来的倒U形。除了经济发展水平外，科技投入、规模以上企业数量、教育水平也显著影响祁连山地区环境质量。其中，科技投入每提高1%，人均废水排放量可降低8.2%，因此加大科技投入，提高科技水平对于环境质量的改善具有十分重要的作用；规模以上企业数量每提高1%，人均废水排放量可提高0.003%，表明企业数量的增多确实会增大环境污染，因此企业要进行绿色创新，减少对环境的污染；教育水平每提高1%，人均废水排放量降低0.004%，人口受教育程度高的地区比较容易形成节约资源、爱护环境的社会氛围和环境意识，居民环保意识较强进而有意识地使用节能环保产品，节约资源、减少浪费。同样，当因变量是人均二氧化硫排放量，并考虑影响因素时，适合三次方模型，人均二氧化硫排放量与经济增长呈倒N形关系，且除经济发展水平外，环境从业人员、工业化水平、教育水平、人口密度、企业数量都会显著影响二氧化硫排放量。

因此，EKC曲线会受外部因素的影响，而不仅是随着经济增长环境污染在到达一个拐点之后呈下降趋势，也就是说环境污染问题并不是单纯地通过经济增长而得到改善，EKC只是一种经验数据的描述而不能作为预测。一些学者认为环境污染可以随着经济增长而自行减轻，有一种内生机制使环境污染问题在经济增长过程中自动得以解决，从而得出我国可以走西方国家“先污染、后治理”老路的结论，这显然是不合理的。我们必须清醒地认识到经济增长并不会自动解决环境问题，实现环境保护与经济增长的双赢需要政府、企业、社会等多方利益主体从各个方面进行努力，需要优化产业结构、实现产业升级、提高科学技术水平、加强国民教育等。在今后的发展过程中，仍然要强调对环境的主动治理与保护，包括实施绿色发展战略，逐步加强环境保护的立法和执法，执行更为严格的排放标准并加大污染治理基础设施建设力度等，建立一套有利于促进环境改善的长效机制，只有这样才能确保我国的环境问题能够随着经济的发展得到解决，由工业化时代进入后工业化时代，真正找到一条兼顾经济发展与环境质量的发展道路。

四 祁连山生态保护与经济发展双赢路径选择

中国经济增长面临严峻的自然资源约束和节能减排压力，特别是在工业化时代向后工业化时代迈进的大背景下，经济增长和环境污染之间的矛盾在相当长的时间内还会存在。通过以上实证分析，得出经济增长并不会自动解决环境问题的结论。环境问题背后有非常复杂的社会原因，涉及政府体制障碍、经济结构失衡、社会制衡不足、公众环境意识匮乏、文化认知差异等多个方面，解决环境保护与经济增长协调发展的难题，还需要多方利益主体共同努力。西方古典经济学家基于生态环境资源稀缺性这一特点，主张在生态环境治理中建立一套市场机制，但市场机制在生态环境治理中存在自身难以克服的弊端，环境资源产权的模糊性和生态环境的公共性以及市场主体企业的逐利性，导致市场机制在生态环境治理中出现“市场失灵”。市场机制在生态环境治理中的失败为政府介入生态环境治理提供了绝佳的理由。但政府在生态环境治理中也不是万能的，因为生态环境治理的整体性和行政区划分割间的矛盾模糊了政府在生态环境治理上的权责边界。地方政府在生态环境治理中不同程度地存在“搭便车”行为，造成各自为政、政出多门、监管不力等问题，使生态环境治理中不可避免地出现“政府失灵”。在市场与政府双失灵的背景下，人们将生态环境治理的希望寄予社会，希望通过公民个体和社会组织积极的主动参与，来弥补市场缺陷和政府的不足。诚然，公民个体和社会组织的参与将为生态环境治理注入新鲜血液，在一定程度上弥补市场缺陷和政府不足，但如果缺乏外在条件规范与约束，在利益驱动和道德失范的情况下，社会也会发生“自愿失效”。祁连山环境治理是一个复杂棘手的难题，涉及不同地方政府、企业和农牧民等多元利益主体，传统单一的中心治理模式难以解决现有问题。因此，解决祁连山地区环境保护与经济发展的矛盾问题，实现双赢，需要适应新时代新形势的变化，落实党的十九大报告提出的“构建政府为主导、企业为主体、社会组织和公众共同参与的环境治理体系”，实行多中心生态治理。祁连山生态保护与经济发展双赢路径选择如图 10 所示。

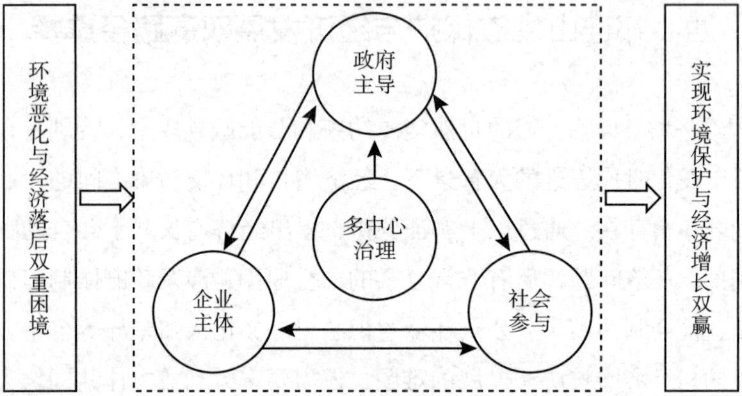

图 10　祁连山生态保护与经济发展双赢路径选择

（一）发挥政府主导作用，合理构建政策丛

祁连山位于我国西部地区，既是生态功能主要供给区，又是贫困最突出地区，面临经济基础相对较差、扶贫任务依然艰巨、生态环境脆弱、生态保护难度大、财政资金缺乏、科学技术相对落后等困难。解决祁连山地区环境保护与经济增长的矛盾问题任重道远，需要建立健全政府在祁连山地区绿色发展扶持的制度安排机制。能否建立完善的制度是祁连山环境与经济协调发展的严峻考验。祁连山生态脆弱区经济与生态发展欠账过多，依托自身很难实现生态与经济双赢发展目标，亟须加强顶层制度设计，而政策设计是进行制度设计的重要路径。

现阶段，祁连山地区尚缺少完善的制度和政策，对企业及农牧民为自身经济利益造成环境污染和无节制使用自然资源等外部非经济性行为进行制约。

首先，建立和完善生态补偿机制和相应的交易机制。争取从国家战略层面建立和完善纵向与横向生态补偿机制，通过健全的机制为祁连山在西部生态安全屏障中的作用提供政策支持，促进祁连山地区生态环境保护与经济发展的双赢。

其次，完善市场机制。市场主体是生态经济系统正常运行的核心，祁连山保护区出现“公地悲剧”及严重环境问题的一个重要原因是市场机制在生态建设上失效。通过相应交易机制的建立，如碳排放交易机制、排污权交易机制、牧权交易机制和林权交易机制等，为企业的绿色产业投资和经营建立进入、参与和退出途径，从制度层面促进祁连山地区绿色产业的发展。

最后，加大问责及处罚机制。政府要将祁连山生态环境保护与修复纳入地方政府、部门及主管官员的年度考核中，实行一票否决制，对地方政府、部门及主管官员的不履职、不作为、乱作为等严格问责，追究主管官员和主要负责人的行政责任，积极探索建立重大生态环境事件官员终身追责制度，加强政府资源环境审计；对企业建立企业诚信黑名单制度，将环保设施不达标、偷排偷放、整改不力的企业纳入黑名单，在项目申报等方面不再给予政策支持或资金帮扶，对严重破坏祁连山生态环境的企业，追究企业负责人的刑事责任；农牧民在自然保护区内进行乱砍滥伐、垦荒放牧、采石挖沙等明令禁止的活动，要纳入个人诚信管理体系，并视情节轻重给予处罚，对屡劝不止的采取行政拘留等手段，坚决制止和惩处破坏祁连山生态环境的行为。

（二）落实企业主体责任，培育生态产业

产业生态化是祁连山地区产业与资源环境协调发展的路径选择趋势。产业生态化即把产业活动纳入区域生态系统循环中，将原来单一线性的“资源—产品—废弃物”污染排放过程变为“资源—产品—再生资源”的物质循环反馈式流程，使产业活动对区域自然资源的消耗和对环境的影响降至最低，从而实现区域经济社会的可持续发展。

首先，充分利用西部地区生态安全屏障的生物多样性和生态资源优势，大力发展生态农业产业。生态农业产业是西部地区农村步入工业化的一种新型发展模式。在生态农业资源丰富地区，要积极推进生态农业的产业链组合和产业化运作，引导、推广、发展以无公害食品、绿色食品和有机食品为主

的生态农业产业，使生态农业生产走向种植基地化、生产标准化和规范化、营销品牌化，使分散经营走向产业化运作的生态型发展道路。

其次，积极探索和发展生态旅游产业。生态旅游产业是实现祁连山地区旅游业发展再创新的重要方式，生态旅游产业的发展能有效优化祁连山地区的产业结构和就业结构，有力推进祁连山地区的绿色产业发展进程，同时祁连山地区丰富的生态旅游资源，只有在生态型发展中才能实现有效保护和合理开发。

最后，中央政府必须对跨地区的重污染企业转移进行限制，同时祁连山地区的地方政府在招商引资时也要对企业进行甄别，严格进行环境影响评价，提高企业进入的环境标准，拒绝重污染企业把工厂转移过来。要坚决淘汰这些重污染企业，不能为其寻求“监管红利”留下空间。

（三）培育环保意识，发挥桥梁作用

环保组织是社会力量的重要主体。随着全社会环保意识的不断增强，环保组织如雨后春笋般迅速成长壮大，在环保宣传、专业知识、技术手段等方面具有自身独特的优势。祁连山生态环境保护离不开环保组织的参与和支持，无论是地方政府、企业和农牧民，都要加强同环保组织的合作，充分发挥环保组织在祁连山生态环境保护与绿色发展中的作用。

首先，加强政府与环保组织的合作。环保组织在祁连山生态环境保护与绿色发展中能够做许多政府不便做或做不好的工作，弥补政府职能“缺位”，发挥“拾遗补缺”的作用。政府在出台祁连山治理相关政策和规划时，应诚邀各类环保组织参与，听取环保组织的意见和建议，并为环保组织的发展提供一定资金支持。

其次，加强企业与环保组织的合作。环保组织在环保生产、污染防治方面拥有专业人才、专业知识和技术优势，企业在生产设备改造升级、环保设施更新、防治污染等方面应当多咨询环保组织，也可以通过向环保组织购买服务的方式来提高环保水平、减轻负担。

最后，加强公众与环保组织的合作。受经济社会发展水平的制约，环境保护与绿色发展的价值观在祁连山地区尚未普遍形成。一些地区信息流通不

畅，思想观念仍然较落后。有着数千年放牧习惯的裕固族、藏族等农牧民对草原的依赖性较强，超载放牧成为农牧民谋求生计的重要手段。这造成了资源的掠夺性开发和浪费性使用，严重超出草原生态系统的承受能力，草原生态遭受重创，是导致植被遭到破坏、草原沙化的重要原因。因此，需要环保组织长期的宣传教育和悉心指导，逐渐改变资源可无限供给的落后观念，寻求绿色发展，而不是以牺牲环境为代价。

G.7
基于环境善治的祁连山国家级自然保护区管理体制机制研究

丁文广　田莘冉　张慧琳 *

摘　要： 祁连山是我国西北地区重要的生态屏障，维护祁连山国家级自然保护区生态环境是保障我国西北地区生态安全的重要前提。祁连山环境破坏问题由来已久，而祁连山国家级自然保护区体制机制存在严重缺陷则是导致其遭受常年破坏的主要原因之一。本报告结合笔者长年工作学习经验，通过对祁连山国家级自然保护区管理体制机制现状及存在的问题进行分析，发现只有通过实施环境善治才能有效推动祁连山国家级自然保护区管理体制创新发展。环境善治主要包括：①构建自然保护区综合执法监督局；②构建社区共管机制；③构建生态扶贫模式，建立健全生态补偿机制；④创建“生态民”，改变生态移民思路；⑤建立环境信息公开机制；⑥实施独立的监测评估；⑦开展有特色的生态教育；⑧实施绿色金融；⑨改变唯 GDP 的考核方式，注重生态考核；⑩政府购买社会服务，发挥第三方机构作用；⑪推动公众参与。

---

* 丁文广，兰州大学资源环境学院教授、博士生导师，世界银行和亚洲开发银行社会发展专家，科技部国际合作专家，主要研究领域为环境社会学、环境管理学；田莘冉，兰州大学资源环境学院环境科学专业硕士研究生，主要研究方向为环境社会学；张慧琳，兰州大学资源环境学院自然地理专业硕士研究生，主要研究方向为环境社会学。两人系本文共同第二作者。

关键词： 祁连山国家级自然保护区　环境善治　体制机制

一　体制机制概述

体制与机制是容易让人混淆的两个概念。在英文中，体制用 system 表示，机制用 mechanism 表示。在《辞海》中，体制具有格局和规则两方面的含义，是指国家机关、企事业单位在机构设置、领导隶属关系和管理权限划分等方面的体系、制度、方法、形式等的总称，如学校体制、领导体制、政治体制等；机制原指机器的构造和运作原理，借指事物的内在工作方式，包括有关组成部分的相互关系以及各种变化的相互联系。① 把机制的本义引申到不同的领域，就产生了不同的机制，如引申到生物领域，就产生了生物机制；引申到社会领域，就产生了社会机制；引申到经济领域就产生了经济机制。

体制是管理机构和管理规范的结合体或统一体。不同的管理机构和不同的管理规范相结合就形成了不同的体制。体制主要分为政治体制、经济体制和教育体制三大类。政治体制即政体，指政权的组织形式，是国家体制的表现形式。政治体制不仅受国家政治性质的影响，而且受本国的文化传统和习俗风情的影响，具有灵活可变、多样选择的特点。政治体制的文明进步，在于能够不断地进行改革、调整，使其不至于保守、僵化、落伍，能够充分地体现国家治理的民主、公平、责任、效率等精神。② 布鲁斯在社会主义经济的运行问题中首次将经济体制明确地定义为“社会经济组织的具体形式”和“经济运行机制”，是“经济制度的变体”。从 1985 年开始“经济体制”的概念在我国也具有了“运行机制”的含义，《中共中央关于制定国民经济

① 吴亚东、李钊：《对体系、制度、机制、体制相关概念的辨析与理解》，《现代商贸工业》2010 年第 22（4）期。

② 许耀桐：《当代中国的政治体制改革——纪念改革开放 40 周年》，《中国浦东干部学院学报》2017 年第 6 期。

与社会发展第七个五年计划的建议》指出，社会主义经济体制改革的目标是，建立计划经济与市场调节相结合的经济运行机制。[①] 教育体制是教育机构与教育规范的结合体、统一体，是由教育机构体系和教育规范体系所组成。

机制现已广泛应用于自然现象和社会现象，指其内部组织和运行变化的规律。事物各个部分的存在是机制存在的前提，因为事物各个部分的存在，就存在如何协调各个部分之间关系的问题。协调各个部分之间关系一定是一种具体的运行方式，机制是以一定的运作方式把事物的各个部分联系起来，使它们协调运行而发挥作用。

虽然机制和体制具有一定差别，但是它们也是密不可分，一一对应的。一定的体制背后蕴含着一种特定的运行机制，机制是在一定的体制下形成的，体制是比机制更基础、稳定、普遍的制度范畴。体制与机制的关系可以理解为机制是体制的构建原则，而体制是机制发挥作用的载体。

二　祁连山国家级自然保护区管理体制机制现状分析

（一）祁连山国家级自然保护区管理体制机制现状

祁连山国家级自然保护区的管理体制机制为：省环境保护行政主管部门负责保护区的综合管理，保护区所在地人民政府环境保护行政主管部门对本行政区域内保护区的管理进行监督检查；省林业行政主管部门是保护区的主管部门，其所属的甘肃祁连山国家级自然保护区管理局（以下简称管理局）负责保护区的具体管理工作（见图 1），管理局下设自然保护站（以下简称保护站）。

管理局成立于 1988 年 7 月，是甘肃省林业厅管理祁连山自然保护区的派出机构，内设纪律检查委员会（与监察室和审计室合署办公）、办公室、

① 孔伟艳：《制度、体制、机制辨析》，《重庆社会科学》2010 年第 2 期。

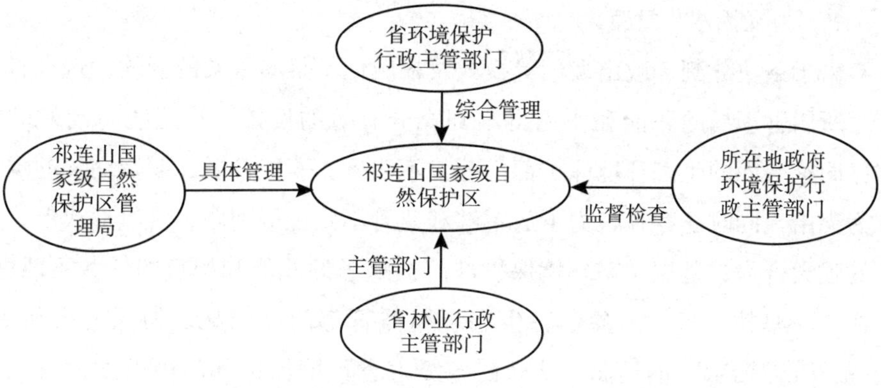

图 1　祁连山国家级自然保护区管理体制机制

组织人事科、计划财务科（加挂项目办公室牌子）、资源管理科（加挂林政稽查大队、湿地办公室牌子）、天然林资源保护办公室（加挂重点公益林办公室牌子）、森林病虫害防治检疫站、护林防火办公室、科研室、产业开发科、野生动物驯养繁育中心、林业调查规划队、工会 13 个业务职能科室。管理局共有 22 个下属单位，即 22 个保护站，这些自然保护站由管理局和所在地（市）、县林业行政主管部门双重领导，以地、县为主。虽然保护区建立已 30 年，保护站仍挂有国有林场和自然保护站两块牌子，各县（区）一直按国有林场建制和模式管理保护站，林场（自然保护站）、资源管护站及森林公安派出所的人事管理和事业经费由地方政府管理，保护区管理局主要通过业务指导、保护区建设项目经费及生产建设用地审批对自然保护站进行管理。基层管理单位的事权、人权、财权不统一，管理局难以实现对保护区的有效管理。

（二）祁连山国家级自然保护区管理体制机制存在的问题①

祁连山国家级自然保护区遭受 60 多年的破坏，其中一个主要原因是保护区的管理机制和体制存在严重缺陷。

① 丁文广等:《祁连山国家级自然保护区创新管理机制研究》,《环境保护》2018年第1期。

1. “九龙治水”局面

由于条块分割、政出多门等模式及权威性不足等因素的制约，现有省林业厅所属管理局的职能和作用得不到充分有效的发挥，缺乏统一高效的管理；国家层面的生态环境保护部门分工不明确、职能分散、职责交叉的现象较为突出，同时还存在权力下放不够和监管不到位等问题，难以形成严格监管的强大合力；基层生态环境保护部门被赋予的职能和担负的任务不匹配，存在“小马拉大车”现象。各生态环境监管部门之间缺乏协调配合机制，造成“九龙治水”的局面，从而使各级生态环境保护部门难以发挥有效的管理作用。

2. 政策失灵

环境政策系统是由政策制定、执行、评估、监控和终结五个环节构成的有机整体，任何一个环节的缺失都会造成政策失灵。① 而如今我国相应环境政策在制定、执行、评估等环节都严重缺乏公众参与，没有考虑利益相关群体的诉求。例如，保护区居民与当地野生动植物之间的冲突、保护区居民与外地游客之间的冲突，等等。决策方法不能一味强调自上而下或自下而上，因为两种方法如果单独使用各有利弊，不利于最佳决策，所以应该将两种方法结合起来使用以体现两者的互动，保证决策的科学民主性，保障政策制定、执行、评估、监控和终结五个环节的有效性。

3. 下位法违反上位法

政策执行环节的偏差往往是导致政策失误的原因。2015 年 9 月，环境保护部会同国家林业局，就保护区生态问题对甘肃省林业厅、张掖市政府进行公开约谈。2016 年 5 月，甘肃省曾对祁连山生态环境问题整治情况开展督察，但未查处典型违法违规项目，形成督察报告后即不了了之。2016 年底，仍有 72 处生产设施未按要求清理到位。约谈时提到的问题，很多没有落实，有些违规的项目依然在运行。同时，国家先后出台了多个政策，但地方政府始终没有严格执行，且在立法层面为破坏生态的行为“放水”。在祁连山生态环境

① 丁文广：《环境政策与分析》，北京大学出版社，2008。

问题整改落实中，地方政府普遍存在以文件落实整改、以会议推进工作、以批示代替检查的情况，造成环境政策的执行力较弱。根据立法法规定，宪法具有最高法律效力，一切法律、行政法规、地方性法规、自治条例和单行条例规章都不能同宪法相抵触。但是在实际操作中却出现了下位法违反上位法的现象，即个别地方法规、行政法规等与宪法相违背。这也从另一个层面反映了体制和机制在环境政策执行过程中至关重要。

4. 缺乏独立的监测评估

《中华人民共和国自然保护区条例》明确规定“禁止在自然保护区内进行砍伐、放牧、狩猎、捕捞、采药、开垦、烧荒、开矿、采石、挖沙”，而《甘肃祁连山国家级自然保护区管理条例》则规定为“禁止进行狩猎、垦荒、烧荒”，缩减了“砍伐、放牧、捕捞、采药、开矿、采石、挖沙”。实际中还存在“保护区内开矿、探矿”“保护区内建设水电站”等违法现象。在我国环境政策的执行过程中缺乏独立的监测评估也是造成这一现象的主要原因之一。

5. 唯 GDP 考核机制

甘肃是一个以农牧业和能源原材料工业为主的生态环境脆弱和污染突出的经济欠发达地区，故对矿产、水电站等开发依赖度较高。祁连山国家级自然保护区周边的大多地方经济发展落后，以农业生产为主，很多地方以牺牲生态环境为代价争取 CDP 的增长。长期以来，传统 GDP 作为衡量我国各级政府官员政绩的唯一指标，使决策者通过自然资源的过度消耗获得经济的高速增长，忽视自然资源和生态环境的价值因素，导致发展等同于经济上量的增长的错误传统发展观的流行。如 2015 年，肃南县全县财政收入至少有 80% 来自本县的矿产资源开发收入。

6. 缺乏当地居民的参与

公众的环境保护意识与对环境保护的参与也是长期被大众忽略的问题。当地居民对于环境保护有一定的认知，但没有行动力，认为“保护环境是政府的事”，自身没有任何责任与义务参与环境保护行动。部分当地居民认为自己有义务保护环境，但由于缺少这方面的能力、机会及权利，无法真参与到祁连山自然保护区生态环境保护中。

三　以环境善治推动祁连山国家级自然保护区管理体制机制创新

（一）环境善治概述

推动我国绿色发展和生态文明建设，深化改革是动力，机制创新是保障，要切实以体制机制改革创新来实现绿色发展。祁连山国家级自然保护区生态环境保护离不开对有效管理，而有效管理则取决于管理体制机制的改革创新。环境善治则是推动祁连山国家级自然保护区管理体制机制创新的有效途径。

1987 年 4 月，由世界环境与发展委员会编写的关于人类未来的报告——《我们共同的未来》将"环境善治"（Good Environment Governance）一词引入大众视野；1992 年，在巴西里约热内卢召开的联合国环境与发展大会上，正式通过《里约热内卢环境与发展宣言》（简称《里约宣言》）。《里约宣言》中强调，任何一个公民都有权利知晓相关公共机构掌握的一些环境问题（即环境信息公开），例如，该公民所居住社区中的环境有毒有害物质及环境活动等信息，并能够参与环境问题的决策过程；各个国家应鼓励公众了解和参与，并且能够提供合适且有效的程序或途径来共同解决环境问题。[①] 这是 183 个国家 102 位国家元首和政府首脑、70 个国际组织就可持续发展道路达成的共识，也是近十多年来国际上倡导的改革环境管理方法的理论和政策体系，即环境善治。[②]

由联合国开发计划署（UNDP）、联合国环境规划署（UNEP）、世界银行和世界资源研究所（WRI）等联合编写的《世界资源报告 2002 ~ 2004》[③]

---

① Hens，L.，"Rio Declaration on Environment and Development"，*Environmental Conservation* 1992，19（4）：366 – 368.

② 林美萍：《环境善治：我国环境治理的目标》，《重庆工商大学学报》（社会科学版）2010 年第 27（2）期。

③ World Resources Institute（WRI），United Nations Development Programme（UNDP），United Nations Environment Programme（UNEP），World Bank. *World Resources* 2002 – 2004：*Decisions for the Earth-Balance*，*Voice and Power*（Washington，DC：WRI，2003）.

及《世界资源报告 2005》[①]，就是通过探究公众、政府和企业主如何制定符合国情及实际，且能同时满足生态系统和人类的需求，从而达到公平和平衡的环境决策，来关注环境善治及其重要性的。

当前，中国学者对环境善治的研究还很有限。朱留财在研究中表述到：全球环境善治是指环境治理可以取得较好治理绩效的同时，获得较好的经济绩效和社会绩效，较好地满足经济社会的可持续发展目标。[②] 还有研究学者表示，环境善治的提出是建立在对市场和政府角色重新认识的新治理理念基础上的[③]。善治的本质是政府与公民间积极而有效的互动与合作。环境善治包括环境制度创新、市场机制运用、科技进步、能力建设、政府与 NGO、社区和企业的合作以及全球环境治理各个方面。

总之，环境善治其实就是更好地实施"环境治理"。这个实施的过程不同于以往传统的环境治理模式，而是一个具有合法性和法制性、透明性和公众参与性、责任性和有效性、稳定性和公正性[④]的可持续的环境治理模式。

（二）实施环境善治的有效途径

1. 构建自然保护区综合执法监督局

由于祁连山自然保护区处于条块分割、政出多门、"九龙治水"的模式下，相关部门的权力受到极大限制，不能充分发挥其作用。[⑤]因此，建议在自然保护区内构建统一的管理、执法体系，控制多头管理、多头执法问题，即建立综合执法局。建议执法局由省政府直接领导，且被赋予足够的权威，能够调动公安、林业、国土、水利、农业等相关部门资源，进一步加强祁连山自然保护区及周边生态脆弱地区的生态保护、修复和督察工作，同时积极

---

① World Resources Institute (WRI), United Nations Development Programme (UNDP), United Nations Environment Programme (UNEP), World Bank. *World Resources 2005: The Wealth of the Poor-Managing Ecosystems to Fight Poverty* (Washington, DC: WRI, 2005).

② 朱留财：《应对气候变化：环境善治与和谐治理》，《环境保护》2007 年第 6a 期。

③ 丁文广：《基于环境善治的生物多样性保护及其有效途径》，《环境保护》2015 年第 43 (5) 期。

④ 林美萍：《环境善政走向环境善治：我国环境治理的路径创新》，《牡丹江大学学报》2013 年第 1 期。

动员环境社会组织、企业、媒体和公众的参与，形成一个“多元一体”的综合执法机构。

除完善自然保护区执法体制外，还应完善自然保护区执法监督机制，没有监督的执法权力难免陷入失控境地。目前，我国自然保护区的监督主要是自然保护区管理机构推行，当自然保护区管理机构拒绝监督检查或弄虚作假时，由环境保护行政主管部门或有关行政主管部门给予处罚。这种监督机制难以避免部门保护主义。自然保护区行政主管部门很难对下属的自然保护区管理机构做出公正的监督与处罚。面对自然保护区管理机构所属的行政主管部门的保护，环境保护行政主管部门也难以实施有效监督。因此，为了加强自然保护区执法监督，当前，亟须构建执法监督机制，破解部门保护主义。

2. 构建社区共管机制

自然保护区的“社区共管”是指在自然保护区管理过程中，其成员不仅仅是自然保护区机构本身，还包括当地社区机构（如乡村行政机关、社区居民）、其他利益组织（如保护区的加工企业）及科研学者、环保主义者等。然而，各种成员都有不同的利益倾向、不同的保护发展观和不同的责、权、利的组合方式。[①] 在社区共管中，最重要的参与者和政策执行者是当地居民。但是，通常在自然保护区保护的执法力度不严的情况下，社区居民经常进山偷盗林木、狩猎，从中获取各种收入。在此过程中，如果加强执法力度，自然保护区管理机构付出的成本较高（如增加护林人员的人数与工资总额，偷盗人员与护林人员发生冲突而引起的人员伤亡、伤害损失的提高等）。虽然罚款和执法是必要的，但并不是最理想的方法，因为这种做法会使当地居民与巡护员之间产生敌对情绪，还可能导致暴力对抗。巡护员会考虑本身人身安全和工资收入（一般较低），往往执法力度较小。因此，在贫困面大、贫困人口众多的保护区，要实现生态保护目标，一定要考虑贫困人口的生计问题。社区共管模式强调将保护区内的贫困农户，不再作为保护局的对立面看待，而

① 刘德荣、石德金：《自然保护区社区共管探析》，《林业经济问题》2003 年第 23（1）期。

是纳入保护力量。社区只有在获得生计的利益驱动下，才能积极参与保护区保护。

3. 构建生态扶贫模式，建立健全生态补偿

贫困既是生态环境脆弱的产物又进一步加剧生态环境的脆弱。越是贫困的地区对生态环境的依存度越高，生产方式落后，决定了只能采取一些简单粗放的生产方式来开发那些相对容易开发的水土、森林、草地等自然资源，落后的生产技术使贫困地区的自然资源未能得到有效利用。商品经济落后，低下的生产力水平对劳动力需求增加，人口压力持续增大，迫使自然资源被过度开发利用，导致生态退化乃至荒漠化，进而加剧生态系统破坏和贫困状况。① 因此，在贫困地区进行环保工作时，要充分考虑居民生计。生态扶贫就是将贫困与生态综合考虑，解决生态脆弱区域的环保问题时优先考虑农户的贫困问题，同时农牧民的义务保护当地生态环境推动保护区生态可持续发展。

同时，在保护区要推进生态补偿机制的实施，通过实施《生态补偿管理条例》，以法理、法律形式确立代内、代际生态公平的具体补偿机制。生态补偿资金的需求巨大，可通过政府财政转移支付、生态受益者付费、生态使用者付费、生态税、社会捐赠等方式多方筹集。保护区生态补偿涉及复杂的利益关系调整，需要探索建立生态补偿标准体系，以及生态补偿的资金来源、补偿渠道、补偿方式和保障体系。

4. 创建“生态民”，改变生态移民思路

目前，我国有“农民”、“牧民”及“生态移民”（Ecomigration）等概念，但尚无“生态民”之说法。在当前形势下，我们需要改变自然保护区保护的传统固有思维模式，即将原来只要谈到自然地保护就想到将保护区内原有居民搬迁的传统思维转换成创新性地探索“生态民”的作用，将“生态移民”思路转化为培育“生态民”，从而更好地使“生态民”真正参与到居住地（自

① 刘慧，叶尔肯·吾扎提：《中国西部地区生态扶贫策略研究》，《中国人口·资源与环境》2013 年第 23（10）期。

然保护地）的生态环境保护中。根据国际经验，一般移民会涉及许多棘手问题，且成本高，往往得不偿失，适得其反。因此，建议将自然保护地的原有居民转换为“生态民”，让其成为自然保护地生态事业建设的主体，从事当地农田生态系统、水域生态系统等的重塑和维护工作。[①] 例如，将祁连山国家级自然保护区内的裕固族作为保护的核心力量看待，给予其适当的生产生活用地，允许其饲养少量家畜保障生计，并转变以往的补贴政策，将部分保护经费发给原有居民作为生态补贴，培训农牧民参与保护区的保护，令其承担保护站森林警察的部分职能。这样既能实现保护的目标，又可节约大量成本，是一个多赢模式。

5. 建立环境信息公开机制

环境信息公开是指公众有环境信息知情权，这也是公众参与环境保护的前提条件。公众只有了解环境的实际情况，才能真正地参与环境保护事业。当前我国对于环境信息公开的探讨方向主要为政府环境信息公开的方式，即主动公开、依申请公开及被动公开等。[②] 我国现阶段环境信息公开机制仍存在不足，例如，环境信息公开不充分，公众意见不受重视及缺乏公众参与平台等。[③]

信息公开有助于及时向社会各界披露对祁连山国家级自然保护区的保护及成效。在信息化时代，微信、微博、报纸、广播、电视等平面和立体媒体非常发达，借助媒体和公众力量，让信息作为综合执法和有效监督的重要手段，发挥其“四两拨千斤”的作用，特别是媒体对违法事件的曝光作用。

6. 实施独立的监测评估

目前，祁连山国家级自然保护区的情况还没有完全摸清，保护区的生态功能、生态价值、经济价值、社会资本、金融资本、自然资本等缺乏权威而系统的数据统计，自然资源资产的确权和评估尚未开展。因此，需要及时开

---

① 王俊敏：《长三角农业的生态—文化功能恶化与修复：以 S 市为例》，《中国农业大学学报》（社会科学版）2011 年第28（1）期。

② 刘萍、陈雅芝：《公众环境知情权的保障与政府环境信息公开》，《青海社会科学》2010 年第2 期。

③ 罗姗：《论环境信息公开机制的完善》，《法制与社会》2012 年第6 期。

展监测评估。建议通过政府购买委托独立的监测评估机构，对保护区进行监测评估，为保护区实施科学保护、依法保护提供依据。同时，还可以利用小型无人机等现代化监测手段，结合卫星遥感技术，对保护区进行动态监测。

7. 开展有特色的自然教育

生态的问题归根结底是“人”的问题，要解决人的意识、观念和生存问题，才能进行有序且持续的保护。除了解决贫困问题之外，还需培育保护区内农牧民的生态意识。因此，要及时开展环境教育，提高农牧民的环保意识。对于保护区内少数民族优秀的传统生态自然观，例如裕固族的神山圣水理念、对自然的敬畏等，要加以充分利用。可以用各个民族传统的生态自然观来为保护区的保护服务。宗教或传统文化中关于生态保护的积极一面可为生态保护发挥不可替代的作用。同时，建议在保护区内创建自然教育基地，对中小学生进行环境教育，将生态保护的理念根植于下一代。

8. 实施绿色金融

绿色金融指“金融部门把环境保护作为基本国策，通过金融业务的运作来实现可持续发展战略，从而促进资源环境保护以及经济的协调发展，并以此实现金融可持续发展的一种金融营运战略”。[①] 祁连山自然保护区生态环境问题很大一部分来自企业，如水电企业运行过程中存在下泄生态水水量不足，导致所在河流水源枯竭甚至完全断流；矿产企业违规建设运营，导致祁连山自然保护区生态环境受到严重破坏等。[②] 资金是企业的生命线，企业的大部分资金来自银行贷款。鼓励金融机构在贷款时，充分考虑企业对环境的影响，通过规范企业行为，控制企业污染，发展绿色金融，实施可持续发展。通过有力促进银行将保护环境的责任和自身业务结合起来，督促企业更加注重环境效益，进一步履行企业的环境和社会责任等，实现保护人类赖以生存的环境、维护生态安全的目标。[③]

① 王军华：《论金融业的“绿色革命”》，《生态经济》2000 年第 10 期。

② 吴玉萍：《七大问题伤了祁连山》，《中国环境报》2017 年 1 月 26 日。

③ 丁文广、张慧琳、田莘冉：《绿色金融——西北生态脆弱区生态安全的创新机制》，《环境保护》2018 年第 46（13）期。

9. 改变唯 GDP 考核方式，注重生态考核

随着我国社会经济的快速发展，工业化和城镇化加速推进，涉及的自然保护区能源、资源、交通、旅游等开发建设活动日益增多，保护区面临的压力日益增大。据环境保护部调查，“轻保护、重开发”的问题在全国诸多自然保护区都不同程度地存在。保护区的各类开发建设项目、农业生产、资源采集以及旅游活动等成为影响自然保护区持续健康发展的主要方面。众多地方以争 GDP 增长为目标，牺牲生态环境，但这种粗放式的发展无疑不可持续。故而中央提出“五大发展理念”，强调转变经济增长方式，提倡绿色发展。因此，提倡地方政府转变传统的唯 GDP 至上的考核观，将生态考核纳入评判体系，促进经济和生态的互利发展。

10. 政府购买社会服务，发挥第三方机构作用

2013 年 9 月 26 日，国务院办公厅出台《关于政府向社会力量购买服务的指导意见》，要求政府在公共服务领域更多地利用社会力量，加大政府购买服务力度。到 2020 年，在全国基本建立比较完善的政府向社会力量购买服务制度，形成与经济社会发展相适应、高效合理的公共服务资源配置体系和供给体系，公共服务水平和质量显著提升。政府购买环境社会组织的服务可“突出公共性和公益性”。通过聘用有资质的环保社会组织，以买卖的方式实现环境保护和治理指标，可在一定程度上规避企业“逐利思想”下忽视环境保护的风险，同时减轻政府压力，弥补政府人力资源不足。

11. 推动公众参与

社会公众是生态环境保护的重要力量，也是生态环境监督的重要力量。尽管中国在公众参与和政府信息公开方面取得了比较明显的进展。但公众参与范围和模式仍然受到限制。受中国自上而下的决策模式、公众参与立法和技术操作有待完善等的影响，公众参与方式被限制在信访与环境影响评估听证会、大众媒体与互联网信息发布、环境 NGO 及专家对政府政策与决定的介入等方面。因此，在祁连山国家级自然保护区中要实行公众参与，即鼓励公众积极参与涉及公共利益和自身利益的环境政策与治理活动，使制定的环境政策能够符合大众要求，代表公众利益。

G.8

祁连山国家级自然保护区治理风暴：生态文明建设的新起点

丁文广　姜　萍*

摘　要：　祁连山是维系河西乃至西部地区生存与发展的“生命之脉”，其独特的地理区位、丰富的资源状况，赋予其生态安全屏障，“一带一路”的黄金段、咽喉之所等众多称号。然而，近年来祁连山国家级自然保护区生态环境问题层出不穷且屡禁不止，引起重要领导人的批示、媒体的大肆曝光、中央的严厉督察问责。经过一年多的整改整治，通过统筹推进重点领域整改，全面开展生态修复治理，建立生态保护长效机制，加快推进绿色发展崛起等举措，祁连山生态环境治理取得实质性工作进展。随着生态文明建设新时代的开启，政府及相关部门该如何发挥环境善治优势，确保祁连山国家级自然保护区生态环境的长效绿色发展。

关键词：　祁连山　生态安全屏障　能源通道　生态文明建设　绿色治理

一　祁连山国家级自然保护区生态安全屏障与通道理论

（一）祁连山国家级自然保护区生态安全屏障作用

祁连山位于我国西北部，横跨青海、甘肃两省，地处黄土高原与青藏高

* 丁文广，兰州大学资源环境学院教授、博士生导师，世界银行和亚洲开发银行社会发展专家，科技部同行评审专家与国际合作专家，主要研究领域为环境社会学、环境管理学；姜萍，兰州大学资源环境学院博士研究生。

原的过渡地带，在维护青藏高原生态平衡、阻止沙漠蔓延侵袭、维持河西走廊绿洲稳定、保障黄河径流补给、保护区域生物多样性等方面发挥着十分重要的作用，是黄河流域重要水源产流地、我国生物多样性保护优先区域，更是我国西北乃至北方重要的生态安全屏障。作为我国西北地区极其重要的冰川和水源涵养生态功能区，千百年来，雪水滋润绿洲，绿洲反哺雪山，滋养着河西走廊数百万民众。祁连山区冰川雪山融化形成的黑河、大通河、湟水河、布哈河、托勒河、疏勒河、石羊河、党河等重要水系，是河西走廊、河湟地区、青海湖盆地、柴达木盆地最重要的淡水供给地，对中下游生态系统、水资源利用等具有不可替代的作用。

祁连山区域内的冰川和永久积雪不仅仅是众河之源，更是宝贵的“固体水库”，具有平枯抑丰和调蓄河流径流的重要作用。没有祁连山水源的注入，哈拉湖和青海湖将不复存在，“古楼兰”和“罗布泊”的悲剧历史将重演。祁连山生态环境的健康关系着区域内水源涵养、水土保持、生物多样性保护等重要方面，也关系着其滋养地区的经济发展和社会稳定，其重要性不可估量。

祁连山的东北方向是巴丹吉林、腾格里两大沙漠，由祁连山冰雪融水形成的河西绿洲和祁连山共同构成了阻隔沙漠南侵的防线，成为青藏高原乃至“中华水塔”三江源生态安全的屏障。作为 25 个国家重点生态功能区之一，祁连山有效阻挡了四大沙漠的汇合，千百年来始终维系着沙漠绿洲的生态平衡，成为“丝绸之路经济带”上的国家重点生态功能区，以及“一带一路”倡议中生态保护的核心之一。

（二）祁连山国家级自然保护区通道理论

1. 连接中西文明的古丝绸之路重要通道

长城、丝绸之路及藏彝走廊是中国高纬度、高海拔和低海拔等三大生态文化区的通道地带。[①] 其中，丝绸之路不仅仅是中国中心区域连接西北边疆

① 徐黎丽：《通道地带理论——中国边疆治理理论初探》，《思想战线》2017 年第 2 期。

的通道地带，更是中国与中亚、中东联系的最便利的陆上通道。然而，如若没有祁连山，丝绸之路这一重要的通道地带将难逃被黄沙埋没的宿命。祁连山孕育了维系河西走廊绿洲的黑河、疏勒河、石羊河，养育了河西地带500多万人。由祁连山冰雪融水形成的河西绿洲与祁连山共同构成了阻隔巴丹吉林、腾格里两大沙漠南侵的防线，使三江源生态安全得以维系不衰。因此，可以说祁连山万年不断的冰川雪水，庇护了古丝绸之路的千年繁华与兴盛，促进了历史上东、西方政治、经济和文化的交流。

2. 我国西气东输的重要能源通道

西气东输是我国距离最长、口径最大的输气管道，西起塔里木盆地的轮南，东至上海。东西横贯新疆、甘肃、宁夏、陕西、山西、河南、安徽、江苏、上海等9个省份，全长4200千米。甘肃段通道分布于祁连山脚下，境内石油、天然气专用管道16条，油气长输管道干线总长度8000多千米，加上在建的管道将超过1万千米，约占全国的1/10。长久以来，受祁连山生态系统的维系，管道承担着油气东输的重任。

背景资料：河西走廊，古丝绸之路与我国西气东输的咽喉之地

河西走廊东起乌鞘岭，西至古玉门关，南北介于南山（祁连山和阿尔金山）和北山（马鬃山、合黎山和龙首山）之间，东西长约1000千米，南北宽数十千米，为西北至东南走向的狭长平地，形如走廊，又因位于黄河以西，故名为河西走廊。河西走廊是古丝绸之路的要隘，古丝绸之路从中国关中地区到欧洲，出了长安后抵达的第一站便是河西走廊。因而古有“谁控制了河西走廊，谁就控制了丝绸之路”之说。

河西走廊不仅是内地通往西部的交通要道，而且是我国将西部油气资源输往内地的重要能源通道。目前，与河西走廊相关的大型油气管道包括：已建成的西气东输管道、西部原油管道、西部成品油管道，西气东输二线，施工中的西气东输三线，设计中的西气东输四线，尚在前期论证中的西气东输五线、新粤浙天然气管道等8条。

3. “一带一路”倡议的咽喉要道

“一带一路”是“丝绸之路经济带”和“21世纪海上丝绸之路”的简称，贯穿欧亚大陆，东边连接亚太经济圈，西边进入欧洲经济圈。“一带一路”倡议的提出，将形成中西部地区与中亚、东欧、西亚的新商贸通道和经贸合作网络，带动内陆沿边扩大向西开放，既有助于拓展中国经济发展腹地，又可以激活内陆和沿边地区的经济发展活力，推进中西部的开放型经济发展进程，形成中国经济的新增长极。

祁连山脉是古丝绸之路的黄金段和“一带一路”的咽喉要道，是陆上丝绸之路能源互输、交通互连、文化互递、经济共建等重要领域的通达保障。笔者曾在2017年7月30日接受《中国新闻周刊》采访时直言：如果祁连山自然保护区继续被破坏下去，河西走廊的生命水将断流，“一带一路”通道将在甘肃受阻。[①] 保护祁连山生态环境，对于支撑丝绸之路经济带的建设有举足轻重的战略意义。

（1）能源运输通道

能源基础设施建设、资源合作开发成为“一带一路”相关国家协同发展的重点。《推动共建丝绸之路经济带和21世纪海上丝绸之路的愿景与行动》[②]中提到，“加强能源基础设施互联互通合作，共同维护输油、输气管道等运输通道安全，推进跨境电力与输电通道建设，积极开展区域电网升级改造合作”。目前，我国在境外资源利用上，已经形成西北、西南、东北、海上四大油气战略通道，包括中俄、中亚天然气管道，中缅油气管道，海上油气进口通道。

祁连山脉及其庇护下的河西走廊，是天然气管道、原油管道和成品油管道的重要通道地带，在西北油气通道地带中占据重要地位。西北油气通道从中亚及俄罗斯西西伯利亚等地进口油气资源，自我国新疆地区入境，并沿西

① 周群峰：《祁连山因何遍体鳞伤？已有近半个世纪的“破坏史”》，中国新闻网，2017年8月4日。

② 驻哥德堡总领馆：《推动共建丝绸之路经济带和21世纪海上丝绸之路的愿景与行动》2016年1月1日。

气东输管道经河西走廊送入国内。随着瓜达尔港运营权的接收，祁连山在能源通道中的重要区位作用将进一步增强。

（2）设施联通通道

设施联通是“一带一路”建设的核心内容和优先领域。从地理区位来看，祁连山脉地处古丝绸之路“黄金段”，联系内陆并通向中亚、西亚以及欧洲，是中国联通中亚、南亚国家的重要走廊和通道。

自2011年3月19日首列中欧班列成功开行以来，我国已建设渝新欧、蓉欧快铁、郑新欧、苏满欧、汉新欧、湘欧、义新欧等近20条中欧货运班列。截至2018年6月底，国内开行城市已达48个，涉及欧洲共计14个国家的42个城市，累计开行量业已突破10000列。[①] 中欧班列是一条物流干线，更是丝绸之路经济带发展的重要引擎。其中蓉欧经过河西走廊，自2013年4月26日开通以来，已开行77列，搭载6238标箱，货运量2万吨，货值5.8亿美元，成为目前国内到欧洲最快的陆路货运大通道。

二　祁连山国家级自然保护区治理历程

（一）祁连山国家级自然保护区生态环境破坏曝光

1. 祁连山生态环境问题早有曝光，但未引起相关方重视

查证资料发现，针对祁连山生态环境破坏问题早有论述。

——2013年，徐柏林等祁连山国家级自然保护区的相关工作人员，在一篇名为《生态旅游对祁连山国家级自然保护区景区植被的影响》的论文中写道：祁连山保护区生态旅游景区各类旅游设施占地2万多平方米，近3万平方米的植被遭到破坏。[②]

——2014年，中央电视台《焦点访谈》曾专门曝光“甘肃省多家化工

① https://baike.baidu.com/item/%E4%B8%AD%E6%AC%A7%E7%8F%AD%E5%88%97#2.

② 周群峰：《祁连山因何遍体鳞伤？已有近半个世纪的“破坏史”》，中国新闻网，2017年8月4日。

厂直接向沙漠排污，黄河水源被严重污染”相关事件。

然而，受媒体传播力度、环境问题关注度不够等的限制，这些揭示性行为并未引起环保责任方或社会各界的足够重视。

2.2017年，祁连山环境问题受到“轰炸式”曝光

2017 年 1 月，中央电视台记者深入祁连山腹地进行调查，随后对祁连山生态保护中存在的水电站生态用水下泄不符合规范、企业违规排污等问题进行了详细报道。

甘肃电投河西水电开发有限责任公司黑河龙首二级水电站、甘州区黑河水电公司小孤山水电站以及张掖市巨龙铁合金有限公司被作为典型案例进行报道。

甘肃电投河西水电开发有限责任公司黑河龙首二级水电站和甘州区黑河水电公司小孤山水电站在运行过程中均存在下泄生态用水量不足、发电高峰期甚至存在完全断流的现象。张掖市巨龙铁合金有限公司毗邻保护区，长期在大气污染物排放未稳定达标情况下排污，且经当地环保部门多次执法后不予执行。

2017 年 7 月 21 日，《甘肃日报》报道甘肃省旅发委调查摸底情况，对保护区违规进入问题予以曝光。报道指出，祁连山保护区内共有旅游项目 25 项，其中武威市 14 项、张掖市（包括山丹军马场）11 项，部分旅游项目存在违规进入问题，已对祁连山生态环境造成一定程度的影响。

2017 年 9 月 10 日晚，由中央纪委宣传部、中央巡视办、中央电视台联合制作的电视专题片《巡视利剑》第三集“震慑常在”播出，重点曝光了祁连山生态保护问题中出现的生态环境持续恶化问题，以及甘肃省原省委书记王三运不重视、不作为，助长祁连山生态环境被破坏的行为。

2017 年 11 月 20 日，长安街知事（微信 ID：Capitalnews）以《省委书记失责拖出大案，最高检今介入》一文，曝光王三运在甘肃任上的 5 年时间里，化工厂林立，探采矿项目逾百，致使祁连山区域生态环境遭到严重破坏。

2017 年 11 月 20 日，央视新闻频道对祁连山系列环境污染案追责结果进行报道，充分显示《通报》后各级政府对祁连山生态环境整改整治工作的重视。

与此同时，新华社、中国新闻社、《中国日报》、《人民日报》、中国网、《甘肃日报》、凤凰资讯、正义网、新浪网以及搜狐网等中国主流媒体，纷纷就祁连山生态环境破坏问题的督察通报、整改整治举措及效果等进行报道。

（二）习近平总书记关于祁连山国家级自然保护区的多次批示

习近平总书记关于生态文明建设的重要指示是筑牢我国生态安全屏障的行动纲领，是加快转变发展方式的根本指针，是保障社会和谐稳定的基本遵循，是深化生态领域改革的科学指南。

近几十年来，祁连山生态环境经受着持续不断、屡禁不止的破坏，生态问题日益恶化，习近平总书记2014～2016年多次对此做出重要批示，明确要求加强对祁连山生态环境的保护工作。

2014年，《北京青年报》梳理发现，习近平总书记除就严重雾霾污染、环境监管执法等问题做过重要批示外，也就青海省祁连山自然保护区让位采矿、腾格里沙漠遭化工企业污染等具体环境事件做出相应批示。①

2016年，习近平总书记在中办秘书局、国办秘书局《关于青海省祁连山自然保护区和木里矿区生态环境综合整治调研报告》上批示："对严重生态问题要扭住不放、一抓到底，不彻底解决绝不收手。各地区、各部门要认真从思想上重视生态文明建设，认真贯彻绿色发展、协调发展理念，落实生态安全责任制，领导同志要亲力亲为，特别是要下大气力抓破坏生态环境的典型，确保生态环境质量得到改善，确保绿水青山常在，各类自然生态系统安全稳定"。在《祁连山西北生态屏障问题》上做出批示："甘肃和青海要坚持生态保护优先，落实生态保护责任，加快传统畜牧业转型发展，加快解决突出问题，抓好环境违法整治，推进祁连山生态保护与修复，真正筑牢这道生态安全屏障"。②

---

① 邹春霞：《七常委去年560次批示"环保" 习近平批示17件》，《北京青年报》，2015年1月16日。

② 张有斌：《张掖市祁连山黑河生态保护科普宣传及人员培训学习资料》，中共张掖市委党校，2017年11月。

至2017年，甘肃环境质量稳步改善，但生态环境恶化趋势并没有得到根本遏制，祁连山更是出现一系列的严重生态污染案件，生态环境遭到严重破坏。

（三）中央督察组针对祁连山国家级自然保护区开展专项督查及严肃问责

早在2015年9月，环保部与国家林业局，针对环境保护问题，联合约谈甘肃省林业厅、张掖市政府以及祁连山国家级自然保护区管理局等部门主要负责人，要求限期对祁连山内违反环境保护规定的相关问题进行整改。但此次约谈并未引起足够重视，约谈后相关方继续瞒报、漏报整治方案或待整治项目，致生态修复和整治进展缓慢、不到位。

2016年11月30日至12月30日，中央第七环保督察组对甘肃省开展督察，发现祁连山生态破坏行为并未得到遏制，环境问题依然严重。

2017年2月12日至3月3日，由党中央、国务院有关部门组成中央督查组进驻祁连山，进行了20多天的专项督察。其后，中央政治局常委会根据督查情况，深刻剖析了甘肃祁连山国家级自然保护区生态环境破坏典型案例。7月，中央办公厅、国务院办公厅就祁连山保护区生态环境问题发出《关于甘肃祁连山国家级自然保护区生态环境问题督查处理情况及其教训的通报》（简称《通报》），严厉指出祁连山国家级自然保护区生态环境破坏的主要问题及原因，并对相关责任单位和责任人严肃问责。①

问责内容包括：责成甘肃省委和省政府向党中央做出深刻检查，时任省委、省政府主要负责同志认真反思、吸取教训。时任甘肃省政府党组成员、副省长杨子兴分管祁连山生态环境保护工作，在修正《甘肃祁连山国家级自然保护区管理条例》过程中把关不严，致使该条例部分内容严重违反上位法规定，对查处、制止违法违规开发项目督察整改不力，对保护区生态环

① 新华社：《中共中央办公厅、国务院办公厅就甘肃祁连山国家级自然保护区生态环境问题发出通报》，2015年1月16日。

境问题负有领导责任，给予其党内严重警告处分。时任甘肃省委常委、副省长李荣灿对分管部门违法违规审批和延续有关开发项目失察，对保护区生态环境问题负有领导责任，由中央纪委对其进行约谈，提出严肃批评，由甘肃省委在省委常委会会议上通报，本人在甘肃省委常委会会议上做出深刻检查。时任甘肃省委常委、常务副省长罗笑虎对分管部门违法违规审批和延续有关开发项目失察，对保护区生态环境问题负有领导责任，由中央纪委对其进行约谈，提出严肃批评，由甘肃省委在甘肃省人大常委会党组会议上通报，本人在甘肃省人大常委会党组会议上做出深刻检查。由中央纪委监察部按相关程序对负有主要领导责任的 8 名责任人进行严肃问责等。

2017 年 11 月最高人民检察院侦查监督厅日前派出督导调研组赴甘肃省对祁连山系列环境污染案进行督导调研，提出具体督导意见。1 月至 10 月，经审查，甘肃省检察机关共批准逮捕祁连山 8 件破坏环境资源犯罪案件涉事人员 16 人；建议行政执法机关移送破坏环境资源犯罪案件 23 件（30 人），监督公安机关立案侦查破坏环境资源犯罪案件 14 件（15 人）。①

（四）甘肃省委、省政府针对祁连山国家级自然保护区采取的整改行动

2017 年，中办、国办就甘肃祁连山国家级自然保护区生态环境问题发出通报。此后，甘肃省吸取教训，坚持标本兼治，采取一系列举措狠抓祁连山生态环境问题整治工作。

1. 强化政府管控督察力度

确定由省委书记、省长任双组长的生态建设和环境保护协调推进领导小组全面负责中央环境保护督察反馈意见整改工作。在此基础上，甘肃省先后召开省委常委会会议、省政府常务会和专题会议 20 多次，研究整改举措。省级领导先后 15 次带队检查，深入祁连山自然保护区等生态环境保护重点区域和厂矿村社基层一线，协调解决具体问题。省纪委牵头成立环保督察问

---

① https：//baike. so. com/doc/27073969 －28457663. html.

责工作组，扎实开展中央环保督察移交问题调查核实工作。各有关市县区和省直相关部门制定了整改专项工作方案，通过建立台账、挂图作业、责任倒逼、限期销号，抓整改落实。

2. 重构依法行政秩序

针对《通报》中关于在立法层面为破坏生态“放水”问题，甘肃省委、省人大、国土部门及其他有关部门进行逐条完善，对与国家上位法不一致之处及时修订，并经省政府下发执行。与此同时，对 2011 ~2016 年印发的政策文件、地方性法规等逐一进行合规性复查，以坚决杜绝类似问题的再次发生。

3. 重建遵章守纪规则

据了解，甘肃省人大修改了《甘肃祁连山国家级自然保护区管理条例》地方性法规，并对甘肃全省其他自然保护区生态环境问题进行排查，全面停止国家级自然保护区内水电站及水库项目审批，进一步严格各类保护区内矿产资源的勘查开采管理。甘肃省委研究制定了《关于进一步增强政治责任全面做好祁连山生态保护工作方案》，并向国家发改委报送了祁连山自然保护区生态环境保护方案。省政府印发了《甘肃祁连山国家级自然保护区水电站关停退出整治方案》，明确对甘肃省祁连山国家级自然保护区内 42 座水电站采取差别化处置意见，以确保祁连山自然保护区水电站生态环境问题得到全面整改。甘肃省成立矿业权退出专项工作整改办公室，制定并下发了《甘肃祁连山自然保护区矿业权退出及矿山生态环境恢复治理行动方案》《关于全面停止各类保护区内矿产资源勘查开采活动的紧急通知》《关于全面停止各类保护区内矿产资源勘查开采活动及矿产资源审核审批事项的紧急通知》《关于开展全省各级各类保护地内矿业权分类处置的指导意见》等，坚决停止各级各类保护区内矿产勘查开采活动和审核审批工作，并出台了《甘肃祁连山国家级自然保护区矿业权分类退出办法》，为甘肃祁连山自然保护区内矿业权清理、退出提供了可操作的依据。

以祁连山生态环境问题整改为契机，甘肃省另行制定重点生态功能区产业准入负面清单，启动祁连山国家公园体制试点工作，建立国家主导、区域联动的生态保护管理新体制，优化整合现有各类保护地管理机构，探索跨行政区划、跨部门管理的有效途径，健全自然资源资产管理制度，全方位保障祁连山生态问题整治到位、长效治理。

4. 各级并举，推进环境恢复治理

以市、县政府为单位，采取封堵探洞、回填矿坑、拆除建筑物以及种草植树等综合措施，推进甘肃祁连山自然保护区内144宗持证和111宗历史遗留无主矿业权的矿山地质环境恢复治理工作。将位于外围保护带的177个历史遗留无主矿山纳入《甘肃省矿山地质环境恢复和综合治理规划（2018～2022年）》，计划分三年完成恢复治理。把金昌市、张掖市纳入《甘肃省绿色矿山建设工作方案》示范区建设，全面实施甘肃祁连山地区自然生态空间用途管制。以《甘肃祁连山国家公园自然资源统一确权登记实施方案》为准，全面完成甘肃祁连山国家公园自然资源统一确权登记工作。联合农、牧、林业等部门解决甘肃祁连山地区林草“一地两证”问题，切实维护群众合法的自然资源权益。开展源头治理，对各类自然保护地纳入《甘肃省矿产资源总体规划（2016～2020年）》的禁止勘查开采区，从严协查制度，确保矿业权设置符合法律法规。畅通12336违法违规举报电话，及时发现和制止矿产资源勘查开采违法违规行为，维护良好的矿产资源开发利用秩序。

鼓励各地区因地设制，根据自身特点推进环境治理。张掖市以实施退耕还林、退牧还草、退矿还绿和退建还湿（地）为主，力争使祁连山、黑河湿地水环境保护治理在三年内取得显著成效，降低经济发展对矿山、草原、湿地等自然环境的依赖程度。武威市重点启动“下山入川”易地扶贫搬迁工程，通过对生活在核心区和缓冲区的农牧民实施整村、整组易地安置举措，力争早日实现祁连山自然保护区核心区、缓冲区无农牧民生活生产的目标。金昌市着力落实矿业整治，坚决停止保护区内探矿权、采矿权的新设和延续，坚决打击取缔保护区内无证非法探采活动，对保护区内未到期采矿权全部冻结、坚决退出。

（五）祁连山国家公园青海片区的系列生态治理行动

1. 扎实推进祁连山国家公园体制试点建设

自2017年祁连山国家公园体制试点青海片区工作启动以来，青海省坚持将山水林田湖草作为生命共同体，统筹考虑保护与利用，按照自然生态系统整体性、系统性及其内在规律，加快推进祁连山生态环境保护和综合治理工程，探索建立“村两委 +”共管模式，对祁连山国家公园青海片区实行整体保护、系统修复、综合治理，有步骤、分阶段地推进国家公园建设。

2018 年 5 月 2 日，《祁连山国家公园体制试点（青海片区）实施方案》经省政府研究同意并正式印发。7 月 24 日，省政府召开祁连山国家公园体制试点青海片区工作推进会，强调甘肃省委、省政府要加强责任落实，聚焦年度重点任务，建立健全灵活有效的机制，配强力量，细化任务，落实责任。要加强沟通衔接，牢固树立“一盘棋”思想，各司其职，积极作为，齐抓共管，合力推进，确保各项任务落细、落实、落地。及时总结试点工作，提炼好做法、好经验，加大宣传推广力度，充分展示试点新动态、新成效，引领带动试点工作向纵深推进。加强督促检查，建立双月督察通报制度，努力使试点工作平衡推进。加快推进祁连山国家公园总体规划和专项规划编制，着力抓好机构组建、技术标准制定、管理制度建设、执法机制完善等重点任务，确保试出成效、试出样板、试出标杆。

2. 全面清理违法违规项目

青海省祁连山国家公园体制试点工作领导小组办公室于 2018 年 4 月 3 日发布《祁连山国家公园（青海片区）自然资源管理综合执法工作方案》。该方案将指导相关部门全面清理违法违规项目，妥善解决历史遗留问题，依法严厉打击破坏自然资源的违法行为；指导对试点区域内禁牧减畜情况进行排查，并加大对草原禁牧休牧制度、草畜平衡制度落实情况的监督检查力度；指导对试点区域内侵占林地、草地、湿地，破坏野生动植物资源的违法违规行为依法予以查处。①

青海省祁连山国家公园体制试点工作领导小组办公室副主任王恩光介绍，此次项目清查行动重点针对旅游开发、畜禽养殖、固体废弃物堆放等行为进

① 罗云鹏：《祁连山国家公园（青海片区）全面清理违法违规项目》，中国新闻网，2015 年 1 月 16 日。

行全面排查和追责，对未依法报批项目环境影响评价的，按照相关法律法规责令停止建设，并予以处罚；对企事业单位和其他生产经营者超标排污的，责令停产整治，并报经有批准权的人民政府批准，责令停业、关闭。

3. 加强生态保护监管

由祁连山自然保护区森林公安局牵头，组织海西、海北和门源、祁连、天峻、德令哈两州四县市森林公安民警积极开展秋季巡护执法专项行动，集中力量严厉打击各类破坏祁连山国家公园（青海片区）试点区域生态资源的违法行为，加大生态保护监管力度，深入检查违法违规开发建设活动的清理处置和环境整治情况，并以野生动物种群分布、迁徙、栖息等区域为重点，严厉打击和震慑各类危害野生动物的违法犯罪行为，全面防控整治自然资源风险和生态安全隐患，加强祁连山国家公园（青海片区）的生态保护监管，有效保障自然资源安全。

同时，与甘肃祁连山保护区执法部门在青甘两省治安防控及生态环境保护重点区域开展联合巡查，加强青海、甘肃两省跨区域警务协作，严肃查处青甘两省交界区域中各类流窜作案、团伙作案情况，始终保持两省祁连山国家公园试点区域常态化联合执法。

（六）祁连山国家级自然保护区生态环境问题整改效果显著

1. 地方性法规逐步完善

《甘肃祁连山国家级自然保护区管理条例（修订）》已审议通过；《甘肃省贯彻落实中央环境保护督察反馈意见整改方案》《甘肃祁连山国家级自然保护区矿业权分类退出办法》《甘肃祁连山国家级自然保护区水电站关停退出整治方案》《甘肃祁连山自然保护区矿业权退出及矿山生态环境恢复治理行动方案》《关于全面停止各类保护区内矿产资源勘查开采活动的紧急通知》《关于全面停止各类保护区内矿产资源勘查开采活动及矿产资源审核审批事项的紧急通知》《关于开展全省各级各类保护地内矿业权分类处置的指导意见》等法规及整改落实方案相继出台，环境问题清单和整改任务清单得以厘清。

2. 矿业整治进展顺利

按照“共性问题统一尺度，个性问题一矿一策”原则，[①] 积极施行退矿还绿修复工程。截至2018年6月，甘肃祁连山自然保护区内原有144宗持证矿业权，已有89宗完成分类退出，占清理退出总数的61.8%，其中涉及探矿权62宗、采矿权27宗；已有75宗以注销或公告废止方式退出，6宗以扣除方式退出，8宗以补偿式退出。同时，《通报》中指出的14宗违规延续探矿权、采矿权，现已完成退出8宗。目前，全省其他各级各类保护地内662宗矿业权（探矿权422宗、采矿权240宗），已清理退出56宗。[②]

3. 水电旅游项目整治到位

坚持问题导向，积极推行退电还水、退耕还林、退牧还草、退人还地修复工程。截至2018年2月，祁连山生态保护区甘肃省片区已全部完成保护区内42座水电站分类处置，完成25个旅游项目整改或差别化整治工作，搬迁农牧民149户484人，实施退耕还林11.27万亩，提前完成减畜21.97万个羊单位的任务。与此同时，已完成祁连山地区生态保护红线划定及地区产业准入负面清单制定工作，祁连山国家公园和大熊猫国家公园体制试点已获批并启动；矿区、林区司法体制和执法体制改革全面推进；祁连山国家级自然保护区的相关管理体制已梳理完全；中央环保督察反馈问题中明确的46项年度整改任务已全面完成，整改率达62.3%。[③]

案例1　祁连山古浪段生态环境保护14个整改项目通过复核验收

祁连山国家级自然保护区涉及甘肃省武威市古浪县7个乡镇27.66万亩区域，其中核心区、缓冲区、实验区及外围地带占地面积分别为2.45万亩、2.24万亩和22.97万亩。《通报》发布后，经由环保部遥

① 《李斌副省长在“国家公园与生态文明建设”高端论坛上的主旨报告》，2018年9月28日。

② 狄东阳：《甘肃省确保今年年底前全面完成祁连山保护区矿业权退出工作》，中国甘肃网，2018年6月26日。

③ 王小华：《政府工作报告——2018年1月24日在甘肃省第十三届人民代表大会第一次会议上》，《甘肃日报》，2018年2月2日。

感监测及当地自查，古浪段存在五方面共计11个问题有待整改。

古浪县环保相关部门“深刻汲取教训，严格落实祁连山自然保护区相关规定，加强动态监测和监督执法，坚决杜绝保护区内一切探矿、采矿等违法行为”。[①] 通过人工栽植黑刺、柠条6万株，绿植喷播3.59万平方米，恢复保护区内原有废弃石灰岩矿堆积区对林草植被生长的影响；通过在水库、移动通信基站、高压线路建设项目区内进行黑刺、柠条等人工栽植，缓解基建工程对植被的破坏；通过全面拆除保护区内活动板房、养殖暖棚、经营用农家乐等人工设施，对生态恢复区域进行封禁管护，杜绝人为活动对保护区自然环境的干扰；通过封山育林、退耕还林、退牧还草等人工促进措施和天然更新，推进生态环境持续好转。经过各项整治，目前古浪县存在的环境问题已整改完成10个，剩余1个正在积极整治中。[②]

案例2　祁连山张掖段生态环境整改整治成效斐然

2015年9月，环保部、林业局联合约谈，指出祁连山自然保护区张掖境内存在49项生态环境问题。此后，经张掖市全面清理自查，以及中央环保督察和专项督察的两次“回头看”，共计179项环境问题相继浮出水面，其中包含环保部约谈的45项在内的171项隶属张掖市。仅截至2017年9月，张掖市已完成164项现场整治任务，7项正在整治。全部整治任务中的117项探采项目，已完成115项环境恢复治理；已关闭退出并注销矿权61项，对尚未注销矿权的56项按相关政策法规程序办理矿权注销手续。至此，祁连山自然保护区张掖境内的矿山探采活动已被全面遏制。[③]

（1）肃南县凯博煤炭有限责任公司马蹄煤矿

基本情况：该矿点位于肃南县马蹄乡八一村，地处祁连山国家级自

① 伏润之：《甘肃坚决整改确保祁连山生态安全杜绝一切违法行为》，《甘肃日报》，2017年7月10日。

② 伏润之：《甘肃坚决整改确保祁连山生态安全杜绝一切违法行为》，《甘肃日报》，2017年7月10日。

③ 《〈环保整改进行时〉全力打赢祁连山生态环境问题整改整治攻坚战》，《甘肃日报》，2017年9月8日。

然保护区实验区，设计生产规模 15 万吨/年，矿区面积 4.899 平方千米。

整治情况：2017 年 3 月开始实行生态环境修复治理。通过拆除砖木房屋（77 间）、回填废弃矿洞（13 处）、平整渣堆（316 处）以及人工覆土、种草植树等治理措施，现已完成现场整治。

（2）肃南县南大坂皇公煤矿

基本情况：该矿点位于肃南县皇城镇水关村，地处祁连山国家级自然保护区实验区和保护区外，生产规模为 9 万吨/年，矿区面积 0.7404 平方千米。

整改情况：2017 年 2 月开始实行生态环境修复治理。通过清理主副井工业场地、平整清理主副井工业场地（1.8 万平方米）、拆除生活区房屋（28 间）、刷坡整平覆土、人工种草、设置围栏等措施，现已完成现场整治。

（3）肃南县大海铜矿普查项目

基本情况：该项目位于肃南县祁丰乡观山村，地处祁连山国家级自然保护区核心区、缓冲区、实验区及外围保护地带。

整改情况：通过实行北矿带道路封堵，拆除施工场地、炸药库等生产设施，平整场区等，已全面完成矿区生态环境恢复治理。

水电站整改与旅游项目整顿方面，张掖市通过安装生态流量下泄视频监控设备、建立水电站下泄生态流量市级在线监控平台，对隶属的 17 座引水式水电站进行 24 小时不间断记录监控；对位于缓冲区的寺大隆二级水电站及位于实验区的讨赖河三道湾等 6 座在建水电站实行全面停工、停产、停建工作，并拆除已有生产设施设备。已对祁连山自然保护区张掖境内的 11 个旅游项目实行停业整顿，已彻底关闭海潮坝旅游景区、七一冰川接待站、文殊山滑雪场。

甘肃省副省长李斌在 2018 年 9 月 28 日第三届丝绸之路（敦煌）国际文化博览会上简要总结了过去一段时期里祁连山生态环境治理取得的进展。他表示，在过去的一年多中，甘肃省委、省政府及各级相关部门通过“坚持问题导向，统筹推进退耕还林、退牧还草、退电还水、退矿还绿、退人还地五大系统修复工程”,[①] “牢固树立山水林田湖草系统治理思路，实施祁连山生态保护和综合治理规划，制定资金筹措方案，明确各级职责，加快林地、草地、湿地、冰川、保护和水土保持工程建设步伐”[②] 等举措，统筹推进祁连山国家级自然保护区重点领域整改，全面开展生态修复治理；通过研究制定《甘肃省国家重点生态功能区产业准入负面清单（试行）》和《甘肃祁连山地区自然资源资产负债表编制制度》，建立自然生态空间用途管制试点联席会议制度并制定《甘肃省自然生态空间用途管制试点技术指南》，研究注销重叠保护区和理顺保护区所涉管理机制等措施，现已基本完成保护区生态保护长效机制的建立工作。

李斌副省长表示，在深刻吸取祁连山生态破坏问题教训的基础上，甘肃省委、省政府认真学习贯彻习近平生态文明思想，树牢“四个意识”，从甘肃省“生态地位极其重要但生态基础又极为脆弱的省情”[③] 和切实加强祁连山生态环境保护和修复出发，已在积极推动经济发展质量变革、效率变革和动力变革，鼓励发展节能环保、中医药、文化旅游等绿色产业，加快推进绿色发展崛起。

三　生态文明建设新时代，祁连山国家级自然保护区如何实现绿色治理？

（一）中国已开启生态文明建设新时代

2013 年 7 月，习近平总书记强调，“走向生态文明新时代，建设美丽中国，是实现中华民族伟大复兴的中国梦的重要内容”。首次将美丽中国表述为中国梦的内容。“我们既要绿水青山，也要金山银山。宁要绿水青山，不要金山银山，而且绿水青山就是金山银山。”2013 年 9 月，习近平在哈萨克

① 《李斌副省长在“国家公园与生态文明建设”高端论坛上的主旨报告》，2018 年 9 月 28 日。
② 《李斌副省长在“国家公园与生态文明建设”高端论坛上的主旨报告》，2018 年 9 月 28 日。
③ 《唐仁健省长在“国家公园与生态文明建设”高端论坛上的主旨报告》，2018 年 9 月 28 日。

斯坦纳扎尔巴耶夫大学发表演讲，向世界传达了中国绿色发展的理念。在过去几年，生态文明理念深入人心，建设美丽中国已成为全面共识。

党的十八大以来，生态文明建设是中央主抓的重点任务之一。2016 年，中央全面深化改革领导小组会议审议通过的生态文明建设相关文件超过 20 个。2015 年底至 2017 年 9 月，中央环保督察覆盖全国 31 个省份，超过 1.5 万人被问责。中国俨然已开启生态文明建设新时代。

在十九大报告中，生态文明建设被提到更重要位置，“生态文明”被提及多达 12 次、“美丽”有 8 次、“绿色”有 15 次，且首次提出建设富强民主文明和谐美丽的社会主义现代化强国的目标。报告指出“生态环境保护任重道远”、“建设生态文明是中华民族永续发展的千年大计”，我们要“坚持人与自然和谐共生”“必须树立和践行绿水青山就是金山银山的理念，坚持节约资源和保护环境的基本国策，像对待生命一样对待生态环境，统筹山水林田湖草系统治理，实行最严格的生态环境保护制度，形成绿色发展方式和生活方式，坚定走生产发展、生活富裕、生态良好的文明发展道路，建设美丽中国，为人民创造良好生产生活环境，为全球生态安全做出贡献”。在全面建成小康社会决胜期，要“统筹推进经济建设、政治建设、文化建设、社会建设、生态文明建设”。习近平总书记强调，“我们要建设的现代化是人与自然和谐共生的现代化”，必须“形成节约资源和保护环境的空间格局、产业结构、生产方式、生活方式，还自然以宁静、和谐、美丽”“加大生态系统保护力度”。①

2018 年 5 月 18～19 日，全国生态环境保护大会在北京召开。习近平总书记在会上强调，要自觉把经济社会发展同生态文明建设统筹起来，充分发挥党的领导和我国社会主义制度能够集中力量办大事的政治优势，充分利用改革开放 40 年来积累的坚实物质基础，加大力度推进生态文明建设、解决生态环境问题，坚决打好污染防治攻坚战，推动我国生态文明建设迈上新台阶。同时，再次强调建设生态文明的重要性，并将十九大报告中“建设生

① 《习近平在中国共产党第十九次全国代表大会上的报告》，2017 年 10 月 18 日。

态文明是中华民族永续发展的千年大计”，提升为本次大会提出的“建设生态文明是关系中华民族永续发展的根本大计”。[①]

习近平同志指出，“生态环境是关系党的使命宗旨的重大政治问题，也是关系民生的重大社会问题”，然而，“总体上看，我国生态环境质量持续好转，出现了稳中向好趋势，但成效并不稳固。生态文明建设正处于压力叠加、负重前行的关键期”，因此要在“六大原则”的指导下，完成“加快构建生态文明体系”“全面推动绿色发展”“解决突出生态环境问题作为民生优先领域”“有效防范生态环境风险”“提高环境治理水平”[②] 五大任务，努力确保美丽中国目标基本实现。

习总书记的重要讲话明确了生态文明建设的战略定位和主要目标，并划定了时间表和路线图，传递出生态文明的“系统观”，也开启了我国生态文明建设的新篇章。

（二）新时期祁连山国家级自然保护区如何实现绿色治理

生态文明建设关乎人民福祉、关乎民族未来。然而，作为中国西部重要生态安全屏障的祁连山国家级自然保护区，长期以来深受破坏，生态系统愈发脆弱。2017 年甘肃祁连山国家级自然保护区生态环境问题被通报，引发广泛关注。甘青两省省委区省政府、各相关部门及社会公众开始高度重视，坚决有力落实习近平总书记重要批示精神，多措并举，对存在的问题及时采取行动，严肃问责查处，坚决整改落实，以壮士断腕之志惩处、叫停违规违禁行为，全面开展生态治理与修复。目前，祁连山保护区生态环境整治攻坚战已取得显著成效。然而，正如习总书记所言，祁连山生态环境治理同样虽有“稳中向好趋势”，但“成效并不稳固”。因此，如何在生态文明建设压力叠加、负重前行的关键期，[③] 实现祁连山国家级自然保护区的长效、绿色治理？至关重要。

① 《习近平在全国生态环境保护大会上的讲话》，2018 年 5 月 18 日。
② 《习近平在全国生态环境保护大会上的讲话》，2018 年 5 月 18 日。
③ 《习近平在全国生态环境保护大会上的讲话》，2018 年 5 月 18 日。

祁连山国家级自然保护区的诸多恶性环境问题，不仅显示了生态环境与社会发展关系的不和谐，而且折射出经济发展模式与生态治理方式存在的误区，而生态秩序的不稳定性也对政府环境治理的能力和模式提出了挑战。在此背景下，迫切需要政府在公共权力、市场机制和社会公众之间，寻求新的治理平衡点，以“善治”理念，通过政府与公民间积极而有成效的互动与合作，力求环境绩效、经济绩效和社会绩效最大化和可持续性。

1. 政府层面：树立绿色发展理念，构建祁连山生态治理长效机制

政府及相关部门要深入贯彻落实习近平总书记系列重要讲话精神，认真落实党中央、国务院的决策部署，秉持“绿水青山就是金山银山”的理念，牢固树立“四个意识”，摒弃片面不可持续的经济发展理念，努力践行绿色、循环、低碳的新发展理念，把生态文明建设放在更加突出的位置，融入经济建设、政治建设、文化建设、社会建设的各方面和全过程，积极构编制合祁连山国家级自然保护区节约资源和保护环境的空间格局、产业格局、生产方式的蓝图。

树立“坚持人与自然和谐共生，坚持绿水青山就是金山银山，坚持山水林田湖草系统治理，坚持用最严格制度、最严密法治保护生态环境”的绿色发展理念。进一步健全完善省域、省部联动国家公园管理新机制，抓紧组建祁连山国家公园管理机构，编制完成相关专项规划，科学划定功能区。完成各类自然资源统一确权登记和自然资源资产价值评估，制定自然资源有偿使用制度，稳步推进祁连山国家公园建设试点工作。加快落实重点产业准入负面清单、生态保护红线划定、国土空间开发保护、自然生态空间用途管制、资源有偿使用和生态补偿、生态文明考核评价和责任追究制度等生态环境制度，以严格的制度抓落实、促整改、守红线。在张掖等地设立国家生态文明体制改革试验区，以点带面实现祁连山生态治理全覆盖。加快推进国家山水林田湖项目实施，将符合条件的部分农牧民转化为护林人员。加快落实“河长制”，积极探索“山长制”，以祁连山国家公园建设为契机，打破行政边界约束，成立跨区域的管理和执法机构，共同保护祁连山。科学发展当地最有优势和前景，也最能实现绿色发展的现代农牧业和旅游业。加强生态环

境综合管控能力，完善生态环境监管长效机制。保障生态共享，加大科研机构生态技术的推广力度。培育环保组织，使其有能力参与生态环境治理。建立多元主体利益合作治理模式，通过政府的带动作用，充分发挥社会和市场的环境保护职能，构建“政府—社会—市场”合作治理平台，实现生态环境合作治理的良好绩效。

2. 社会层面：增强公众环保意识，充分发挥社会公众的力量

公众环境参与建立在公众具有一定环境意识和参与能力的基础上，公众的环境意识影响着公众的环境行为。祁连山地区严重的超载过牧行为，除受经济水平落后的现实胁迫外，更为根本的原因在于农牧民生态环境保护意识薄弱，并未认识到环境问题的严重性，环保参与度低，且无法承担维护生态环境的责任。因此，要通过“还权于民、信息公开、阳光行政”，赋予公众环境信息知情权、对政府和企业的环境监督权，提高公众在环境问题监督检举等方面的权威性，强化公众对公共环境的管理，提高公众环境治理参与度和热情，构建政府—企业—公众的联合与制衡关系，推动实现社会—经济—环境—生态共赢。

3. 市场层面：利益共荣，重塑企业的道德责任和社会意识

政府应出台相关法律法规，加大惩戒力度，通过严格立法和高昂的污染罚款，加大企业环境违法成本；社会层面加大对企业污染生态环境行为的揭露和检举；建立环境违法举报奖励制度，动员各种社会力量监督和限制企业环境违法行为；企业层面转变自身的发展思维，重塑自身的道德责任和社会意识，从之前注重经济利润目标转为当前维护社会生态文明建设的目标。

只有充分调动全社会的共同力量，万众齐心，才能确保祁连山生态环境治理与保护真正落地，确保祁连山生态破坏不会卷土重来。

专题篇

Special Articles

G.9

祁连山生态环境保护中公众参与的现状、困境与对策

唐亚萍　丁文广*

摘　要： 公众参与是推动祁连山生态环境保护的重要力量，环境保护事业是典型的“公众事业”。祁连山生态环境状况与周边地区公众息息相关，合理有效的公众参与可以弥补政府、市场在祁连山生态环境保护中发挥的功能与作用、改变公众在祁连山生态环境保护中参与缺失、参与功能发挥不足等现状，将更有效地改变祁连山生态环境保护问题。本报告拟对祁连山生态环境保护公众参与的现状、问题及相关对策进行探讨，以期对今后祁连山生态环境保护公众参与

* 丁文广，兰州大学资源环境学院教授、博士生导师，世界银行和亚洲开发银行社会发展专家，科技部同行评审专家与国际合作专家，主要研究领域为环境社会学、环境管理学。

提供借鉴。

关键词： 祁连山　公众参与　环境保护

祁连山位于青藏高原东北边缘，是我国著名的高大山系之一。长期以来，受气候变迁、超载放牧、人为破坏和保护手段滞后等多种因素的影响，祁连山出现了冰川退缩、水源涵养效能减弱、植被退化严重、水土流失加剧等诸多问题。尤其是近 50 年来，全球气候变化更加剧了生态环境的脆弱性。祁连山生态保护与治理一直是国家、地方政府和当地居民高度关注的重点，祁连山生态环境保护工作成效对于西部地区经济社会的可持续性，对于支撑丝绸之路经济带的建设都有着举足轻重的战略意义。

公众参与是推动祁连山生态环境保护的重要力量，环境保护事业是典型的“公众事业”。祁连山生态环境状况与周边地区的公众息息相关，环境问题涉及公共利益，具有公共性，环境保护具有公益性，这些共同决定了环境保护需要公众的参与，且环境保护正是在公众的推动下发展和成长起来的。合理有效的公众参与可以促进政府与市场在祁连山生态环境保护中现状功能与作用的发挥，改变公众在祁连山生态环境保护中参与缺失、参与功能发挥不足等现状，更有效地改变祁连山生态环境保护问题。

一　祁连山生态环境保护中公众参与的现状分析

（一）经济增速稳中略降

公众参与环境管理是指公民以及公共或私人组织为维护自身权益、促进社会公益，通过各种途径与方式表达意见、利益诉求、参与环境决策和管理的社会政治行为。20 世纪 70 年代以后，随着环境问题的恶化，公众参与环境保护与管理受到越来越多的关注与重视，不同国家公众参与环境保护的方式有所差异。

20 世纪 70 年代以前，各国公众参与环境保护的方式主要有集体游行、集体抗议、集体请愿等，这种环境保护群体性运动事件处于比较松散的状态，没有形成任何政治力量。70 年代以后，公众参与环境保护的方式逐渐向组织化发展，某些国家公众环保群体还形成了有政治影响的政党。

（二）参与环境保护的领域和范围变广

早期公众参与环境保护主要是阻止对环境的污染和破坏行为。随着人们对环境问题的进一步了解，公众对环境保护的参与不仅仅局限于对污染行为的反对，开始积极参与到环境保护的实践中。[①] 第一，公众参与更加实际，用身体力行的方式参与环境保护，从身边的点点滴滴做起，让环保变得不再只是倡导；第二，公众开始积极参与环境决策，各国环境立法过程中包含公众对环境影响评价机制，这也说明各国公众参与环境保护从松散性集体活动走向制度化和法律化。

（三）非政府组织起着十分重要的作用

环境保护非政府组织（ENGO）是公众参与环境保护的重要方式，是环境保护领域中不可缺少的重要部分。从 20 世纪 70 年代开始，ENGO 队伍迅速壮大，他们将个人、集体资源整合，解决公众群体对环境保护的需求问题，[②] 资源整合的方式使 ENGO 在公众参与过程中更能发挥优势。ENGO 由社会各个领域的人士自由参加组织而成，不同人有不同学科特长、专业技术、知识结构、思维方法等，形成了多元化群体组织，有利于从不同角度整合出更优化的问题解决方案，也有利于表达社会公众参与环境保护的意见与建议。

（四）以政府主导的“自上而下”被动参与为主

公众参与环境保护的最终目的是试图通过行动或者倡导影响政府关于环

---

① 李艳芳：《公众参与环境保护的法律制度建设》，《浙江社会科学》2004 年第 2 期。

② 李艳芳：《公众参与环境保护的法律制度建设》，《浙江社会科学》2004 年第 2 期。

境政策的制定，通过政府的努力来改善环境污染问题。公众参与环境保护的方式是多样的，美国学者安娜·布雷特尔（Anna M. Brettell）分析了我国公众参与环境保护的 5 种途径，即环境申诉体系、仲裁体系、直接公民行动、国家动员的环境运动以及环境社会组织。国内专家学者根据公众参与者的层次与渠道两个维度，将环境保护领域中的公众参与划分为四大类型：个人体制内参与、个人抗议型参与、群体抗议型参与和社会团体参与。[①] 也有学者根据公众参与的目的、渠道等将环境保护中的公众参与进行分类。根据公众参与环境保护的目的，将公众参与分为预防性参与和救济式参与。前者指为了防止环境事故的发生进行的参与，一般而言，参与决策和监督大部分是预防性参与。后者指就已经发生的环境问题与环境事故，减少被破坏的环境和受害人受到的影响，例如公益诉讼。

根据公众参与的渠道，可将公众参与分为社会组织参与和网络参与。社会组织参与指包括 ENGO 组织和社会志愿团体在内的一系列社会组织对环境问题的参与活动。网络参与指公民通过电子邮件、电子论坛等网络形式，参与影响环境政策或环境事务的行为过程。社会组织能够提供例如公众环境知识普及、环境保护宣传以及环境保护动员等服务，同时在利益表达、影响政府决策及执行方面可以发挥作用。根据参与的合法性，可将公众参与分为体制内参与和体制外参与。体制内参与包括信访制度、行政诉讼与行政复议，社会协商对话、大众传媒参与、公民旁听与听证制度等都属于体制内参与，没有触及法律。体制外参与是一种并非依据法定程序或制度规定的参与行为，群体性事件就是典型的体制外参与。

祁连山生态环境保护中公众参与的形式比较少，主要表现为环保理念的倡导。祁连山生态环境保护重要性的倡导维持时间不长，公众对该问题的了触较浅，未深入触及深层次的问题。公众参与环境保护的积极性受参与形式的影响。在公民社会构建方面西方国家发展较快，公民社会构建程度较深，所以西方国家公众对环境保护参与具有较强的权利意识，并有比较成熟的法

① 朱倩、林震：《浅议环境群体性事件中的公众参与》，《环境与可持续发展》2013 年第 3 期。

治体系。而在祁连山生态环境保护中，公众并未形成成熟的环保意识，因此公众参与方式较为单一，大多采取由政府主导的“自上而下”形式。

当前体制下，政府和环保部门对参与形式起着决定性作用，正是由于这种“自上而下”的参与形式，公众参与的积极性大打折扣。公众参与环境保护热情不够，难以保障自身的环境权利，参与环境保护最核心的元素缺失。一项美国研究者的实证分析表明：对比中美两国的环境价值观，中国民众更倾向于“新生态范式”即悲观主义。中国公众对环境问题愈加敏感，对政府在环境保护问题上的不信任度更高。

二　祁连山生态环境保护中公众参与的困境

（一）公众参与环境保护的制度保障不完善

在政府主导下的“自上而下”公众参与方式中，公众的意见与诉求被参考和聆听的机会很少。目前祁连山生态环境保护中，公众越来越意识到环境的重要性，保护环境是每一个人的责任，绝大多数人都认为应当保护环境，但是很难找到有效的行为方式使环保理念落到实际行动上。我国现行《环境影响评价法》第十一条对公众参与规定了两种主要形式——论证会和听证会，但是并没有规定程序的具体步骤。在关于祁连山生态环境保护的立法实践中，一般都邀请行政代表、环境专家和法律专家等特定范围的人参与环境立法相关座谈会、论证会。公众意见对于立法提案来说只是参考，缺少评判及采纳标准，使听取民意沦为形式，并不会对立法结果起到任何影响。《环境影响评价公众参与暂行办法》对公众参与方式做了一系列修订，扩展了参与的基本形式并规定了其适用的具体程序。但该条文适用存在诸多问题，如调查民意由政府自己制作问卷，问卷问题避重就轻；专家由政府相关单位委派，自己做裁判，难以实现公正。

关于加强祁连山自然保护区生态环境整治问题，政府提出了很多相关政策与制度，但并没有形成系统化的公众参与祁连山生态环境保护的相关法律制度体系，使公众参与缺乏法律依据与制度保障。政府信息沟通机制存在障碍，信息公开不到位，公众网络参与受阻。在以“公开为原则，不公开为例外”的政府信息公开的大背景下，虽然我国各地已经开展了公开审批程序、公布企业环境行为、公示建设项目、公布污染治理情况、举行环评听证等环境信息公开工作，公众了解环境信息的渠道越来越多，但环境信息的公开仍然不够彻底，包括政府网站建设和媒体联系等都存在许多不足之处，甚至有些地方还有故意隐瞒之嫌。这就使受害民众对信息的掌握滞后，公众参与也就难以保障。

（二）公众参与力量薄弱，参与意识不强

在政府、市场和公众力量三者中，政府力量在祁连山生态环境治理中的作用明显强化，环境问题依靠指令性法规、靠命令而治，而不是充分利用市场和社会的力量，ENGO 和公众参与环境治理的力量薄弱，影响有限。近几年，随着祁连山生态环境问题的曝光，政府对该问题的重视，公众逐渐对祁连山生态环境问题有所认识与了解，开始关注该问题。但由于公众权利意识薄弱，很少有公众认为祁连山生态环境关系到个人权利，参与积极性不强。

相关调查资料显示，44.3% 的中国城镇居民认为对于环境的破坏行为“管也没用”，9.8% 的人认为“由环保部门去管”，39.7% 的人认为“不关自己的事”。[①] 正是这种态度，使我国公众在环境领域的参与度一直较低。而祁连山生态自然保护区处于经济欠发达地区，该地区公众对于生态环境保护的参与度更低。

《中国公众环保民生指数绿皮书（2007）》显示，“在 9 个公众关注的热点问题中，环境污染问题排名第二，仅次于物价问题，与社会治安问题一起成为公众关注的三大热点，其关注比例达到了 46.1%。与 2006 年相比，提高了 3.8 个百分点。此外，66.9% 的公众认为现阶段我国环境问题非常严重和比较严重，比 2006 年增加 3.9 个百分点。从实践参与上看，我国公众参

① 卫欢：《我国环境保护公众参与的现状及缺陷》，《农村经济与科技》2016 年第 14 期。

与环境保护活动的比例非常低。国内仅有6.3%的公众在最近3个月参加过环保活动，知道‘12369’环境问题免费举报电话的人只占13.9%。”[①] 祁连山生态环境问题发展到今天，越来越严峻，而深受其害的大部分老百姓只是停留在对环境问题的抱怨中。即使有将观念转化为环保行动的现象，也只是个别人的单枪匹马、孤军奋战。

（三）公众参与主体不明确，公众参与范围较小

我国《环境保护法》第六条对环境保护参与的主体做出明确规定：“一切单位和个人都有保护环境的义务”。从上述法律规定看，结合我国《环境保护法》的立法目的，我国环境保护公众参与的主体应当具有多元性，参与范围也较广。该规定中明确表明政府机构、专家学者、社会组织和普通公众都有保护环境的权利和义务。作为环境保护领域最高效力的法律，《环境保护法》强调了公众参与主体多元化的理念，具有很强的引领意义。但是，在该法律实践中效果并不明显，除了《环境保护法》外，环保领域的其他法规制度在涉及公众参与主体时依旧保守，导致公众在参与具体的环境保护事务时受到主体资格限制而被拒之门外。《环境影响评价技术导则——公众参与（征求意见稿）》将公众主要限定于“环境影响评价涉及的核心公众群”，并明确规定“保证他们以可行的方式获取信息和发表意见”，该“核心公众群”主要包括三类人：①受建设项目直接影响的单位和个人；②项目所在地的人大代表和政协委员；③有关专家。在实践中，很多公众因为跟自身利益无关，不会过多关注，而有些真正与环境关系密切的公众，在具体的环境问题中因为缺乏途径等原因难以真正行使自己的权利。

除主体范围不明确以外，现行立法还存在一个普遍性问题就是公众参与的范围较小。除环境影响评价领域的立法外，大部分立法仅对公众参与范围做了原则性规定。由于没有具体规定，公众在行使权利时可能会被认为超出了法律所规定的参与范围，而为了避免纠纷，公众往往会选择消极做法，对

① 李咏梅：《农村生态环境治理中的公众参与度探析》，《农村经济》2015年第12期。

于国家和政府倡导的环保行为没有积极性。从目前相关规定来看，公众参与的范围大小不一、规定五花八门，导致公众参与在环境保护过程中不明确自己可参与的范围，造成权利行使空白或者过度。适当可行的参与范围对公众充分行使权利、完善环境保护制定有极大的促进作用。在祁连山生态环境保护中公众参与也面临以上问题，公众参与主体不明确导致与祁连山保护区有直接利益关系的群体和没有直接关系的公众，在面对祁连山环境问题时很有效地行使权利。

（四）公众参与途径不够通畅

目前公众参与环境保护的途径主要有以下两种。第一，参与环境相关的立法活动，在政府相关部门的主持下，通过相关机构提供的平台，公众对某些涉及环保问题的法律制度提出自己的意见和建议。近年来，该方式在法律颁布过程中起到一定作用，也得到相对广泛的实践，但总体来说公众意见对环境立法结果的影响微乎其微。第二，参与环境保护的群体性活动。虽然我国宪法规定了公众有请愿和游行示威的自由，但是必须经过严格的层层审批才能按照设定时间和地点进行，因而，通常情况下，有关环境保护的请愿与游行示威活动较少。

除上述形式外，在实践中我国环境保护公众参与的途径还包括网络媒体曝光、网络投票、网络留言、短信参与等。这种利用网络媒体充分调动公众积极性、促使公众参与环境保护的做法，在现阶段已经取得一定成效。但上述方法依托互联网时代强大的数据运载和利用能力，必须以完善的立法作为支撑。

祁连山生态环境保护问题在前期被公众曝光多次，但是公众意见缺乏有效的传达渠道，导致未引起重视。祁连山生态环境保护公众参与途径有较大局限性，缺乏有效的快速回应机制。

（五）社会组织参与程度较低，作用没有发挥到位

近几年，ENGO 为环境保护普及工作打下了基础，但在参与环保决策、

影响环保措施方面的作用和影响很微弱。面对复杂严重的祁连山生态环境问题，政府采取措施的局限性日渐凸显，加入社会组织力量，协调政府、企业、社会组织三者力量共同发展是保护祁连山生态环境的重要趋势。如果缺少社会组织，企业和政府缺乏有效的监督者。虽然政府有相关的环保监督部门，但是没有外来力量的监督，很难杜绝政府部门监管不力情况的出现，因此社会组织在保护环境方面具有重大作用。

目前由于社会、历史、经济原因，ENGO 的社会认同度不高。首先，我国 ENGO 的非营利性和筹资能力有限，主要依靠政府提供的财政拨款和环保基金会等的支持，呈现依附性发展特征。这些原因直接导致公众对社会组织的社会活动合法性的质疑。其次，ENGO 自身能力有限，专职人员较少，志愿者缺乏，且很多社会组织吸收机关事业单位离退休人员和下岗分流人员，其知识技能相对欠缺，缺乏创新性和灵活性，应对群体性事件的能力欠佳。最后，传统的以政府为单一主体的管理机制依然存在。在社会组织参与预防群体性事件时，部分地方官员会依靠政府的资源调配和行为控制能力，采取紧急行动进行社会控制，或直接出面干涉非政府组织参与群体性事件预防。这种试图单独依靠政府行动来解决问题的行为，不利于 ENGO 作用的发挥。

三　祁连山生态环境保护中公众参与对策建议

（一）政府政策推动公众参与

1. 建立健全相关法律体制，保障公众参与环境保护的合法性

自然保护区涉及森林、湿地、荒漠以及海洋等区域的生态状况复杂多样、环境问题各不相同，因此难以形成一部涵盖全面的森林公园保护法。划定生态红线，制定领导干部自然资源资产离任审计的试点制度，在事前、事中、事后环节对地方环境保护工作进行全面系统的规范，进而保障公众在祁连山生态环境保护中的权利与义务。

同时，政府应建立多种渠道完善对话机制，健全公众参与表达机制，倾听公众意见，提高公众参与度，建立民众举报投诉、听证、环评公众参与、新闻舆论监督、环境质量和污染事故等环境信息公开体系，切实保障公众的环境知情权、参与权、议事权和监督权，使政府决策真正反映民众意愿，更加符合民众利益。[①] 创新公民利益诉求表达的参与方式，让公民在体制、法律框架内参与，尽可能降低公民参与的“非理性”和暴力。例如建立环境信息披露平台、环境项目公告网站，在居民区张贴项目或工程信息，鼓励公众通过电话、电邮、QQ 或微信表达环境污染情况等，提高环境决策的民主化和科学化。

2. 建立信息公开机制，保障公众对国家公园建设管理的知情权、监督权和参与权

政府部门应该充分利用各种媒体力量，发布真实有效的相关信息，让公众能够及时、准确了解自身周边环境的变化，保障公众对国家公园建设管理的知情权、监督权和参与权。鼓励公众在环境项目引入前期及时参与政府决策，增强事前监督作用，避免只有污染性的企业和项目落地，破坏祁连山保护区生态环境。

3. 注重社区利益，构建社区共管机制，受影响的群体参与自然保护地的保护

由于我国国情异于他国且人口密度大，自然保护区建设初期，并未过多考虑社区利益，很多土地权属、生计资源供给问题等都是历史遗留问题。多年自然保护区管理工作的开展，解决了部分纠纷，但并没有从根本上解决社区对保护区资源的依赖问题，制止周边居民进入保护区砍伐树木、偷猎野生动物以及采摘珍稀植物等一系列破坏行为。究其原因，是我国自然资源与环境保护体制存在一定问题。建议考虑适当分享旅游收益给社区居民，给当地居民带来一定的收益，并鼓励当地居民主动建设保护区，形成理想的发展模式。

---

① 朱倩、林震：《浅议环境群体性事件中的公众参与》，《环境与可持续发展》2013 年第 3 期。

4. 对公众开展环境立法培训和教育

立法教育的目的是培训公众熟悉我国环境立法程序、公众参与的途径及参与方法等，推动公众参与环境立法。及时开展环境教育能提高农牧民的环保意识。建议利用保护区内少数民族良好的传统生态自然观，提高公众对祁连山生态环境保护的参与度。在确立公民环境权基础上开阔公众的环境道德意识视野，提高对待环境问题的觉悟。调动社会各方面的力量，充分发挥机关、媒体、学校、单位、社区等各组织的作用，深入群众，以社区为单位，进行环境宣传教育。大力宣传环境保护的意义，使人们认识到环境问题的危害性，增强公众环境保护的责任感和使命感。完善环境教育体制，并向规范化和制度化方向发展。

（二）社会组织带动公众参与

1. ENGO 加强自身能力建设，提高事件处理能力

ENGO 作为社会环保力量的代表，凭借其非政府性、公益性、专业性等特点，搭建政府、企业和公众之间的桥梁，团结、凝聚各社团组织以及各方力量，加强环境监督，维护公众和社会环境权益，正逐步发展成为推动环境保护事业发展不可或缺的力量。为了更好地带动公众参与环保，一方面 ENGO 应提高自身能力，拓宽筹资渠道，提升筹资能力，摆脱过度依赖政府支持的状态，在争取政府财政支持的同时，积极开拓新的筹资模式。另一方面，加强人力资源的开发，提高组织能力，既要善于利用志愿者资源，又要善于引进人才，尤其是要引进职业化、专业化水平高的精英人才，建立完善长效的学习培训机制，提高成员的业务水平和专业能力。

2. ENGO 积极参与保护区相关立法的制定

中国《立法法》第 34 条和第 58 条对公众参与国家法律和行政法规的制定进行了明确规定，鼓励公众参与立法已经成为国家立法的基本原则。相对而言，国家立法对国家宏观环境利益的影响胜于对公众利益影响。这种情况下，公众“搭便车”的心态会更强，个体参与积极性不高。祁连山生态环境保护中公众参与较弱，社会力量较少，需要 ENGO 积极参与，对

相关立法提出科学合理的建议，防止发生“搭便车”心态产生的“参与真空”。

3. 加强与当地企业、公众的合作

ENGO和当地企业都是祁连山生态环境保护与修复的治理主体，为提高治理效率，需要二者进行合作。企业在生产设备改造升级、环保设施更新、防治污染等方面都需要专业人士的指导，ENGO在清洁环保生产、污染防治方面拥有专业人才、知识和技术优势，能够为企业提供更好的建议和技术指导，帮助企业将防治污染工作做得更好。企业则可通过向ENGO购买服务的方式来提高环保水平、减轻负担，同时促进ENGO的发展。

农牧民和ENGO在祁连山生态环境保护与修复中均需要提高能力。农牧民需要ENGO的宣传教育和悉心指导，ENGO工作的顺利开展离不开农牧民的信任与支持。双方相互信任、协调行动才能提升能力，为祁连山生态环境保护与修复做出更大贡献。

（三）个体公众提高自身参与度

1. 发挥基层群众自治组织作用，主动参与

居民委员会或村民委员会是代表居民或村民意愿的组织，在环境影响评价中发挥着其他组织不能替代的作用。基层自治组织与居民的关系密切，可以及时聆听居民的心声，并将从居民中收集的反馈进行整理、分析，提高公众参与环境影响评价的效率，同时避免单个公民参与不足。作为基层群众应该积极参与环境自治组织，通过组织使自身成为具有环境权益的独立主体，享有就涉及自身环境权益的政府行为和企业行为与相关方进行有序协商谈判的权利。建立公众与政府平等对话的自组织，参与环境公共事务的决策、管理和监督，保证与政府共同形成公共权威和公共秩序，实现“善治”局面。环境自治组织应该充分利用各个成员掌握的人力、物力或财力资源，弥补行政管理可能出现的缺陷。

2. 进一步增强生态环境保护意识，提高对祁连山生态环境保护建设的认识程度

祁连山生态保护区的牧民应转变观念，珍惜爱护环境，提高自治能力和

参与能力，强化与政府的合作水平。认识到自己既是祁连山生态环境保护与修复的“被管理者”，又是“治理主体”，改变“靠山吃山、靠水吃水”的陈旧观念，积极转变生产生活方式，与政府密切合作，守住青山绿水，共建美好家园。另外要提高对生态环境保护的认识，使生态环境在治理之前得到有效保护，降低环境治理难度。

3. 加强与政府的有效合作，共同实施环境法律

应对祁连山生态环境破坏的有效手段，不应是强有力的政府主导，也不是彻底的私有化而是“善治”，即吸收和利用社会公众力量参与国家事务、社会事务的组织和管理，通过国家权力向社会的回归来实现良好治理。在某种程度上，“善治”的实现需要政府与公民开展积极而有效的合作。环境保护不是与政府或者他人有关的事情，而是公民自己的事情。建议转变传统的一元行政化管理模式，发展政府、社会组织、企业和公众共同参与的社会治理体系，加强当地社区居民、牧民与政府的有效合作，共同改善祁连山的生态环境状况。

G.10

祁连山民族文化与国家公园建设

王海飞　安冬·萨娜*

摘　要： 祁连山－河西走廊是多民族交往、交流和交融的民族走廊地域，历史上众多少数民族部落在此繁衍生息并相互融合，最终形成今日多元一体之格局。今天，祁连山丰富的生态系统及强大的生态调节功能持续地为西北的长治久安和发展实践提供了坚实的保障。河西走廊少数民族集中聚居于天祝藏族自治县、肃北蒙古族自治县、肃南裕固族自治县以及阿克塞哈萨克族自治县等四个少数民族自治县，这四个少数民族自治县人民生产生活的维持以及经济社会健康、持续发展均离不开祁连山生态系统的良性运行。在祁连山国家公园创立过程中，如何立足于已有历史实践，借鉴外部经验，构建人与自然共同和谐发展的生态文明体系，为世界生态秩序提供中国经验和理论贡献，是需要面对的题目。本报告尝试在梳理外部经验、本土生态知识和历史实践过程等问题的基础上，就祁连山世居各少数民族与国家公园建立之间的关系、国家公园的建立对少数民族生计与游牧文化去向的影响以及祁连山国家公园生态发展愿景等方面做出思考和讨论。

关键词： 河西走廊　少数民族　祁连山国家公园　游牧文化

---

* 王海飞，民族学博士，兰州大学西北少数民族研究中心、历史文化学院教授、博士生导师，主要研究方向为民族学、民族社会学、影视人类学以及河西走廊生态文明建设与各民族文化变迁；安冬·萨娜，兰州大学民族学硕士，主要研究方向为民族迁徙与文化变迁、河西走廊民族地区生态文明建设。

一　国外国家公园概况及国家公园与当地居民的关系研究

1872年，美国建立了世界上第一个国家公园——黄石国家公园，继美国建立国家公园之后，许多国家也相继建立起自己的国家公园，虽然各个国家对国家公园的定义有所不同，但都秉承着保护生态环境、保证物种繁衍的原则，以“人类命运共同体”为共识而建立。国家公园保护着自然生态环境，同时也有科学研究、环境保护、思想培育、科学教育、自然游憩等多重功能。近年来，世界各国国家公园也都逐步开始尊重国家公园内及周边的居民和当地的文化价值，尊重当地居民和社区的权利。同时，美国、日本、加拿大、澳大利亚等国家都颁布了相关法以保障当地居民的土地、居住等权利。对国外国家公园的研究对于我国国家公园的建设发展具有重要意义。

（一）美国国家公园与当地居民的关系

美国将国家公园定义为：“国家公园是由国家政府宣布作为公共财产而划定的以保护自然、文化和民众休闲为目的的区域。”美国国家公园的当地居民包括美国印第安部落（American Indian Tribes）、夏威夷当地居民（Native Hawaiians）、太平洋岛民（Pacific Islander）和加勒比岛民（Caribbean Islanders）。美国陆地上的国家公园有一大部分土地是美国印第安部落繁衍生息的家园。纵观美国国家公园的发展过程，美国国家公园与当地居民的关系经历了排斥——权利限制——合作管理——认可的发展脉络。①

美国早期的国家公园大都建构在印第安人的家园之上，印第安人却遭到驱逐，黄石国家公园建立的历史即为国家公园与当地居民关系的缩影。黄石地区最早的居民是印第安人，印第安人活动在黄石峡谷地区，随着季节变换

① 廖凌云、杨锐：《Garden 园林》2017年第2期，第28页。

改变驻地。他们用火清理道路、驱赶猎物、焚烧树木、管理作物等，改善了自身生活环境和生产条件，也塑造了黄石地区多样化的生态系统。1872 年，黄石国家公园建立初期的管理模式是将当地居民排除在外由中央政府主导的集权管理模式。《黄石公园保护法》（*Yellowstone National Park Protection Act*）并未就印第安人的权利问题做出任何制度性安排，并规定“划定为公园土地上定居或占据的人，将被视为入侵者而遭到驱逐”。20 世纪六七十年代，随着美国少数族裔权利运动的兴起，印第安人开始积极争取他们在国家公园的传统权利，最终在部分国家公园中的狩猎、采集、捕鱼、祭祀等权利重新获得了认可，印第安人得以回归国家公园。

1971 年，美国颁布阿拉斯加当地居民土地权处理法（*Alaska Native Claims Settlement Act*），承认了阿拉斯加州当地居民的土地所有权。阿拉斯加地区在扩建的国家公园内划定了当地居民的居住区，并允许当地居民对鱼、野生动植物及其他可再生能源的传统利用。1981 年，阿拉斯加土地保护法（*Alaska National Interest Lands Conservation Act*）通过后，迪纳利国家公园和保护区（Denali National Park and Preserve）成立。在公园扩展区域内，当地居民的居住、传统生计权利得到阿拉斯加土地保护法的认可和保障。目前，约 300 多名当地农村居民有资格在迪纳利国家公园和保护区内延续对鱼、野生动植物及其他可再生能源的传统利用。[①] 目前，美国国家公园管理局与美国印第安部落建立开放的合作关系，以帮助部落保持他们的文化和精神实践，并加强公园管理局对公园内资源和遗址历史和意义的解说教育。

（二）日本国家公园与当地居民的关系

1931 年日本成立国立公园协会，1957 年《自然公园法》对上一法令进行了修订与完善。1972 年日本颁布了《自然环境保全法》，20 世纪七八十年代国家公园内的土地被合理划分，1993 年形成自然保护的综合性立法、倡导野生生物保护和林地保护。根据日本的《自然公园法》，日本的国家公

① 廖凌云、杨锐：《Garden 园林》2017 年第 2 期，第 30 页。

园分为国立公园（国家公园）与国定公园（准国家公园）。在日本环境省有专门负责国家公园的自然环境局国立公园课，该部门按地区下设11个自然保护事务所（北海道东部、北海道西部、东北地区、关东北部地区、关东南部地区、近畿地区、中部地区、山阴地区、山阳地区、山阳四国地区、九州地区及冲绳奄美地区）。每个自然保护事务所负责其区域内的国家公园。有些国家公园可能存在跨越多个地区的情况，因此各自由不同地区自然保护事务所负责。而国家公园具体事务的管理则由自然保护事务所负责。有些国立公园数量较多的地区，还会增设自然环境事务所，但是在国家公园的实际管理中一般都会采用公园管理团体制度，以便更好地协调公园内的多方利益。公园管理团体是为推进公园保护与管理，由民间团体或市民自发组织的，经国立公园上报，环境大臣认可的公益法人或非营利性活动法人（NPO），全面负责公园日常管理、设施修缮和建造，以及生态环境的保护、数据收集与信息公布。①

日本的土地所有权较复杂，因此其管理模式要相对复杂得多，各级利益主体关系复杂，所以日本国家公园在管理上实行统一规划，对公园内的旅游活动的范围、内容做出严格规定。由于欧亚地区不同于北美洲国家的地广人稀，受国家所处地域环境的影响，日本对国家公园的开发强度增大，形成了中心保存地区、周边保全地区、完全保护区的分区方式，其周边保全地区、完全保护区的面积占比要远远高于其核心保护区。② 因此，日本国家公园的建立势必离不开与当地居民的协调与商议，也离不开当地居民的背井离乡与生计方式的变更。

境外国家公园的建立与运行虽然日趋成熟和完善，其先进的生态保护理念和管理体系也逐渐影响着全球，对国内国家公园的建设有一定的借鉴价值，但也存在一些悬而未决的问题和惨痛教训。所以完全照搬国外体制必然是行不通的，需要结合中国的国土面积、特殊的地理环境和人口密度等因素

① 许浩：《日本国立公园发展、体系与特点》，《世界林业研究》2013年第6期。

② 刘健：《法国国土开发政策框架及其空间规划体系特点与启发》，《国外规划研究》2010年第8期。

来建立和完善，积极借鉴国际经验、吸取相关教训，重视传统文化的保护与利用。

二　祁连山公园建设及当地少数民族生产生活状况

中华人民共和国的自然保护区分为国家级自然保护区和地方各级自然保护区。1956 年，我国建立了第一个自然保护区——张家界国家森林公园，经过半个世纪的发展，又陆续设立了自然保护区、风景名胜区、国家森林公园、国家地质公园、国家湿地公园等多种类型的保护区，如青海三江源国家公园、湖北神农架国家公园等。截至 2013 年底，我国国家级自然保护区的数量已达 407 处。

（一）祁连山国家公园概况

祁连山东西长千余公里，南北宽约三百公里，是青藏高原和河西走廊之间的天然屏障。在祁连山区，海拔 4500 米以上的诸山顶覆盖着无数冰川；冰川以下至河谷平地之间的半山腰，分布着大片森林草山；诸山之间的河谷十分开阔，地势平坦，水源充足，是最优良的天然牧场。祁连山的地理特征和最优良的草场分布决定了祁连山区的游牧传统。在历史上，凡游牧于祁连山区的各民族，均不以祁连山主峰为界，而是游牧于祁连山南北。新中国成立后，于 1954 年建立了阿克塞哈萨克族自治县，同时建立的还有肃北蒙古族自治县和肃南裕固族自治县。三个自治县的牧地均不以祁连山主峰为界，而分布于主峰南北的祁连山腹地。北至祁连山北麓，同河西走廊的农业区交汇，南向青藏高原和祁连山的分水岭延伸。也就是说，在祁连山西部，南麓的优良牧场多为三个自治县所占据。①

1986 年 10 月 15 日，甘肃省人民政府向原林业部请示，呈请将祁连山保护区划分为国家级自然保护区。1987 年 10 月 24 日，甘肃省人民政府批

---

① 高自厚、贺红梅：《裕固族通史》，甘肃人民出版社，2003，第 156 页。

准祁连山自然保护区为省级自然保护区。1988 年 5 月 9 日，国务院发布《关于公布第二批国家级森林和野生动物类型自然保护区的通知》，标志着祁连山自然保护区已经成为国家级森林和野生动物类型自然保护区之一。

甘肃祁连山国家级自然保护区地处青藏、蒙新、黄土三大高原交汇地带的祁连山北麓，属森林生态系统类型的自然保护区，总面积 265.3 万公顷，以青海云杉、祁连圆柏、蓑羽鹤等生物为保护对象。

2017 年 7 月，甘肃多名官员因祁连山生态问题被问责，《甘肃祁连山国家级自然保护区生态环境问题的通报》直指祁连山存在违法违规开矿、水电设施违建、偷排偷放、整改不力等行为。2017 年 9 月，中共中央办公厅、国务院办公厅印发了《祁连山国家公园试点体制方案》，确定了祁连山国家公园体制试点基本原则、目标定位、主要任务及范围面积，涉及甘肃、青海两省，总面积达 5.02 万平方公里。甘肃省片区涉及肃北蒙古族自治县、阿克塞哈萨克族自治县、肃南裕固族自治县、民乐县、永昌县、天祝藏族自治县、凉州区和中农发山丹马场 8 县（区、场），包括甘肃祁连山国家级自然保护区、甘肃盐池湾国家级自然保护区、天祝三峡国家森林公园、马蹄寺省级森林公园、冰沟河省级森林公园等保护地，面积达 3.44 万平方公里，占祁连山国家公园总面积的 69.53%。[①]

根据国家公园功能区划原则，甘肃省祁连山国家公园协调推进组办公室将祁连山生态保护区优化勘界。优化勘界前，国家确定的甘肃省片区总面积为 3437594 公顷。优化勘界后，甘肃省片区位于东经 94°50′12″~102°59′8.0″，北纬 39°47′14″~36°46′15″，西南以甘青省界为界，东南以永登县相邻，西北与阿克塞、肃北县接壤，东北与肃南、民乐、永昌、凉州区、天祝县相连，总面积 3437629 公顷，与《祁连山国家公园体制试点方案》一致。其中：核心保护区面积 982270 公顷（共 8 块），占总面积的 28.57%；生态修复区面积 610808 公顷（共 16 块），占总面积的 17.77%，传统利用区面积 1723118 公顷（共 19 块），占总面积的 50.13%；科普游憩区面积 121433 公顷（共 29 块），

① 甘肃省林业厅：《祁连山国家公园甘肃省片区范围和功能区优化勘界方案》，2018 年。

占总面积的3.53%。甘肃省片区涉及肃北蒙古族自治县、阿克塞哈萨克族自治县、肃南裕固族自治县、民乐县、永昌县、天祝藏族自治县、凉州区和中农发山丹马场、国营鱼儿红牧场、国营宝瓶河牧场等10县（区、场）。其中国营鱼儿红牧场、国营宝瓶河牧场优化勘界前已在公园范围内，系省属国有企业，行政界线在肃北、肃南县境内，不隶属肃北、肃南县管理。

（二）当地各少数民族生产生活发展概况

自张骞凿空以来，河西走廊逐渐步入中华民族历史发展舞台并伴随特定的时代背景，或喧嚣繁华，或沉寂衰败，其作为多民族聚居融合的地域基础却未曾改变过。历史上众多少数民族部落在此繁衍生息并相互融合，最终形成今日多元一统之格局。新中国成立后，基于历史缘由及各少数民族自身意愿，相继于河西走廊地区成立了天祝藏族自治县、肃北蒙古族自治县、肃南裕固族自治县以及阿克塞哈萨克族自治县。从地图上看，四个自治县大致沿走廊南部庞大的祁连山系呈西北—东南走向依次坐落，祁连山系丰富的冰雪融水及强大的生态调节系统为各自治县创造了生命成长的沃土，使地处西北内陆、降水稀少的干旱地带生出片片草原与点点绿洲，孕育了灿烂的文化。因此，河西走廊四个少数民族自治县生产生活的维持以及经济社会健康、持续发展均离不开祁连山系生态系统的良性运行。也可以说四个少数民族自治县境内祁连山区的生态状况是认识整个祁连山系生态系统的基础，更是研究、反思河西走廊地区生态现状的基础。以下就祁连山区四个自治县境内各民族历史分布、生态状况及社会发展进行概括总结。

1. 肃北蒙古族自治县

肃北蒙古族自治县位于河西走廊西端，其辖地分为南北两部分，分别位于河西走廊南北两侧。肃北秦代时是月氏、乌苏、匈奴的牧地，到汉武帝战胜匈奴在河西走廊设立河西四郡后，属敦煌郡的辖地。历经突厥、吐蕃、回鹘、党项经营，元时属沙州路，明初设置关西七卫，后闭关弃卫，清代设置五卫，民国时期属七区专员公署，至新中国成立，设立肃北蒙古族自治县。主要有蒙古族、汉族、藏族、回族以及裕固族等民族。其蒙古族主体构成以

18世纪后期青海北部蒙古族迁徙部落为主。

县域南部便是祁连山区，也称作南山，“主要包括三条西北—东南走向平行而高峻的山岭，自北而南依次为野马山—大雪山、疏勒山；野马南山—疏勒南山；党河南山”。① 众多河流发源于此或流经于此，主要有4条常年性河流：疏勒河、党河、石油河及石包城河，其中疏勒河是甘肃省河西走廊内流水系的第二大河。同时南山分布的大量冰川资源也是河流重要的补给来源。“根据中科院兰州冰川冻土研究所《中国冰川目录》祁连山区资料，肃北南山境内分布冰川975条，面积849.18平方公里，储冰量45.736立方公里。”② 得益于丰富的水资源和山岭之间较为平坦的盆地，南山形成了诸多天然草场，其“天然草场总面积2.53万平方公里，其中可利用草场面积占草场总面积的80%”，③ 这些天然草场又可按其气候、水分条件以及草质优劣划分为不同的类别放牧不同类型的牲畜。在南山地区有大量的湿地资源，“总面积7403.6公顷，其中河流草丛湿地面积5023公顷，沼泽湿地面积2380.2公顷”，④ 具有强大的生态净化作用，是南山地区生态系统的重要组成部分。由于南山境内丰富的生态资源及其重要的生态调节功能，国家在南山东南部设立了甘肃省盐池湾国家级自然保护区。保护区内有诸多高原珍稀动物，祁连山接近一半的冰川分布其中，成为周围河流重要的水源补给处。人口分布方面，“保护区内2000年3乡共有人口1743人，其中少数民族1498人，占总人口的86%，少数民族包括蒙古族、藏族、裕固族等，以蒙古族为主”。⑤ 居住在保护区内的居民以牧业为主要生计，兼营农业。北部马鬃山区是肃北县的一块“飞地”，位于河西走廊西北端，与蒙古国接壤。整个地区的地貌类型主要为山体、戈壁、准平原以及盆地。北山区“天然草场总面积2.84万平方公里，其

① 肃北蒙古族自治县志编纂委员会：《肃北蒙古族自治县志》，甘肃人民出版社，2014，第74页。

② 肃北蒙古族自治县志编纂委员会：《肃北蒙古族自治县志》，甘肃人民出版社，2014，第104页。

③ 肃北蒙古族自治县志编纂委员会：《肃北蒙古族自治县志》，甘肃人民出版社，2014，第1244页。

④ 肃北蒙古族自治县志编纂委员会：《肃北蒙古族自治县志》，甘肃人民出版社，2014，第108页。

⑤ 刘迺发、张惠昌、窦志刚主编《甘肃盐池湾国家级自然保护区综合科学考察》，兰州大学出版社，2010，第199页。

中可利用面积占草场总面积的50%”。[①] 同时北山区草场以荒漠型为主，植被覆盖程度低。总体来看南山区的草场相对于北山区利用程度高、质量好。此外，肃北县境内储存着丰富的矿产资源，河西走廊历史闻名的72道金沙沟金矿就在肃北县南山区内，因此吸引了众多矿厂在此投资，也招来了许多不法之徒在此偷矿，给南山区和北部区的生态环境造成巨大破坏。

肃北县2010年完成退牧还草项目围栏建设任务160万亩，2011年完成退牧还草项目围栏建设任务140万亩，2013年退牧还草工程安装网围栏80万亩，2015年重点实施80万亩退牧还草工程建设项目。[②] 因为肃北境内草原多为荒漠型，生态系统脆弱，所以长期坚持实行的草原生态保护政策对于境内草原的恢复和保护具有重要意义。

此次祁连山国家公园优化勘界，肃北县境内调出面积为58256公顷。一是将刀岗沟、疏勒河以及西香毛山一带、龚岔村以北戈壁、哈十哈尔村南部，处在国家公园边界区域的乡镇驻地、居民区调出；二是将扎子沟、鱼儿红区域的军事设备调出；三是将盐池湾乡驻地以南已规划为肃北盐池湾直升机备降机场调出；四是对公园边界依据地形地貌走向和行政界线进行优化处理。调入面积为59933公顷。一是将鱼儿红平大阪以西、大井泉北戈壁、党河南山北戈壁和党河湿地东北片调入，属重点公益林，植被盖度较好、人为干扰小；二是将党河湿地西北片及野马河水源地调入；三是对公园边界依据地形地貌走向和行政界线、乡村界进行了优化处理。[③]

2. 阿克塞哈萨克族自治县

阿克塞哈萨克族自治县位于河西走廊西端，向西延伸的祁连山脉与阿尔金山东部山脉于境内的当金山处连接，横贯全境。祁连山西端支脉赛什腾山、土尔根坂达及党河南山与当金山、阿尔金山等山脉错落分布，使阿克塞和肃北南山相似，境内山岭交错、地形复杂多样，总体来看，阿克塞地貌类

---

① 肃北蒙古族自治县志编纂委员会：《肃北蒙古族自治县志》，甘肃人民出版社，2014，第124页。

② 《肃北年鉴》（2011～2012综合卷）、《肃北年鉴》（2015）。

③ 甘肃省林业厅：《祁连山国家公园甘肃省片区范围和功能区优化勘界方案》。

型以山地、戈壁及沙漠为主。县境内的河流和冰川主要分布在祁连山西端支脉及阿尔金山间，主要河流有大哈尔腾河、小哈尔腾河和安南坝河三条，据考察“县内有冰川面积349平方公里，蕴藏水量198亿方，全县有37条河流，年径流量达8.8亿方，水能蕴藏量为7.59万千瓦。并有丰富的地下水资源，可开采量为3.98亿方”。[①] 可见阿克塞县有着优越的水资源条件，但要说明的是这些水资源在县境内分布不均衡且可供人们生产生活直接利用的水资源有限。此外，境内的野生动物资源同样丰富，栖息着众多国家保护动物，有野骆驼、野牦牛、野驴、盘羊、藏原羚、黄羊以及雪豹等，因此在祁连山系与阿尔金山境内成立了多个野生动物保护区。例如安南坝野骆驼自然保护区、阿尔金山盘羊自然保护区及大小苏干湖候鸟自然保护区等。由于优越的水资源条件及山地中湿润的气候条件，在山脉的山前坡地与山脉间的盆地之中形成了诸多天然草场，主要有花海子、前山、哈尔腾以及安南坝等草场。截至2002年底，全县“牧草地1845.08万亩，占土地总面积的36.07%，其中天然草地占99.9%”，[②] 由于拥有良好的天然草场，所以一直以来畜牧业是阿克塞的主要经济来源。到2011年国家开始实施第一轮草原奖补政策，阿克塞县基本草原划定草地总面积4330.933万亩，其中放牧草地3367万亩。[③] 可见近十年间阿克塞县草原开发及利用面积大幅增长，并成为全县最大的土地类型及陆地生态系统。耕地方面，据统计，截至2002年，阿克塞耕地面积为1498.6亩，占土地总面积的0.003%，2014年全县耕地面积4387亩，2016年耕地面积为5485.2亩，[④] 从统计数据可以看出，阿克塞县2002～2016年耕地面积虽有所增加，但增幅较小。

---

① 阿克塞县志编纂委员会：《阿克塞哈萨克族自治县志（1988～2002）》，敦煌文艺出版社，2004，第185页。

② 阿克塞县志编纂委员会：《阿克塞哈萨克族自治县志（1988～2002）》，敦煌文艺出版社，2004，第136页。

③ 阿克塞县草原生态保护补助奖励机制政策领导小组办公室：《草原生态保护补助奖励机制政策宣传册》第5页。

④ 阿克塞县志编纂委员会：《阿克塞哈萨克族自治县志（1988～2002）》第136页。《2014年阿克塞县国民经济和社会发展统计公报》第33、35页。

阿克塞历史上是少数民族活动的区域，“据有关史料记载，先后居住过羌人、大小月氏、乌孙、匈奴、吐蕃、鞑靼、回纥、蒙古等”①，春秋战国时期是乌孙、月氏、羌及西戎的驻牧之地，后被匈奴占领，直到西汉王朝设立河西四郡，属敦煌郡管辖，唐及五代属沙州辖区，而“明末清初被蒙古固实汗划在左翼牧地内，由青海厄鲁特蒙古部落游牧”，② 直到清乾隆时期，由青海北左翼右旗色勒屯等部落的蒙古族放牧，民国时期新疆阿勒泰、哈密和巴里坤一带的哈萨克族因不堪当地政权压迫迁徙至甘肃、青海境内，其中一部分游牧于阿克塞境内及周边。新中国成立后设立了以哈萨克族为主体，同时包括大量汉族以及部分藏族、回族、维吾尔族等民族的阿克塞哈萨克族自治县。

表 1　2014 年和 2016 年阿克塞县乡村从业人员行业分布统计

单位：人

年份	农林牧渔业	工业	建筑业	批发、零售业	住宿、餐饮业	乡务管理
2014	1389	125	109	127	23	55
2016	1389	125	109	127	23	55

资料来源：《2014 年阿克塞县国民经济和社会发展统计公报》第 27、28 页；《2014 年阿克塞县国民经济和社会发展统计公报》第 26、27 页。

表 2　2014 年和 2016 年阿克塞县乡村从业人员农林牧渔业分布统计

单位：人

年份	农业	林业	牧业	渔业
2014	508	0	881	0
2016	508	0	881	0

资料来源：《2014 年阿克塞县国民经济和社会发展统计公报》第 27、28 页；《2014 年阿克塞县国民经济和社会发展统计公报》第 26、27 页。

① 阿克塞哈萨克族自治县地方志编委会：《阿克塞哈萨克族自治县志》，甘肃人民出版社，1993，第 42 页。

② 阿克塞哈萨克族自治县地方志编委会：《阿克塞哈萨克族自治县志》，甘肃人民出版社，1993，第 39 页。

由表1、表2可知，目前阿克塞县乡村人员生计方式多元，但仍以农业与牧业为主，且牧业所占比重更大。一定程度上也说明了县内乡村人员对土地尤其对放牧草地依然有较大需求。

草地资源是阿克塞县最重要的发展资源，也具有重要的生态地位。阿克塞县政府自2000年以来相继实施了天然草原保护工程、退牧还草工程及草原生态保护补助奖励等政策，积极加强草原生态保护与建设。在第二轮草原生态保护补助奖励政策开始之际，根据省农牧厅统计，阿克塞县草原载畜超载数量为1.5万头（只）。① 可见草原承载压力依然较大，草原生态保护与经济利益求取之间的矛盾需要在科学数据指导下逐步化解。

此外根据最新统计数据，2017年上半年阿克塞县水土保持生态建设与保护项目投资1080万元，2017年春季造林建设项目投资551万元，2015年、2016年转变草原畜牧业发展方式项目分别投资800万元和712万元，全县继续实施草原奖补机制，发放草原奖补资金4027万元。② 可见阿克塞县政府将生态保护与建设作为全县工作的重点领域。但从政府报告中也能发现阿克塞县政府对于生态保护力度加大与全县财政收入缩减的矛盾心理，县政府认为目前的生态保护政策趋紧，对全县发展形成瓶颈。抛开政府对全县经济发展的工作政绩考虑不说，这一担忧不无道理，对于长期以来依赖畜牧业和山区矿产资源发展的阿克塞县来说，近来一系列生态保护政策的实施无疑限制了全县发展所依靠的传统路径，尤其对一直以来以放牧为生的牧民来说，突然丢掉放牧生计转而寻求另一种陌生的、被称为现代化的生计时必然会出现由仓促割裂而带来的不适感。此次祁连山国家公园优化勘界，阿克塞县境内共调出面积68746公顷，主要将国家公园边界的夏秋季草场调出，对公园边界进行了优化处理。调入面积69350公顷，一是将党河南山部分、乌兰大阪山西段部分区域调入、该区域人为活动少，为野生

① 阿克塞县草原生态保护补助奖励机制政策领导小组办公室：《草原生态保护补助奖励机制政策宣传册》第6页。

② 阿克塞县人民政府：《阿克塞县上半年经济社会发展情况汇报》。

动物繁衍栖息区；二是边界优化调入。[①] 此次优化勘界之后，更使得哈萨克牧民被迫走上一条完全陌生的求生之路，在设立国家公园的背景之下，哈萨克牧民该何去何从值得深思。

自然与人的关系和谐平衡既符合自然发展的规律又符合人类社会发展的规律，所以既不能因人的发展而无序破坏自然环境，也不能因保护自然环境而完全牺牲人的发展。所以既要尊重人的发展，也要保护人类赖以发展的环境，需要时时刻刻进行动态平衡把握，而不是因情境的不同从一端跳往另一端。

3. 天祝藏族自治县

天祝藏族自治县位于祁连山东端，地貌类型以山地为主，众多山岭纵横交错，均属祁连山系。主要有冷龙岭、马牙雪山、乌鞘岭、雷公山等，其中乌鞘岭处于县境中部，扼守河西咽喉，有"河西走廊门户"之称。在境内的祁连山区中发源了诸多两大水系的支流，一是内陆河石羊河水系，主要有毛藏河、哈溪河、西大滩河等，均源于山岭间的冰雪融水；二是黄河水系，主要有金强河和石门河，由此处成流并最终汇入黄河。总的来说天祝的水利资源相对优越，"水域面积 1.51 万亩，主要分布在旦马、祁连、哈溪、抓喜秀龙、打柴沟、华藏寺等镇"。[②] 天祝县也有丰富的林业资源，境内有林地主要分布在祁连、旦马、毛藏、哈溪、朵什、炭山岭等乡镇，这些森林资源对整个祁连山生态系统有重要调节作用。据统计"大祝县森林资源多属天然林，其分布面积占整个祁连山水资源涵养林总面积的 40% 以上"。[③] 鉴于天祝县森林资源的重要生态作用，天祝县政府采取了诸多保护与恢复措施，2013 年天祝县造林作业面积 3.31 万亩，封山育林面积 19.8 万亩，村及村以下木材采伐量为 285.2 立方米；2014 年天祝县造林作业面积 3.53 万亩，封山育林面积 25.3548 万亩，村及村以下木材采伐量为 94.22 立方米；2015 年天祝县造林

① 甘肃省林业厅：《祁连山国家公园甘肃省片区范围和功能区优化勘界方案》。

② 天祝藏族自治县志编纂委员会：《天祝藏族自治县志》（1989～2005），方志出版社，2007，第 38 页。

③ 天祝藏族自治县志编纂委员会：《天祝藏族自治县志》（1989～2005），方志出版社，2007，第 181 页。

作业面积3.54万亩，封山育林面积31.61万亩，村及村以下木材采伐量14.15立方米。[①] 由以上数据可看出，近年来天祝县每年的造林面积逐步扩大，封山育林面积显著增长，同时木材采伐量迅速下降，林业资源得到有效保护与恢复。此外，得益于优越的水利资源与湿润的气候，天祝县也有丰富的天然草地，占整个天祝县土地总面积的一半以上，主要分布在祁连山区平缓的坡地以及盆地之中，这些天然草地在各个乡镇都有，其中拥有量较大的乡镇为哈溪、松山、旦马、祁连、毛藏、抓喜秀龙、炭山岭、赛什斯、打柴沟等。而天祝县的耕地面积占土地总面积的比重不大，截至2005年天祝县耕地面积为31.8万亩，而2013年天祝县耕地面积为33万亩，2014年与2015年耕地面积均为33.1万亩，[②] 可以看出近十年来天祝县耕地面积虽有增长，但幅度不大，土地开垦在良性范围之内。此外天祝县2013年“深入实施‘生态屏障行动’，大力实施“三北”防护林、天然保护林、退耕还林、国家级生态公益林效益补偿、退牧还草等国家重点生态项目”，[③] 2014年天祝县“投资4800万元，完成小流域综合治理、山洪灾害防治和节水灌溉等一批生态治理工程，天堂镇成功创建国家级生态乡镇”[④]，2015年省市验收通过了天祝县石羊河流域重点治理天祝县生态移民试点项目，可见近年来天祝县重视境内生态建设，并制定实施了一系列项目，对生态保护和恢复具有重要作用。

据考察，天祝县境内在新石器时代就有人类足迹，先秦时为羌、戎之牧地，到秦时是月氏属地，汉代并入中原王朝版图，多次政权更迭后，又经中原王朝和少数民族部落轮番统治，到唐朝时期吐蕃占领青海大部分地区，后有一部分人游牧至天祝一带，经过同本地羌、小月氏、吐谷浑、汉等融合形成现代藏族的雏形，明代青海诸多藏族部落迁徙游牧于大通河、金强河流域以及今哈溪、祁连一带。清代分布在今天祝、永登、古浪一带的藏族部达50余族，民国时期

① 《天祝统计年鉴2013》，第130页；《天祝统计年鉴2014》，第131页；《天祝统计年鉴2015》，第122页。

② 《天祝藏族自治县志》（1989～2005）第37页；《天祝统计年鉴2013》第113页；《天祝统计年鉴2014》第114页；《天祝统计年鉴2015》第108页。

③ 天祝藏族自治县统计年鉴编辑委员会：《天祝统计年鉴2013》，第24页。

④ 天祝藏族自治县统计局：《天祝统计年鉴2014》，第26页。

天祝藏族部落有36族，改土归流后由永登县管辖，直至新中国成立，在此设立了天祝藏族自治县，除藏族外还有土族、汉族、回族以及蒙古族等多个民族。其中土族人口仅次于藏族，根据学界主流观点，是由历史上吐谷浑人迁徙于祁连山区一带以及祁连山大通河流域经过繁衍融合而成。

由表3可看出天祝县农牧民家庭人均总收入逐年增加，其中家庭第一产业占家庭总收入的比重最大，增幅也最高，但近三年来家庭第三产业收入的增长幅度也较大。由表4可看出天祝县农牧民家庭第一产业收入以牧业为主，且2013～2015年三年呈上升趋势。结合表3和表4发现，天祝县牧业生产是农牧民的主要生计方式，同时第三产业也越来越受到农牧民的重视，成为家庭收入的来源之一。因为农牧民对第一产业的依赖仍然较大，所以人们的生产生活对生态环境的压力相应较大，需要正确合理处理人与环境的矛盾问题。而近年来农牧民将第三产业作为农牧民收入来源的上升趋势可以缓解人与环境的矛盾，将农牧业从事者向第三产业引导转变，进而为缓解因牧业生产扩大带来的生态问题提供了一种应对方法。

表3　2013～2015年农牧民家庭人均总收入

单位：元

年份	第一产业收入	第二产业收入	第三产业收入	总计
2013	4303.39	38.57	151.32	4493.28
2014	5478.43	43.3	153	5675.06
2015	5714.82	56.09	273.03	6043.94

资料来源：《天祝统计年鉴2013》第135页；《天祝统计年鉴2014》第133页；《天祝统计年鉴2015》第126页。

表4　2013～2015年农牧民家庭第一产业人均总收入

单位：元

年份	农业收入	林业收入	牧业收入	总计
2013	1656.25	26.22	2620.92	4303.39
2014	1744.03	30.06	3704.34	5478.43
2015	1669.44	302.25	3743.13	6043.94

资料来源：《天祝统计年鉴2013》第135页；《天祝统计年鉴2014》第133页；《天祝统计年鉴2015》第126页。

此次祁连山国家公园优化勘界，天祝藏族自治县境内共调出面积29473公顷。一是将天互公路两侧居民密集区域调出了国家公园范围；二是将天互公路石门至五台岭段两侧和石门调蓄引水工程、哈毛公路、小水池电站、朱岔峡水电站、青岗峡水电站调出国家公园范围；三是对国家公园边界依据自然线和行政界线进行了优化调整。调入面积25053公顷。一是将生态区位比较重要的祁连、哈溪保护站的实验区和部分外围保护地带调入；二是将影响国家公园完整性的响水河上游和干沙鄂博划入，三是依据自然界线和行政边界进行了优化。①

总体来看，无论是历史上在河西走廊地区迁徙繁衍的少数民族部落，还是今日生存于此的自治县各族群体，其生产生活和社会发展均与祁连山息息相关，丰富的水利资源、肥沃的天然草场、茫茫的林海以及珍贵的动植物资源都是祁连山馈赠于人们的厚礼，正是这份自然界的厚礼，吸引了无数来自远方的迁徙者在此建立自己的家园，才出现延续至今的多民族分布格局，才有了多民族融合发展与多元文化互动交流。

4. 肃南裕固族自治县

肃南裕固族自治县位于河西走廊中部、祁连山北麓。境内祁连山系连绵不绝，皑皑雪山常年可见，分布着众多高海拔山脉，如冷龙岭、托赖南山、大红山及九个达坂等。相较于肃北南山和阿克塞祁连山西向余脉，肃南县祁连山系更为庞杂，平均海拔更高。在这些高山深谷之间孕育和流淌着诸多河流，加上祁连冰川的融水补给，成为河西走廊的天然水库。境内的黑河是河西走廊三大内陆河流之一，其发源于祁连山中段地带，“流向张掖、临泽、高台、金塔四县和额济纳旗，进入居延海，是上述四县一旗的水利命脉”，②其他还有托赖河、洪水坝河、西营河、马营河、丰乐河、西大河等，是肃南乃至河西地区重要的水利资源。和肃北及阿克塞不同的是，肃南县也是甘肃省13个重点林区县之一，其境内的祁连山区有大量丰富的森林资源，“祁连山北麓70%的水源涵养林在肃南县，丰富的森林资源在保持甘肃河西地

---

① 甘肃省林业厅：《祁连山国家公园甘肃省片区范围和功能区优化勘界方案》。

② 肃南裕固族自治县概况修订编辑委员会：《肃南裕固族自治县概况（修订本）》，民族出版社，2009，第2页。

区和内蒙古额济纳旗生物多样性、维护生态平衡、促进经济社会全面协调可持续发展中，发挥着不可替代的作用”。[①] 肃南县的林区主要分布在康乐乡、大河乡、皇城镇以及马蹄乡，祁丰乡亦有少量森林。截至 2005 年底肃南县森林覆盖率为 13.8%，森林总蓄积量为 0.1161 亿立方米，到了 2014 年全县森林覆盖率达到 21.8%，且 2016 年全县森林蓄积量达到 0.13 亿立方米。[②] 可以看出，近十年来肃南县的森林覆盖率和森林蓄积量不断提升，境内的林业资源得到良好的保护与发展。这与肃南县一直实行的造林工程、封山育林工程以及退耕还林等生态工程密切相关。除了林业资源，肃南也分布着众多的草场资源，其草原面积占全县总面积的 70% 以上，这些草场在各个乡镇均有分布，从草甸草场到荒漠草场，随着海拔降低及远离祁连山系融水的灌溉，草场质量逐步下降。但从总体上来看，肃南县境内植被情况良好，是理想的天然牧场。2014 年肃南县加快推进天然草原修复治理，完成草原围栏 80 万亩，补播改良草原 20 万亩。2016 年肃南县继续实施天然草原治理，大力推行舍饲养殖，使全县天然草原总盖度达到 77.6%，牧草平均高度达到 15 厘米，优质丛生牧草比例上升到 58% 以上。[③] 可以看出，肃南县近年重视天然草原的保护和恢复，通过多项措施来维护草原生态平衡，使得肃南的天然草场得到有效治理，草场生态呈现良性发展。

历史上肃南县域内民族迁徙频繁，春秋战国时期主要是羌、匈奴、月氏、乌苏几个游牧民族的活动之地，汉朝始设张掖郡归中原王朝管辖，汉民足迹开始较多地出现在这一地区，到了唐代后期吐蕃占领了甘州（张掖），其瓦解后又成为回鹘政权的领地，至此祁连山区被回鹘政权（又称甘州回鹘）统治达 140 余年。到明代设立了甘州五卫，后来又并卫改县。民国时期肃南地区大部分归民国第七行政区管辖。新中国成立后设立了肃南裕固族

---

① 肃南裕固族自治县概况修订编辑委员会：《肃南裕固族自治县概况（修订本）》，民族出版社，2009，第 96 页。

② 数据来源于《肃南裕固族自治县概括》（修订本）第 97 页，《2014 年肃南裕固族自治县国民经济和社会发展统计公报》、《2016 年肃南裕固族自治县国民经济和社会发展统计公报》。

③ 《2014 年肃南裕固族自治县国民经济和社会发展统计公报》、《2016 年肃南裕固族自治县国民经济和社会发展统计公报》。

自治县至今。肃南县是多民族聚居的少数民族自治县，主要有裕固族、藏族、汉族以及蒙古族等民族。其中裕固族为主体民族，在历史上称为“撒里畏兀尔”，自称“尧熬尔”，是15世纪初才在民族融合过程形成的新共同体，其源流可大致确定为13世纪蒙古人和古代回鹘的结合。

从历时数据分析，2004年肃南县农牧业人口2.5万人，非农业人口1.08万人；2014年全县城镇人口1.26万人，乡村人口2.18万人；2016年城镇人口1.36万人，乡村人口2.1万人；① 可以看出2004～2016年，肃南县的人口数量分布呈城镇增加、乡村减少的趋势，但是这种趋势增幅不大，截至2016年总体上肃南县仍然以乡村人口为主，这也一定程度上说明肃南县人口对耕地、林业以及草地的需求较大，人的发展与生态环境间关系的良性维持应当被重视。

三　祁连山世居少数民族的生态智慧——以肃南裕固族为例

2017年肃南裕固族自治县城镇人口1.39万人，同比增长4.6%，乡村人口2.01万人，增长率为－4.3%；初步核算，2017年全县实现生产总值21.01亿元，下降19.9%。② 可以看出，相比往年而言2017年肃南县城镇人口骤增，乡村人口骤减，全县经济总值大幅下降，祁连山国家公园的建立使牧民被迫离开牧场搬迁至城镇，低价变卖牲畜。2017年，是肃南县经济社会发展遇到困难最多、面临压力最大的一年，受多重不利因素影响，全县经济逆势下滑。此次祁连山国家公园优化勘界，肃南裕固族自治县境内调出面积为12085公顷。主要为肃南县祁丰乡瓷窑口村、青稞地村、红山村、甘坝口村，大河乡西河村、西岔河村、长沟寺，康乐镇，马蹄乡长岭村，洪水河水库部分区域。调入面积14405公顷，一是肃南县雅儿河片、石油河东片，

① 《肃南裕固族自治县概括》（修订本）第14页、《2014年肃南裕固族自治县国民经济和社会发展统计公报》、《2016年肃南裕固族自治县国民经济和社会发展统计公报》。

② 《2017年肃南裕固族自治县国民经济和社会发展统计公报》。

该区海拔高，人为活动少，为野生动物重要栖息区；二是对公园边界依自然和行政边界进行优化调整。①

（一）裕固族的生态观念

1. 自然崇拜中的生态观念

裕固族先民曾信仰过多种宗教，有萨满教、摩尼教和藏传佛教等，有过多种宗教同时存在的历史。明代以后，藏传佛教成为裕固族的主要信仰。而裕固族的自然崇拜来源于其远祖最早的信仰，如同其他北方游牧民族一样，是一种世界性的原始宗教——萨满教。在汉文史料中，关于古代突厥人和回鹘人的宗教信仰有一共同特点是对“天”的崇拜。根据调查资料分析，日、月、山、火在裕固人心目中均占据特殊地位。而在这种自然崇拜的基础上，逐渐产生了图腾崇拜和祖先崇拜，三者紧密结合，相互制约。② 除了对日、月的崇拜，裕固人认为凡是山都有神，能保护生灵，赐福施惠。裕固人在山顶、山岔、山坡处用石头垒起规则的石堆，再装饰以木柱、彩色布条等，称为“鄂博”，这是神圣的祭祀“天”的空间，也有群众认为祭祀“鄂博”是祭祀山神。裕固族自然崇拜中规模最大、参与人数最多的就是“祭鄂博”仪式。“鄂博”仪式集中反映了北方游牧民族原始先民的精神世界，认为世间万物都有其灵魂，大自然是被人格化了的。

萨满教起源于大森林中的原始渔猎时代，一切萨满教的信仰，一切生产生活中的禁忌，无一不关联狩猎的对象——野生动物。关于这一点费尔巴哈有一段精辟的论述：“人在自己的发展中，得到了其他实体的支持，但这些实体不是高级实体，不是天使，而是低级实体，是动物。”“动物是人不可缺少的，而人的生命和存在所依靠的东西，对于人来说是神”。③ 裕固族许多文学作品中众多的动物形象均以神通广大的面目出现，作品中的人往往在

① 甘肃省林业厅：《祁连山国家公园甘肃省片区范围和功能区优化勘界方案》。
② 高自厚、贺红梅：《裕固族通史》，甘肃人民出版社，2003，第226页。
③ 钟进文：《萨满教信仰与裕固族民间文学》，载钟进文著《中国裕固族研究集成》，民族出版社，2000，第333页。

大自然面前束手无策，动物用其特有的灵性或神力帮助、保佑人们。这些情节是萨满教动物崇拜的产物。作品中与人生死攸关的动物，仍属那些野生动物，其神力往往决定着人的命运。《珍珠鹿》和《狐皮帽子》中的动物分别是鹿和狐狸，讲述的是人与动物的关系。这些作为裕固族最早的原始信仰，在裕固族社会中根深蒂固。到了阶级社会以后，往往反映到其他的社会习俗中，被长期保留下来。[①] 人与家畜动物的关系也十分密切。这些家畜动物也曾是裕固族先民最早崇拜、最具有神性的动物。裕固族是以畜牧业为主要经济成分的民族，牲畜是其主要生产资料和生活来源，自然也就构成了其对牲畜、动物的崇拜。牧人会在畜群中选出神马、神牛、神羊等，并在身上拴有红色布条作为标记，表示不允许杀以食之。

关于裕固族族源神话的有关记载说裕固族是苍狼与白鹿的后代。据说裕固族先民在离开“西至哈至”寻找新家园的时候在风雪中迷失方向，是一匹苍狼带领族人走出暴风雪。裕固族作家TMR先生在散文《苍狼大地》中描述了苍狼带领裕固族祖先克服重重困难，找到了梦中美丽的草原，从此过上了安定幸福生活的传说；《遥远的黑帐篷》中写道：“他是草原苍狼的后代，他一辈子渴望像野兽一样自由自在地在荒原上奔驰。他生于帐篷之下，他要死在苍莽荒原。”[②] 可以看出，裕固人不仅视自己为苍狼的后代，而且苍狼是神圣不可侵犯的。在牧区，裕固人认为狼是友好的，不会带来灾难，这也就衍生出了裕固人的狼图腾崇拜，而这也恰恰反映出了裕固人对野生动物和大自然的敬畏与崇拜。

裕固族人们世代过着游牧生活，放牧是主要劳动方式，劳动歌也是多种多样。牲畜有时会不认自己的幼崽，牧民就会一边抚摸着幼崽和牲畜唱起歌，久而久之牲畜仿佛就听懂了牧人的歌谣，认领幼崽。比如《奶羔歌》：

为啥你连看也不看，

① 高自厚、贺红梅：《裕固族通史》，甘肃人民出版社，2003，第230页。

② 妥建国、杨占勤：《狂奔的彩虹马》，中国工人出版社，1993。

难道你没长眼睛？
亲生的羊羔你不认，
难道还有这样的母亲？
不给小羊羔吃奶，难道想把它饿死？
小羊咩咩叫妈妈，催你快快把奶下。
若是你把羊羔领上，就是羊群里最好的母羊。[1]

相似的还有《奶犊歌》《奶马驹歌》等，不管是什么劳动歌曲，都透露出裕固人对草原和生灵的崇拜与热爱。

2. 生产生活中的生态智慧

根据课题组在肃南裕固族自治县的调查，历代生活在祁连山北麓的裕固族牧民们有自己的一套关于生态保护的法则。关于树木的砍伐和保护以及打猎的原则，“我们历代从不砍活树，活木做燃料不容易烧着，皇城林子相对少，燃料主要是牛粪和羊粪，小时候跟着我们的大人用雷管和炸药炸朽木，用炸药炸断朽木的根，会有新芽长出来。康乐林子多，朽木也多，燃料主要是柴，柴的来源基本是枯木和风倒木。老人们常说，不能砍树，不能折树枝，折了树枝会断胳膊、断腿。我们打猎有季节之分，不打幼崽，只打公的和跑得慢的，注重优胜劣汰。我们小时候有段时间到处都可以看到夹挠（用铁丝制作的捕兽夹），后来知道是外面的人放的，因为我们不会做那个东西，那太折磨动物了，而且万一要夹到幼崽什么的就不好了。”[2]“不能随意折断树枝、砍树，砍倒一棵树就等于杀了一个小人（小孩子）啊。”[3] 关于四季牧场的转场和使用，一位裕固族林业干事告诉笔者，“每次转场搬迁时帐房的房底子[4]都是固定的，不随意更换，因为扎毛房子的地方经过了人

① 钟福祖：《裕固族民歌述论》，载钟进文《中国裕固族研究集成》，民族出版社，2000，第343页。
② ARJ 访谈，男，42 岁，裕固族鄂金尼部落人，肃南裕固族自治县环林局干部。
③ LZZ 访谈，男，83 岁，裕固族曼台部落人，牧民。
④ “房底子”的意思是牧民固定扎帐篷的位置。

长时间的踩踏和架锅起灶是不长草的，所以我们不会再破坏其余地方的草场。”① 关于对水资源的保护，“我们尧熬尔人（裕固族）认为泉水是十分圣洁的东西，不能在泉水源头直接喝水、洗衣服、大小便，泉水周围不能动土。因为我们逐水草放牧，所以要保持水的清洁。”②“相传泉水是龙王爷的眼睛，弄脏了泉水就等于弄瞎了龙王爷的眼睛啊。”③ 关于裕固族自古以来如何维持生态平衡，裕固族作家 TMR 先生说道：“野生动物都有天敌，大自然一般情况下会自己平衡，比如腐烂动物的尸体会有秃鹫、狼和熊等清理。从前基本没有某种动物过多的情况，对环境的保护是我们传统文化中就有的东西，深入每一个人的骨髓，不仅仅是尧熬尔人（裕固族），包括所有的北方民族。”当裕固人家中有人去世后，一般进行火葬，逝者的火葬地也要撒上念过经的五谷杂粮或撒上草籽，等其生根发芽，以弥补对草地的伤害。由此可见，就连裕固人的丧葬礼仪中，也透露着对大自然的崇敬和爱护之情。在游牧知识体系中，游牧生态观与环境行为的变化最为缓慢。④ 游牧生态观反映着裕固族人对自然生态环境中的哲学态度，这种哲学态度已深深渗透到裕固族人的人生礼仪、日常生活以及生产劳动等方面，因此不可能在短期内发生快速变化。

（二）国家公园建立与牧民生活变迁过程

由笔者的田野调查分析可得，长久以来生活在这片土地上的牧民并不是生态的破坏者，裕固族从“西至哈志”来到祁连山北麓，逐水草而居，放牧生存，一直以来都视草原为民族休养生息、赖以生存的家园，在很长历史时期，他们更多扮演着生态守护者的角色。以肃南裕固族自治县康乐镇（乡）为例，这里是裕固族五个家、大头目家、东八个家、四个马家、杨哥家、罗尔家部落世代而居的区域，与建立祁连山国家公园之前相比，生活在这里的牧民们生产生活发生了急剧变化。肃南县境内植被情况良好，是理想

---

① LWP 访谈，男，45 岁，裕固族鄂金尼部落人，肃南裕固族自治县隆畅河林场干事。

② LJH 访谈，女，77 岁，裕固族鄂金尼部落人，牧民。

③ LZZ 访谈，男，83 岁，裕固族东八个家部落人，牧民。

④ 陈祥军：《阿尔泰山游牧者》，社会科学文献出版社，2017，第 224 页。

的天然牧场，提出建立祁连山国家公园框架之前，牧民的主要生产方式是在四季牧场轮休放牧牛羊，他们在沿用一些传统适应自然的方式的同时，也依靠购买饲料等市场交换的手段来维持生计。祁连山国家公园优化勘界之后，大部分牧民的草场将实行全年禁牧，牧民将整体迁出草场，不再拥有牧场和牛羊，传统的生存技能完全派不上用场，他们面临着由牧民向城镇居民转变的困境。在生态恢复的角度上，根据课题组的深入调研，如果长期禁牧，秋后枯萎后的牧草直立不落，就无法回到土壤中腐败、增强土壤的肥力，从而就会阻断物质循环的延续。同时，如果草场连续多年围封，不再放牧牲畜，有害草种如狼毒、季豆等生长得不到抑制，将消耗大量土壤中的营养，使土壤肥力下降、植物种类减少、生长活力减弱，出现草场退化的现象。再者，在无牲畜啃食的情况下，杂草败落无法清理，日积月累会存在一定的火灾隐患。事实证明：在一定范围内，放牧适量牲畜，且进行轮牧，天然草场才能发挥最大理用功效。所以，我们认为在草与畜的动态关系中，不能从一个极端走向另一个极端，适度、和谐才是生态文明建设追求的终极目标。

历史悠久的裕固族，是千百年来生活在亚欧大草原上的古老游牧民族，从河西回鹘到沙洲回鹘、黄头回鹘，再到东迁至祁连山脚下的撒里畏兀尔，最后发展到今天的裕固族，他们一直把游牧文化传承至今，对游牧文化有着深刻且独到的见解。祁连山国家公园的建立使居住在草原深山里的牧民们集体搬迁，而这个区域也自然会将许多当地传统的民族风俗习惯保存得更加完整，而这些独特的民族风情和风俗习惯也可以作为祁连山国家公园不可或缺的旅游吸引物。所以，我们思考在生态建设的框架时，同时可以将国家公园作为民族文化传承和保护、展示与交流的平台，对当地传统的民族文化和风俗习惯、传统生产方式和生活样式等进行科学的整理、保护和研究，以增加国家公园的乡土特色，促进文化多样性存在。

四　讨论与思考

20 世纪 80 年代初，中国的生态移民与易地扶贫相伴而生，即生态移民的主要目的是扶贫搬迁。生态移民在中国流行是2000年西部大开发战略实施后开始的。我国于2003年实施的退耕还林条例中，首次提出了“鼓励在退耕还林过程中实行生态移民，并对生态移民农户的生产、生活设施给予适当补助”。此后，生态移民过程开始在内蒙古、青海、甘肃、宁夏等地实施。[①] 据国务院西部开发办的资料，我国需要实施生态移民的人口约700万人，截至2005年中国已有70万人实施了生态移民。

每个民族的习俗和生产方式都是历经数世纪才实现了内部平衡，也与外部条件相适应，是某一个系统的组成部分，我们无法从整个整体中去除一部分，而不破坏其余部分。同样，裕固族的生产生活方式也是长久以来在适应外部环境的基础上形成的，无法直接从放牧形态过渡到定居这一形态中；无法改变他们的生产生活方式而以其他形式直接替代；更无法在改变他们生产生活方式的情况下完美地保存其游牧文化和传统生态智慧的精髓。在祁连山国家公园的建立过程中，河西走廊各民族群众响应国家号召，撤出草场，变卖牲畜，离开家园，进入城镇实现定居。但客观而言，定居完成了，但生计转型、产业转型没有完全实现。国家的草原奖补资金解决了移民定居群体的基本生活保障，但距离发展目标依然还有较大差距。目前从祁连山中迁出定居的少数民族群体在生计发展方面分几大类，55岁以上的劳动力基本退出生产，在家休养；55岁以下的青壮年劳动力中，一部分青年外出打工，贴补家用；大部分壮年劳动力赋闲在家，无事可做，主要原因是缺乏再就业的基本技能技术。定居意味着乡村社会原有的社会交往、行为规范、生活习惯和生存方式等全方位的改变，也关系到民族社会下一步是否能够实现稳定和健康发展。在国家公园建设发展过程中，如何协调国家公园与当地居民的关系，如何在完善国家公园管理体制的同时将当地各民族群体的发展纳入国家公园整体发展框架，值得我们进一步深思。

生态移民和农牧民定居不仅是一种经济行为，还包括了伦理、道德和社

① 《退耕还林条例》于2002年12月6日国务院第66次常务会议通过，自2003年1月22日起实施。

会组织等一系列要素的文化语境，关系到一个空间中生物多样性与文化多样性问题，还是一个社会发展的系统性问题，民族传统文化本身存在重要的生态意义，环境恶化必然会导致文化尤其是传统文化中生态智慧的消失。中央民族大学任国英教授认为，生态移民尽管作为一种改善人民群众生存质量的经济行为出现，但其内涵和外延不仅仅局限于经济行为。生态移民的实质是人与生态环境关系的调整，而人与生态环境关系的重新调整，必然牵扯人民群众的当前经济利益和长远的可持续发展。尤其是牧区的生态移民，更涉及了民族传统文化的改变等一系列问题。要改变千百年来所遵循的文化和传统，比教会一种生产技能更困难。①

中国的生态移民主要是在政府的引导下来维护西部地区农牧民的生存与发展，在实施过程中还面临许多挑战，如易地安置、转产、城市适应和文化传承等。一些地方的移民项目存在缺乏科学规划、移民安置补偿低、农牧民生计转型选择空间小等问题。在已有的生态原因导致农牧民搬迁定居实践中有很多案例，经过政府大量的工作，移民群体搬迁到政府帮助修建，甚至是免费修建的现代化住房中，但没过几天又结群返回了迁出地，不但地方政府官员遭遇尴尬，更使国家遭受损失。究其原因，是国家花大力气建立起来的一整套新的系统没有与移民定居群体原有的生产生活系统良好对接，没有在生态移民区域构建起适合当地发展历史与现状的生态文化系统，生态建设与人的发展成了两股道上的车，甚至产生斥力。同样，祁连山国家公园的建立会面临一系列相关问题。生态文化的构建绝非朝夕之事，也不是某一方面的单向努力就可以解决所有的问题，而是事关资源环境、人口、制度政策、文化意识等众多因素的整体行为。不仅需要在自然观、价值观，特别是发展观等一系列思维方式上进行自觉的有机化转变，更需要形成一种全民意识形态的“文化自觉”，这也是费孝通先生所强调的观点。古老的祁连山游牧民族把调节与外部环境的关系放在民族生存的高度去规范自身行为，在适度开发利用自然的同时充分考虑环境的承载能力，把对资源的利用保护、索取与再

① 任国英：《内蒙古鄂托克旗生态移民的人类学思考》，《黑龙江民族丛刊》2005 年第 5 期。

生有机结合起来，创造了人类历史上古朴的原生态文明。这种生态观与现代生态伦理学的精神一脉相承，然而对于这种民间知识体系，我们更应该与时俱进地对待，在具体的社会经济文化发展过程中，全面地考虑其合理内涵。因此，在祁连山国家公园建设过程中，面对生态建设和民族社会发展之间的关系，我们既应认清民族传统生态文化的发展现状，高瞻远瞩，转换思路，又要实事求是，立足国情，真正走出中国特色的生态文明之路，对世界生态文明建设做出应有的贡献。

G.11

传统生态自然观与祁连山生态环境保护

高雪莲　丁文广*

摘　要： 祁连山生态环境变化关乎西北地区生态环境平衡以及国家“一带一路”倡议的贯彻实施，在维护国家生态安全中具有极其重要的地位和作用。近年来，祁连山地区生态环境破坏严重，出现了一系列水土流失、土地荒漠化、植被破坏等问题，本报告通过研究梳理中国古代神话传说、儒家文化、道家文化、佛教教义中体现的“天人合一”“道法自然”“万物平等”的传统生态自然观以及居住在祁连山沿线的哈萨克族、裕固族、东乡族的传统生态自然观，从中借鉴得出，在保护祁连山生态环境的过程中应该①将当地居民转换为“生态民”，参与环境保护；②加强生态环保教育，传承民族传统生态自然观；③坚持节俭节约作风，推动环保可持续发展；④重新认识草原围栏建设，适度恢复传统的游牧制度。

关键词： 传统生态自然观　生态环境保护　“生态民”　祁连山

* 高雪莲，甘肃农业大学管理学院研究生；丁文广，兰州大学资源环境学院教授、博士生导师，世界银行和亚洲开发银行社会发展专家，科技部同行评审专家与国际合作专家，研究领域为环境社会学、环境管理学。

人类对环境问题的关注始于20世纪50年代。随着西方工业化国家经济的高速发展，环境污染问题也日益严峻。媒体、学者逐渐开始报道和关注环境污染事件，呼吁人类采取行动，制止环境污染事件的发生，并建议用科学技术应对出现的各种环境污染问题，重新认识人类与自然的关系。人类具有的社会性使人类在探索认识自然规律、适应外部生存环境、与自然环境互动等过程中，逐渐创造了多样性的文化，并由此结成社会。人类的文化传统与其周围的生物地理环境相互影响，逐渐形成了各民族独特的社会文化及生态自然观。

我国是一个多民族、多元文化的国家，有众多优秀的传统环保文化及生态自然观。如儒家和道家文化孕育的“天人合一”思想，季羡林先生将此思想认为是中国古代哲学思想的基调。此外，我国北方的蒙古族、藏族、哈萨克族、东乡族、裕固族等游牧民族创造了人类与自然和谐的草原环保理念，形成了人与自然和谐发展的生活方式；南方的侗族、苗族等少数民族对树木的“崇拜”保护了众多原始森林，为应对气候变化做出了不可估量的贡献。这些延续的环保文化孕育了与现代环保理念非常吻合的生态自然观。

党的十九大以来，以习近平同志为核心的党中央把生态文明建设作为统筹推进“五位一体”总体布局和协调推进“四个全面”战略布局的重要内容，提出一系列新理念、新思想、新战略，大力推进了新时代的生态文明建设。习近平同志在全国生态环境保护大会上提出绿水青山就是金山银山，坚持人与自然和谐共生的六大原则，并强调要加大力度推进生态文明建设、解决生态环境问题，坚决打好污染防治攻坚战，推动我国生态文明建设迈上新台阶。

祁连山作为我国西部重要的生态屏障、黄河流域重要的水源产流地、我国生物多样性保护优先区域，是沿线500多万人口赖以生活生产的“母亲山”和“生命线”，养育了河西绿洲1000多万亩耕地并创造了发达的农业文明。长期以来，祁连山的生态环境破坏问题引起了党和国家的高度重视。2017年由党中央、国务院有关部门组成的中央督察组就祁连山生态环境破坏问题展开了专项督察，指出甘肃祁连山国家级自然保护区存在的突出问题主要包括违法违规开发矿产资源问题严重，部分水电设施违法建设、违规运行，周边企业偷排偷放，生态环境突出问题整改不力等。

祁连山作为周边省域各族人民的“母亲山”和“生命线”，影响着其生产生活、思想观念和行为方式等。相应地，居住在此的哈萨克族、裕固族、东乡族、藏族等各民族在长期的历史发展和环境适应变迁过程中形成的生态自然观、环保行为等同样为保护祁连山生态环境发挥着至关重要的作用。因此，研究传统生态自然观与生态环境保护至关重要，其研究成果对社会经济发展与环保并行具有重大的指导作用。

一　祁连山地区概况

（一）自然地理概况

祁连山山脉位于中国青海省东北部与甘肃省西部边境，东西长 800 公里，南北宽 200～400 公里。西端在当金山口与阿尔金山脉相接，东端至黄河谷地，与秦岭、六盘山相连，长近 1000 千米。自北向南，包括大雪山、党河南山、柴达木山等。山峰平均海拔 4000～5000 米，海拔 4000 米以上的山峰终年积雪。据统计，祁连山境内共有冰川 3066 条，总面积 2062.72 平方公里，储水量 1320 亿立方米。其中走廊南山、疏勒南山和党河南山冰川最多，疏勒南山、土尔根达坂和走廊南山冰川规模最大。祁连山水系呈辐射－格状分布，境内河流包括庄浪河、大通河、黑河、疏勒河、党河等。

祁连山地区具有典型的大陆性气候特征。山区年均降水量 300～700 毫米，是一座天然“高山水塔”。祁连山供给着河西地区的石羊河、黑河、疏勒河等西北著名的内陆水系大小 33 条河流的水源，年平均向下游输出水量达 43.11 亿立方米。祁连山原始森林区内的森林资源有 15.7 万公顷，200 多万立方米，有云杉、圆柏、杨树等林木以及鞭麻、黑刺、山柳等灌木。由于草场辽阔，地区畜牧业较发达，农业仅限于东部及北坡的山麓地带，以春麦、青稞、马铃薯、油菜、豌豆和瓜菜等为主。另外，祁连山境内具有丰富的矿产资源，如菱铁－镜铁矿、赤铁－磁铁矿铜矿、黑钨矿和钨钼矿。

（二）人文社会概况

祁连山是我国西北地区重要的生态屏障和甘肃河西五市及内蒙古、青海部分地区500多万群众赖以生存的生命线。1988年，祁连山国家级自然保护区成立，地跨天祝藏族自治县、肃南裕固族自治县、古浪县、凉州区、永昌县、山丹县、民乐县、甘州区8县（区），总面积198.72万公顷，涉及35个乡镇14.2万人。保护区内除居住的汉族之外，还居有哈萨克族、裕固族、东乡族、藏族等17个少数民族，总人口131570人，其中农业人口114141人，非农业人口17429人。保护区内各民族杂处相依、民族文化多元纷繁。各民族人口规模、民族文化之间的差异及各民族宗教信仰、文字语言、民俗民风、生产方式等多元文化载体，直接或间接地促进了保护区内经济社会的可持续发展和各民族的共同繁荣。

祁连山自然保护区受自然条件、经济发展水平等因素的制约，科教文卫事业虽不断发展，但发展速度缓慢，发展水平不高。地区经济以农牧业为主，第二、三产业所占比例较低。农业生产主要分布在古浪、天祝、武威等地区，以小麦、青稞、豌豆、洋芋为主。旅游资源丰富，祁连山前的河西走廊自古就是内地通往西北的天然通道，具有众多文化遗迹和名胜。①

二　中国古代的传统生态自然观与祁连山生态环境保护

（一）中国古代传统生态自然观

1. 远古自然崇拜和传说异志中的生态自然观

远古时期，由于人类的能力有限，生产生活都离不开自然界，对自然环

① 王富贵：《祁连山自然保护区民族地区经济可持续发展研究》，兰州大学硕士学位论文，2010。

境的依赖性较强。对自然界的认知能力有限，远古人类将自然界视为神秘的力量，并进而奉为神明，对自然界产生崇拜。例如，发生干旱洪涝灾害被认为是神的惩罚，人类渐渐对自然界产生畏惧心理，进而形成一种自然禁忌。久而久之，自然禁忌被人类视为一种共同遵守的行为规范。人类对自然的崇拜是远古人类环境保护思想的渊源之一，也是影响远古环境保护与环境保护立法的思想基础。

神话传说与奇谈异志不仅反映了古人在认识和改造自然实践中的理想追求，而且也反映了古人关于自身与自然间关系的思考与反思，是古人最初的自然观与宇宙观。[①] 在《山海经》《诗经》中详细记载了远古森林植被资源的情况，例如描述某处“多草木”“白果所生”“百草木成菌”，北方有“盘木千里”“北望河林，其状如蒨如举”。另外，神话传说中的“愚公移山”“大禹治水”等都反映了远古人类认识自然并改造自然的过程，并在实践摸索中悟出人与自然和谐相处的生态自然观。

2. 儒家“天人合一”的生态自然观

儒家思想是中国历史最悠久、影响最深远的思想之一，从孔子、孟子、荀子到董仲舒、王阳明再到近代钱穆、季羡林等人的推动，儒家思想形成了完整的思想体系。“天人合一”是儒家思想经典的生态自然观，反映了人是自然界的一部分，人与自然相互依存，视人与自然万物同等重要，把人和自然看成相互联系的有机统一体。人类为了生存与发展，必须保护生态自然环境，善待宇宙万物。

孔子的“仁者爱人，智者乐水”（《论语·雍也》）从道德的角度反映“天人一体”“天人合德”。孟子认为生物资源“苟得其养，无物不长；苟失其养，无物不消”（《孟子·告子上》）。因此，人类应该“不违农时，谷不可胜食也；数罟不入洿池，鱼鳖不可胜食也；斧斤以时入山林，材木不可胜用也”（《孟子·梁惠王上》）。另外，《左传》《礼记》《周易》《吕氏春秋》记载了不少保护生物资源，使其再生以资利用的论述与记载，其中在《礼

① 王海滨：《浅析中国古代的环保思想及举措》，《法治与社会》2006 年第 5 期。

记·月令》中详细记载了一年四季以及每个月怎样保护生物资源的要求。《吕氏春秋》中也规定了“四时之禁”。

据史料记载，早在尧舜时期就设立了“虞”，即环境保护机构和官员，至秦代出现系统的农业生态环境保护的《田律》，在各种文献典籍中记载了大量关于生态环境保护的言论、典故和制度性的规定。这说明“天人合一”已经转换为人类保护生态环境的意识和行动。

3. 道家“道法自然”的生态自然观

老子提出的“道法自然”思想，是道家生态自然观的基础。“人法地，地法天，天法自然”，表明人类要了解自然，认识到自然对人类的制约作用，告诫人类要遵循自然法则，不得违背自然规律。[①] 道家认为，天地万物是一个有机的整体，“道”是天地之根、万物之母，天地万物的本原。“道生一，一生二，二生三，三生万物，万物负阴而抱阳，冲气以为和。”人类要从“道”的角度去看待世间万物，以“无为”的态度，让自然万物自由发展，强调人与自然要和谐相处。

道家将一切有悖于“道”或“自然”的行为都列入禁止的范围。以自然主义的角度要求人类禁止破坏自然或生态环境，并提出一些具有自然保护价值的建议对策，对当下出现的一些环境破坏问题仍具有重大的指导作用。

4. 佛教“万物平等”的生态自然观

佛教主张的“万物平等”思想，将自然环境视作生活的源泉，倡导自然与人平等相处，认为“慈悲为怀，万物皆有佛性”“青青翠竹，尽是法身，郁郁黄花，无非般若”，所有生命都应被尊重，众生皆平等。

佛教的“因果轮回报应论”与“不杀生”的戒律要求人与自然和谐相处。佛教认为“山川草木悉有佛性”，人类要善待万物。佛教基于“万物平等”的生态自然观对治理和预防生态环境问题具有重要的指导作用。另外，佛教拟人化地理解世间万物，有利于人与自然的和谐发展。

---

① 王秀红：《中国古代环境思想现代化之路》，《湖北社会科学》2006 年第 3 期。

（二）对祁连山生态环境保护的借鉴

1. 人与自然是有机统一体

“天人合一”的思想观念启示我们要将人和自然看作相互联系的有机统一体。人与自然是相互依存的，人类为了生存与发展，必须保护生态自然环境，善待宇宙万物。祁连山脉位于中国青海省东北部与甘肃省西部边境，由多条西北－东南走向的平行山脉和宽谷组成。祁连山有丰富的原始森林资源和珍稀的动物资源，如甘肃马鹿、蓝马鸡、血雉、林麝等。祁连山境内多冰川河流并且蕴藏着丰富的铁矿、铜矿以及钨矿。因此，祁连山的自然资源保护迫在眉睫，根据中国古代“天人合一”的生态自然观，视人与自然万物同等重要，祁连山沿线居民在自身经济社会发展的同时应加大保护祁连山的生态环境。

2. 遵循客观自然规律

道家中的“道法自然”启示我们要了解自然、认识自然，遵循自然法则，不得违背客观自然规律。近年来，政府的管理力度较弱以及人们保护环境的意识淡薄，导致祁连山生态环境破坏严重，人们以破坏环境的代价来换取眼前的利益，开发活动过重、草原放牧过载等人类活动，使祁连山生态平衡被打破，从而引发了一系列水土流失、土地荒漠化等生态环境问题。这些都是人们违背了自然界客观发展规律所引发的后果。因此，人们在认识自然界、改造自然界的过程中，应该遵循自然界客观发展规律，按照自然规律制定相应的祁连山生态环境保护的策略。

3. 加大公众参与

佛教教义中提倡“众生平等”的思想，在祁连山生态环境保护的过程中，应该鼓励和支持广大人民群众积极平等地参与环境保护和治理，发动群众为祁连山环境保护献计献策，鼓励群众检举违法企业，推动人民群众成为祁连山环境保护的先锋力量，为祁连山环境保护做出贡献。另外，政府在治理祁连山生态环境问题的过程中应该做到信息公开、透明，确保公众享有知情权。

三　祁连山沿线民族传统生态自然观与祁连山生态环境保护

祁连山山脉东西长800公里，沿线居住的民族除汉族外，还有哈萨克族、裕固族、东乡族、藏族、回族等少数民族，各民族依附祁连山的自然生态资源在发展过程中逐渐形成了独具特色的民族文化，其中也包含了优秀的生态环保文化。它是各个民族在长期的生产生活中有意识或无意识地为了适应自然规律而做出的改变，同时也为祁连山的生态环境保护做出了巨大的贡献。了解祁连山沿线民族的生态自然观，可以很好地为祁连山出现的环境问题提供可参考的意见和建议。

（一）哈萨克族

祁连山沿线的哈萨克族居住在甘肃省阿克塞哈萨克自治县，是中国信仰伊斯兰教的少数民族之一，主要从事畜牧业，兼营农业和工商业，使用哈萨克语，属阿尔泰语系，突厥语族。

哈萨克族在其发展过程中，孕育了独特的保护草原、珍惜草原、与草原和谐相处的草原文化。“人来自泥土，马来自风，牛来自水，骆驼来自盐碱，妖魔来自火。”这些是哈萨克族祖先对世界、人与自然的朴素认知。

1. 哈萨克族的生态自然观

生态自然观是指导环保行为的思想理念和精神追求，一旦形成，就会成为相对稳定的精神力量。哈萨克族的生态自然观是以热爱大自然的一山一水、一草一木为出发点，以体贴自然、关照自然、保护自然、爱护自然为目标，以敬畏生命、尊重自然、和谐共处为目的，坚持污染综合预防的原则，从源头减少污染物、废弃物的排放入手，努力建设资源节约型和环境友好型社会。

哈萨克族一直以游牧为主，创造了春夏秋冬轮牧的方法，并通过培养优良品种、改进放牧制度、草场分配和管理等方式发展畜牧业，形成了多种放牧办法，如选择地形躲避风雪、观察和判断天气确定牲畜放牧的时间和地点、割储干草、圈育饲喂等。另外，哈萨克族人民热爱植树种草和耕种适合沙漠地区的农作物，有效避免了水土流失、沙漠荒化、草原沙化等环境问题。①

古老的哈萨克族认为，世界上没有多余的生物，大千世界生存的万物都是生态平衡的一个组成部分，在生物界有着相互配合和不可替代的作用。哈萨克族认为保护大自然中的一切生物如同保护自己的子孙后代，对万物施以博爱，是人道主义的象征。哈萨克族先民流传下来的通俗易懂的谚语是一代又一代哈萨克族人民环保智慧的结晶，且含有丰富的科学内涵，比如“不要拔掉青草，否则你的生命会像它一样短暂”。

哈萨克族为了保护生态环境，减少对大自然的破坏，创造了各种谚语、故事，并将其渗透到道德教育中，使哈萨克族青少年从小就产生保护环境的意识，不做破坏环境的事，并不断传承发展，最终形成了现在哈萨克族的生态自然观。

2. 哈萨克族生态自然观产生的原因

哈萨克族的生态自然观是在长期的生产生活中潜移默化形成的，某种程度上也促进了整个民族的可持续发展，其形成的主要原因是生活环境和民族信仰的影响。

（1）草原生活环境的影响。古今以来哈萨克族大都居住在辽阔的草原上，过着游牧生活，逐渐孕育出了草原文明。他们认为草原是母亲，人类是孩子，人类固然是万物之灵，但首先是万物之子，不具备与大自然平起平坐的地位。长期生存竞争总结出来的经验告诉他们，肥沃的草地、广阔的牧场是生存繁衍的源泉，不能只顾眼前利益，而忽略长久的发展，不能一味地向自然索取，忽视草木的生长规律，人类的所取所得都是自然的馈赠，要永怀感恩之心、敬畏之心。草原是大自然的一部分，是地球的一部分，草原的形

① 托莱·马先拜：《论哈萨克族的环境保护理念》，http：//www. tcdqhb. gov. cn/shownews. asp? Id = 226。

成史和人类的发展史密切相关，因此哈萨克族在漫长的发展过程中形成独特的保护草原、珍惜草原、与草原和谐相处的自然观。

（2）宗教信仰的约束。哈萨克族信仰伊斯兰教，伊斯兰教的教义认为一切存在由真主创造，真主主宰了一切。对于自然生态环境，《古兰经》教义认为应该以较为合理的方式和态度来处理，如果人类对于自然环境做出不理智的行为，自然环境就会反过来对人类进行惩罚。并强调人类应该有节制地利用自然，不能肆意掠夺，应该在一定程度上尊重自然、爱护自然。可见，哈萨克族的独特生态自然观与信仰密不可分。

（3）良好的环保教育。环保思想存在于哈萨克族丰富多彩的民间文学和非物质文化遗产作品中，如生活习俗歌、谚语和格言、谜语、英雄长诗、民间故事和献诗等。通过这些传统文化的传播哈萨克族人民从小便树立起保护环境、尊重自然的意识。

（4）历史人物的影响。在哈萨克族发展的历史进程中，出现了许多文化名人，这些名人创造了许多优秀的反映了哈萨克族人民对自然界、社会及道德和美学认识的环保思想，代表人物有法拉比、阿拜等。法拉比指出“人类不能违背自然规律，必须保持原生的自然，合理利用，自然就像人类一样，是不喜欢掠夺和暴行的”。告诫人们要谋求经济、社会、生态环境间的协调发展，改善人与自然、人与人之间的关系，实现全面发展。

3. 对祁连山生态环境保护的借鉴

哈萨克族始终坚持人与自然和谐相处的自然观，并将其很好地贯穿于社会生产生活的方方面面。重视教育和传承，以达到经济发展与环境保护的良性平衡。在环境形势日益严重的今天，哈萨克族的生态自然观为环境保护做出很大的贡献。哈萨克族生态自然观的形成得益于其独特的生存环境和崇高的民族信仰，并与其优良的传统教育密不可分。值得借鉴的是，我们可以将环保作为自己的信仰去身体力行地实践，个体带动群体，形成民族的生态自然观，解决各种环境问题，推动生态文明建设，实现人类社会的永续发展。

（二）裕固族

裕固族是甘肃省独具特色的少数民族之一，祁连山沿线的裕固族主要聚居在肃南裕固族自治县和酒泉黄泥堡地区。藏传佛教是裕固族主要的信仰，但也有多种宗教并存现象。裕固族民间口头文学非常丰富，包括历史传说、民间故事、叙事长诗和民歌等多个种类。春节是裕固族一年中最大的节日，其间放鞭炮，点酥油灯，互送哈达、礼品以示祝福。

1. 裕固族的生态自然观

裕固族的生态自然观主要围绕保护森林草原、动植物、水资源等方面。在裕固族宗教、民俗中有诸多裕固族人保护生态环境、促进人与自然和谐相处的生态自然观。

裕固族为了保护草场，促进牧业可持续发展，主张采取轮牧、休牧的游牧方式。通过将牧场分为春、夏、秋、冬四季牧场，根据时令的变化选择放牧地点，使草场不因过度放牧而遭到破坏。这在裕固族日月崇拜的传说中也有体现，“日月是一对情人，而这对情人正是自己的父母。日月交替是父母交替轮牧”。[①]裕固族人不仅把树木当作被敬畏的对象，且视其为预示命运的象征物，认为树木是有生命和灵魂的，不得砍伐，否则就是犯罪。

裕固族受萨满教的影响信仰狼和鸟。他们认为“尖嘴”动物即鹰与天神最近，鸟类帮助鹰往天上送过祖先的灵魂。[②]因此，禁食“尖嘴圆蹄”的动物，即鸡、鱼、马等，不打杀鹤、雁、鹰等。另外，裕固族的剪鬃仪式也体现出其对动物的保护和重视，小马驹长到一周岁进行剪鬃仪式后才可使用。如格言中所说“马驹剪鬃才算马，娃娃剃头才成人”。

在荒漠地带生活的裕固人，在漫长的历史发展过程中对水的重要性有深刻的认识。他们视水为生命，禁止在泉眼搅动、在泉水中洗衣服，不得在水源地宰杀牲畜、在水源旁大小便。裕固人通常用石块将水源保护起来，以预

① 甘肃少数民族社会调查组编《裕固族专题调查报告汇集》，1963，第6页。

② 蔡庭花：《裕固族环境保护习惯法研究》，西北师范大学硕士学位论文，2013。

防疾病通过水源进行传播，并保护水资源免受污染。

裕固族文化的传承依靠口头传播，民歌就是其中的一种形式。裕固族人在日常的生产生活中创作了大量的民歌，包括叙事民歌、劳动民歌、习俗民歌、情歌、民间小调等。其中最具代表性的《割草歌》《剁草歌》体现了裕固人对与其生活息息相关的草场的保护。

2. 裕固族生态自然观产生的原因

（1）自然地理环境的影响。裕固族人所在的肃南裕固族自治县地处河西走廊中部，巴丹吉林沙漠边缘，东、北与高台县毗邻，西、南与酒泉市肃州区接壤。土地面积 1631 平方千米，属大陆性荒漠干旱半干旱气候类型，年降水量 70～90 毫米，年蒸发量 2000～2900 毫米，昼夜温差大，年平均气温 3.6℃。较长的低温环境导致境内的植物生长期较短，一旦破坏，恢复较困难。同时，裕固族地区有丰富的林业和动植物资源，独特的自然地理环境又使地区的生态系统呈现多样化特点，进而推动裕固族形成了独特的生态自然观。

（2）民族经济的发展。裕固族起源于鄂尔浑河流域的回鹘，在长期的迁徙过程中逐渐形成为一个以游牧为主的民族，直到 1949 年后，才从全游牧生活方式转变为定居与游牧结合的生活方式。为了有效地保护生态环境，牧民们将牧场分为春、夏、秋、冬四季牧场，根据时令变化选择放牧地点。为了以最小代价获取最大收益，其制定特定的法规以协调不同利益群体间的矛盾和冲突。独特的民族经济和生产方式促进了裕固族生态自然观的形成。

（3）宗教信仰的约束。裕固族先祖曾信仰过萨满教、摩尼教、藏传佛教，也存在多教并存的时期。目前主要信仰藏传佛教。宗教信仰包含的禁忌和教规对裕固族人保护生态环境有重要影响。藏传佛教认为地球是宇宙的一个组成部分，任何一个生命都与宇宙环境处于相互依存、相辅相成的因缘关系中，提倡人与自然和谐相处的宇宙观和“众生平等”“忌杀生”等思想观念。

3. 对祁连山生态环境保护的借鉴

裕固族受自然地理环境、民族经济、宗教信仰等因素的影响，在历史进程中逐渐形成了独具特色的裕固族生态自然观，并对裕固族人行为方式、思想观念起到潜移默化的作用。这些生态自然观不仅促进了裕固族经济的发展、人民生活水平的提高，而且对保护裕固族区域的生态环境有所推动。值得借鉴的是，裕固族将民歌和仪式作为生态自然观传播的媒介，既丰富了民族文化的内容，又保护和传承了裕固族的生态环境和生态自然观。对于当代生态环境破坏问题的解决和生态文明的建设起到积极的指导作用。

（三）东乡族

东乡族是甘肃省颇具特色的一个少数民族，因居住在河州（今甘肃临夏回族自治州）东乡地区而得名。其民族历史、民俗文化十分悠久，并具有融合多种少数民族多元文化的特点。现今，东乡族主要分布在甘肃临夏回族自治州东乡族自治县境内，少数散居在甘肃兰州、广河、和政、会宁、玉门等县市及新疆伊犁州，宁夏、青海也有少量定居。

1. 东乡族的生态自然观

受自然环境和气候的影响，东乡族聚居地区粮食亩产不到百斤，曾被联合国评为不适合人类居住的地方，但东乡族人民却顽强地生存下来，这与其日常生活中的环保行为是分不开的。

由于住区严重缺水，东乡族为了生存，从生产生活中总结出了一套沿用数百年的独特贮水方法。东乡族将水窖作为主要的储水工具，因夏天很少下雨，东乡族就将冬天里的雪和秋季珍贵的雨水储存于水窖，用于一年的生活。东乡族特别重视水的重复利用，注重废水再利用及使用吊罐、汤瓶等容器控制用水量等。正是这种水资源匮乏的现实困难，促使勤劳勇敢的东乡族人民形成贮水、节水、惜水的环保文化。

为了在有限的土地资源上获得最多的产出，东乡族从农业生产中总结出有效的积肥方法——烧生灰，即将作物秸秆和枯草树叶通过燃烧来积肥。用生灰制作的有机肥，既能避免化肥对土壤的污染，又能为农户节约大量支出。东乡农谚“人哄地一时，地哄人一年”便反映了农地使用中的可持续发展的理念。这种理念体现在两个方面。一是在农业耕作中实行倒茬、歇地、换种、轮种、混种、歇种等方式，给予农地一定的“休养生息”和自调适的机会，并强调农作物生长中“物种多样性”的协调机制。二是使用人、畜（牛、羊等）粪便为基础的农家肥。①

2. 东乡族生态自然观产生的原因

（1）“羊文化”的影响。东乡族作家马自祥曾写道：“东乡族在发展过程中逐步形成了牧羊传统，羊有和睦相处的性情，在东乡族的生产生活中占有重要地位。因此东乡人民将羊作为盼望吉祥、爱好和平的民族精神的象征。”羊与东乡农民日常生活的联系非常紧密，是东乡人生活的一部分。羊文化的发展是东乡农耕牧养经济文化类型的必然表现。羊文化是东乡乡村社会中的传统文化，体现在民族语言、宗教生活、婚丧嫁娶诸多事务中，构成东乡族深厚的生态经济资源，支撑着东乡乡村社会的运作和脆弱生态环境的维系。同时，这种羊文化不仅维持了东乡族的生计，而且在最大程度上减轻了其对环境的破坏。

（2）宗教领袖的倡导。宗教领袖的言行举止往往影响着信教群众的行为方式、思想观念、生产生活方式等。由于宗教领袖的倡导，信教群众自愿保护环境的案例有很多。例如东乡县大湾头村，中国伊斯兰教库布忍耶门宦第十一辈传教人张明义带领东乡族植树2000多亩，使脆弱的生态环境逐渐恢复；张明义先生倡导社区营造经济林，用材林和薪炭林并举，并明确了按照“谁造，谁有，谁管护”的林业政策及伊斯兰的环保文化和教义管理种植的树木。

（3）宗教信仰的约束。东乡族深信大地是真主创造给人类栖息的地方，是真主的恩赐，故而特别注重对土地资源的保护，不往土地上丢弃任何污秽的东西，以保证土地的纯洁，回馈真主的赐福。《古兰经》和“圣训”中规定，饮用水和沐浴的水一定要非常清洁。所以，东乡族平时将院落打扫得非常干净，特别是在降雪或降雨之前，反复将院落及水窖地上部

① 马自祥、马兆熙：《东乡族文化形态与古籍文存》，甘肃人民出版社，2000。

分的灰尘、羊粪等垃圾清理干净，尽可能减少地面垃圾对珍贵水资源的污染。“圣训”中还提到“任何人植一树，精心养护，使其成长、结果，必将在后世得到真主的恩惠”。因此，东乡人坚持在乡村道路和盘山公路上植树并定期修剪树木。东乡人在伊斯兰教教规教义的约束下对环境做出了重大贡献。

3. 对祁连山生态环境保护的借鉴

受当地“羊文化”的影响，东乡族不仅维持了羊的生计，而且最大程度上减轻了对环境的破坏，保持了经济增长与文化发展的均衡。东乡族宗教领袖的倡导以及宗教信仰的约束，对保护当地生态环境起到了巨大作用。值得借鉴的是，东乡族一位书法家陈坤曾在其书法作品中写道：“你们要保护大地，它是你们的母亲。”这种以书法的形式展示中国穆斯林生态自然观的方式，既有利于传播环保理念，又有利于环保文化的传承。

四　结论与建议

祁连山生态环境变化关乎西北地区生态环境平衡以及国家“一带一路”倡议的贯彻实施，其生态安全在维护国家生态安全中具有极其重要的地位和作用。祁连山地区生态环境脆弱，受气候变化和人类活动共同影响，地区局部植被破坏严重，水土流失、地表塌陷、热融滑塌等自然灾害频繁发生。地球天然固体水库——冰川日渐萎缩，冻土退化，地下冰锐减，严重影响祁连山沿线区域人与自然的协调发展。世代居住在祁连山沿线的民族主要有汉族、哈萨克族、裕固族、东乡族、蒙古族等，在漫长的生存发展中逐渐形成了各民族独具特色的传统生态自然观。这些传统生态自然观在生产生活中潜移默化地影响着人们的行为活动，并直接或间接地保护着祁连山的生态环境。通过梳理中国古代神话传说、儒家、道家、佛教体现的生态自然观，以及哈萨克族、裕固族、东乡族的生态自然观中体现的环保理念，可为解决祁连山出现的环境问题提供借鉴。

（一）充分将当地居民转换为“生态民”，参与环境保护

祁连山生态环境保护可借鉴已实施的当地居民参与自然保护区的成功案例，例如将居住在祁连山区域的裕固族作为保护的核心力量看待，给予他们适当的生产生活用地，允许他们饲养少量家畜以保障生计，并将部分保护经费发给当地居民作为保护补贴，通过生态补偿弥补牧民的生计收入，培训农牧民参与保护区的保护，将农牧民培训为“生态民”，让他们承担保护站森林警察的部分职能，实现环境保护和成本节约的“双赢”。

（二）加强生态环保教育，传承民族传统生态自然观

通过了解祁连山沿线的哈萨克、裕固、东乡等民族的生态自然观可以发现，这些少数民族特别重视生态环保教育，不仅在宗教教义里面有规定，而且在日常的思想文化教育中也渗透着生态环保教育。例如《古兰经》提到如果人类对于自然环境做出不理智的行为，自然环境就会反过来对人类进行惩罚。裕固族信仰的藏传佛教认为地球是宇宙的一个组成部分，任何一个生命都与宇宙环境处于相互依存、相辅相成的因缘关系中，提倡人与自然和谐相处的宇宙观。另外，将民歌、仪式、书法等多种形式作为传播民族传统生态自然观的媒介，对祁连山生态环境保护也起到推动作用。今后，可以民歌、书法等形式进校园进生活，推动祁连山生态环境保护的宣传工作。

（三）坚持节俭节约作风，推动环保可持续发展

受自然地理环境的影响，祁连山区的少数民族已经形成节俭节约、可持续发展的生态自然观，并在其日常生产生活中产生作用。裕固、东乡族形成的节约用水习惯，不仅很好地使水源免受污染而且也确保了本民族用水量。哈萨克族、裕固族利用春夏秋冬轮牧的方法，根据时令的变化选择放牧地点，使草场不因过度放牧而遭到破坏，维持了草场的可持续发展。

（四）重新认识草原围栏建设，适度恢复传统的游牧制度

受气候条件、人口数量、经济发展水平等因素的影响，我国现行的草原围栏制度与发达国家存在明显差异。草原围栏对野生动物迁徙、草原鼠害的天敌（如鹰）造成了很大伤害，对牧民传统的游牧文化和草原生态保护理念的传承造成负面影响。而且草原长期围栏，牧草根系容易腐烂，浪费了宝贵的草地资源，秋冬季草原极易发生火灾，不利于草原的可持续保护和利用。因此，建议在祁连山地区恢复传统的游牧制度，在保护区核心区适当围栏，预留充足的野生动物迁徙通道，探索游牧制度与围栏保护的中间模式。

理 论 篇

Theoretical Articles

G.12

祁连山国家级自然保护区破坏的历史及原因

丁文广　王丽娜*

摘　要： 祁连山是我国西部最为重要的生态安全屏障。虽然北边和西边是沙漠，南边有柴达木盆地，东边有黄土高原，但祁连山硬生生辟出一片绿洲，成为一座岿然不动的湿岛，阻隔了巴丹吉林、腾格里沙漠的南侵，拱卫着青藏高原乃至“中华水塔”三江源的生态安全，生态地位极其重要。近年来，随着祁连山国家级自然保护区周边人口的增加，人们对于社会经济快速发展的需要，中央政府对于祁连山国家级自然保护区经济发展与生态保护之间的平衡发展提出了更高的要求。本

* 丁文广，兰州大学资源环境学院教授、博士生导师，世界银行和亚洲开发银行社会发展专家，科技部同行评审专家与国际合作专家，研究领域为环境社会学、环境管理学。王丽娜，兰州大学资源环境学院硕士，主要研究方向为气候变化应对。

报告以社会环境学为基础，通过田野调研、问卷调查、半结构访谈等社会学的研究方法，调查祁连山国家级自然保护区的破坏历史，并从森林破坏、矿产资源开发破坏、水电站破坏、过度放牧以及旅游破坏五大方面进行分类统计总结。针对祁连山国家级自然保护区的破坏现状，从不同方面阐述了导致自然保护区严重破坏的原因，得到祁连山国家级自然保护区生态破坏的源头为立法层面“放水”、政策执行力不够、政策实施缺乏独立的监测评估；环境保护监管职能分散；政府绩效考核中缺乏生态考核；忽视相关利益群体需求；缺乏环保意识教育；自然保护区缺少统一、规范、高效的管理。

关键词： 祁连山国家级自然保护区　生态破坏　根源分析

祁连山国家级自然保护区处于青藏、蒙新、黄上三大高原交汇地带的祁连山北麓，[①] 因其位于河西走廊南侧，又名南山。[②] 祁连山国家级自然保护区在行政区划上涉及武威、金昌、张掖三市 8 县（区），包括天祝藏族自治县、肃南裕固族自治县和古浪、永昌、凉州、山丹、甘州、民乐县（区）的部分地区，东西绵延 800 公里，南北横跨 200 ~ 400 公里，海拔 4000 ~ 6000 米，总面积高达 265.3 万公顷。[③] 按功能区划分，核心区面积为 802261.6 公顷，占全区总面积的 30.2%；缓冲区面积为 470625.2 公顷，占全区总面积的 17.7%；实验区面积为 1380136.2 公顷，占全区总面

① 刘金荣、谢晓蓉：《祁连山荒漠草地特点及畜牧业可持续发展利用对策》，《中国奶牛》2002 年第 4 期。

② 周长吉：《周博士考察拾零（二十七）甘肃省肃州区设施农业发展概况》，《农业工程技术》2013 年第 8 期。

③ 车克钧、杨全生：《祁连山国家级自然保护区的有效管理与持续发展》，《甘肃林业科技》2000 年第 3 期。

积的52.0%。2015年，祁连山国家级自然保护区被设立为国家公园试点之一——祁连山国家公园体制试点，预计2020年将正式设立祁连山国家公园。

祁连山地区年降水量在300毫米左右，年蒸发量在1000～1200毫米，属于大陆性高寒半干旱气候。[①] 祁连山国家级自然保护区生态地域复杂，有丰富的动植物资源，高等植物95科451属1311种，陆生脊椎动物28目63科286种，国家一级重点保护动物13种，二级重点保护动物38种；[②] 保护区内水资源丰富，现代冰川较为发达，冰川具有多年调节河川径流量的作用，共有冰川2194条，面积1334平方公里，储水量615亿立方米，冰川融水孕育了56条内陆河流，形成了石羊河、黑河、疏勒河三大内陆河水系，是河西走廊468万人口以及70万公顷农田的用水来源。[③] 祁连山自然保护区内的旅游资源也较为丰富，有美丽的自然风光和大自然自然形成的各种奇特风景，其中以生态旅游为主。祁连山国家级自然保护区周边共有71个乡镇，总人口68.56万人，其中92.87%为农牧人口。[④] 祁连山是中国西部重要的生态安全屏障，是黄河流域重要的水源产流地，也是我国生物多样性保护的优先区域，祁连山的生态安全对于河西走廊的生态安全至关重要，其影响如同黄河对华夏文明的影响。祁连山地处西北干旱区，北临北山戈壁和巴丹吉林沙漠，南接柴达木干旱盆地，西靠库姆塔格沙漠，东有黄土高原，祁连山像是一座伸进西部干旱区的湿岛，[⑤] 阻隔了巴丹吉林、腾格里沙漠的南侵，拱卫着青藏高原乃至“中华水塔”三江源的生态安全，生态地位极其重要。早在1988年，国家就批准设立了甘肃

① 贾文雄：《祁连山气候的空间差异与地理位置和地形的关系》，《干旱区研究》2010年第4期。

② 汪有奎等：《祁连山自然保护区啮齿类动物初步研究》，《东北林业大学学报》1999年第6期。

③ 李柏春等：《祁连山自然保护区与社区经济发展对策探讨》，《甘肃林业科技》2003年第3期。

④ 苏琦、袁道阳、谢虹：《祁连山—河西走廊黑河流域地貌特征及其构造意义》，《地震地质》2016年第3期。

⑤ 武正丽等：《近10a来祁连山植被覆盖变化研究》，《干旱区研究》2014年第1期。

祁连山国家级自然保护区，长期以来，祁连山局部生态的破坏问题十分突出，对此习近平总书记曾多次做出批示，要求紧急整改，在中央有关部门的督促下，甘肃省相关部门做出相应调整，但是情况并没有得到明显的改善。本报告主要从不同方面论述甘肃祁连山国家级自然保护区的破坏历史以及破坏原因。

一 祁连山国家级自然保护区破坏历史

（一）森林破坏

祁连山国家级自然保护区森林资源丰富。祁连山上游山区属温带山地森林草原，生长着灌丛和乔木林，存在十分明显的垂直带谱，由高到低的分布依次为：高山垫状植被带、高山草甸植被带、高山灌丛草甸带、山地森林草原带、山地草原带、荒漠草原带。由于中游地势较为平坦，所以多是人工栽植的农作物和林木，成为我国著名的产粮基地。下游生长着荒漠地区特有的荒漠河岸林，其植物种类和中游的荒漠植被差别不大，呈现荒漠天然绿洲的景观。[①] 祁连山森林破坏从 20 世纪 50 年代初开始，当时经济发展水平不高，保护区附近的人们生活更是贫苦，缺少经济来源，所以当时对于森林资源的破坏主要源于自然保护区附近的居民对森林的乱砍滥伐，[②] 砍伐森林盖房子、烧火煮饭、售卖贴补家用等，使森林资源破坏严重。在祁连山的中海拔和下游领域，特别是干旱地区的植被破坏几乎是无法挽回的损失，需要几十年的时间来恢复。由表 1 我们可以看出，到 1988 年保护区建立之前，祁连山国家级自然保护区森林破坏情况十分严重，30 余年间，森林面积减少了近 60%。

① 蒋友严、杜文涛、黄进等：《2000～2015 年祁连山植被变化分析》，《冰川冻土》2017 年第 5 期。

② 李并成：《历史上祁连山区森林的破坏与变迁考》，《中国历史地理论丛》2000 年第 1 期。

表1　20世纪50年代与1988年森林资源情况对比

项别	20世纪50年代	1988年
森林面积(万公顷)	34.60	14.18
疏林地和灌木林面积(万公顷)	55.47	30.87
森林覆盖率(%)	22.4	14.4

（二）矿产资源开发破坏

祁连山国家级自然保护区内最主要的矿藏是金矿，有矿床2个，矿点8个，黄金储量13.46吨，而且还伴生有银矿。[①] 由于矿产资源较为丰富，保护区自1970年开始对矿山进行小规模的开采，其后对矿产资源的开采活动愈演愈烈，直到20世纪末期保护区开矿企业数量最多。据统计，保护区内有144宗采矿、探矿项，其中有14宗是在2014年国务院明确保护区划界后违法违规审批延续的。在人们为开发矿产资源带来的经济效益而欣喜不已时，过度开采矿产所造成的后果接踵而至，矿山开采造成的山体破损，使原本郁郁葱葱的山上寸草不生，并且造成地表不同程度的塌陷，据相关统计保护区中仅张掖段就存在4500公顷的植被破坏。[②] 其次，矿产资源的过度开发污染地下水，尤其当一些矿体处于地下水之上时，为了开采干燥的矿产，需要将采矿坑中的水尽数排出，这不仅会污染水体，使附近居民的用水质量无法得到保证，而且造成地下水水位下降，水资源的平衡被打破；随着开采矿产企业越来越多，开采过程中产生的废水、废气、固体废物等的排放量大，对附近土地、居民的生活造成不可估计的后果。祁连山国家级自然保护区内长期以来进行的大规模探矿、采矿活动，对保护区局部生态环境造成重大不良影响。我

① 张婷婷：《青海省祁连山地区矿山地质环境治理综述》，载《中国地质学会2011年学术年会论文集》，2011。

② 中国地质调查局发展研究中心：《祁连山西段党河南山地区以金为主的矿产资源综合评价成果报告》。

们应该合理地开发资源、利用自然，不能肆意掠夺，需要有节制地向大自然索取，肆意破坏自然资源，只会自毁家园，自食其果。

（三）水电站破坏

祁连山国家级自然保护区冰川数量较多，冰雪融水使自然保护区内水资源较为丰富。[①] 水电站建设对河流生态造成的影响之大，远远超过我们的想象，往往造成下游生态水断流。要不要建电站，建多大规模，应该取决于社会对河流生态破坏的可接受程度。祁连山国家级自然保护区中水电站的建立始于1990年，开始以建设小水电站为主。1990年，保护区黑河、石羊河、疏勒河等内陆流域受到高强度水电开发，共建水电站150余座，其中42座位于自然保护区内（见表2），总装机容量113.94万千瓦。其中存在违规审批、未批先建、手续不全等问题。

表2　保护区内水电站分类统计

单位：个，万千瓦

项目	流域			建设性质		开发方式		
	黄河（大通河、金强河）	石羊河	黑河	建成	正在建设	坝后式	混合式	引水式
数量	4	21	17	33	9	4	5	33
总装机容量	6	19.87	88.07	—	—	—	—	—

自然保护区中的水电站建设大都需要修建拦水坝，拦水坝拦住了水，也拦住了水中的一切，导致上游的泥沙和营养物质无法输送到下游。这些参与塑造湿地的泥沙和营养物种被拦截在水库内，无法促使下游的湿地进行演替，导致湿地退化，或者被海水侵蚀，对栖息在湿地的野生动物带来不利影响。对河水本身来说，养分下降，水生生物由于缺乏食物绝迹，河水变得越来越

① 孙美平等：《近50年来祁连山冰川变化——基于中国第一、二次冰川编目数据》，《地理学报》2015年第9期。

安静，生态服务功能严重下降。保护区的生态环境遭到严重破坏，下游河段出现减水甚至断流现象，水生态系统遭到严重破坏的根本原因在于保护区内违法违规建造的水电站数量众多。以黑河为例，黑河全长821千米，年均径流量16亿立方米，但是黑河大半年的时间处于断流状态，水生态系统遭到严重破坏，原因在于黑河上游分布着8座水电站，并且张掖市各方面的用水量远远超过黑河的全年径流量。

（四）过度放牧

祁连山国家级自然保护区内的居民以农牧民为主，农业生产发展方式落后，养殖业是其主要经济来源，过度放牧的危害极大，家畜通过采食和践踏来影响草原植被及土壤，草原退化就是植被和土壤的双重退化过程。过度放牧会使植物群落、植被地上生物量、枯枝落叶量及根系生物量降低，尤其使优良牧草种类迅速减少，草地生物多样性降低，植物群落结构单一化，进入土壤的有机物减少。① 祁连山国家级自然保护区内的天祝县和肃南县是发展畜牧业的重点县，② 所以以两县为代表统计牲畜数量变化，根据图1我们可以看出自1949年开始天祝县的牲畜数量呈递增趋势，自20世纪80年代来，一直保持在100万个羊单位，肃南县的牲畜数量比天祝县略低，但是整体呈现增长趋势，自20世纪70年代以来牲畜数量一直维持在50万个羊单位。③ 随着牲畜数量的增加，两县的牲畜数量已经远远超过两县草地的承载量，过度放牧使两县的草地迅速退化，据甘肃省第二次国土资源详查资料统计，两县草地退化面积已经高达129万公顷。④ 过度放牧的情况同样出现在青海省的玛多县，玛多县是黄河源头第一县，20世纪80年代玛多县山清水秀、湖泊成群、湿地连片，牧民人均收入超过500多元，人均占有牲畜达到100多

---

① 闫月娥等：《祁连山北坡草地资源及退化现状分析》，《草业科学》2010年第7期。

② 李柏春等：《祁连山自然保护区与社区经济发展对策探讨》，《甘肃林业科技》2003年第3期。

③ 天祝县统计局：《天祝藏族自治县2009年国民经济和社会发展统计提要》，2010，第35页。肃南裕固族自治县统计局：《肃南裕固族自治县2009年统计年鉴》，2010，第92~96页。

④ 徐柏林等：《祁连山自然保护区人口变化及其对森林草原的影响》，《草业科学》2013年第6期。

头只，1980～1982年连续三年蝉联全国人均收入第一名。由于过度放牧，玛多县的生态环境遭到严重破坏，大部分地区水源涵养功能大大下降，径流逐年减少，湖泊面积一再萎缩，草场退化，土地沙化，鼠害频发，导致当地的牧民生活无以为继，成为国家级贫困县。

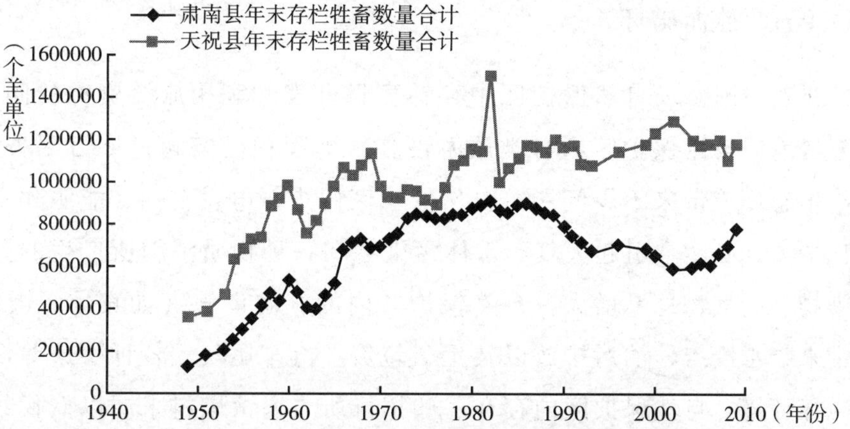

图1　1940～2010年天祝、肃南县草场放牧牲畜数量变化

我国牧区普遍实施草原围栏禁牧制度，在恢复草原生态、促进草原确权承包、明确草原权属责任方面的确发挥了积极作用。这一围栏制度主要借鉴西方发达国家如新西兰的围栏制度而确立，而我国的气候条件、人口数量、经济发展水平等与新西兰等发达国家有很大差距。调研表明，草原围栏对野生动物迁徙、草原鼠害的天敌（如鹰）造成很大伤害，对牧民传统的游牧文化和草原生态保护理念的传承造成负面影响，而且草原长期围栏，牧草根系容易腐烂，浪费了宝贵的草地资源，秋冬季草原极易发生火灾，不利于草原的可持续保护和利用。因此，首先建议恢复传统的游牧制度，在保护区核心区适当围栏，预留充足的野生动物迁徙通道，探索一种游牧制度与围栏保护的中间模式。其次，在一般情况下，生态系统中各种生物的数量和所占比例总是维持在相对稳定的状态，并不是一成不变的，因为生态系统具有一定的自动调节能力，但这种自动调节能力有一定限度，当人为的或自然因素的干扰超过了这种限度时，生态系统就会破坏，如果人们在自然保护区上过度放牧就引起土地荒漠化，于是水土流失严重，沙尘暴不断侵袭人类，泥石流等自然灾害也不断发生。更重要的是一旦形成这种破坏，祁连山国家级自然保护区很难再恢复水草丰美的生态环境。

（五）旅游破坏

祁连山国家级自然保护区中存在盲目开发和利用旅游资源的问题，截至目前，自然保护区内各类旅游设施占地面积已经超过 2 万平方米，这给生态环境带来不少问题。自然保护区内煤、电、石油、能源和水源消耗增大，必然会引起大气、水体污染物和各种物质消耗所产生的固体污染物、废气物总量增大。自然保护区内的旅游设施（如宾馆、饭店）所带来废水废渣、油污排放以及生活垃圾、汽车尾气、各种噪声等污染和破坏环境。自然保护区内存在一些招待所、餐馆燃料来源以砍伐景区林木为主，大规模砍伐树林，森林面积急剧下降，造成自然保护区内严重的水土流失，使原来良好的生态环境遭到严重破坏。违法经营国家野生保护动物，又将生活污水未经处理直接排入景区。① 自然保护区的首要任务是保护并维持自然生态系统的完整性和原真性，并且能够世代传承下去。任何建设活动包括商业性经营活动都应在这个前提下进行，商业开发活动应该是可控的，破坏性的开发活动必须禁止。近年来，祁连山国家级自然保护区每年接待游客数量在 30 万人（次）以上，② 自然保护区内的游客越来越多，部分游客在自然保护区内随意碾压草地，乱丢垃圾污染环境和水源，给自然保护区造成不可恢复的破坏，所以应该坚持适度开展旅游项目，在严格保护生态的前提下，管控旅游客流量，创新游憩产品，优化游憩区布局。

---

① 丁文广等：《祁连山国家级自然保护区创新管理机制研究》，《环境保护》2018 年第 1 期。

② 蒋志成、汪有奎、罗玉梅：《生态旅游对甘肃祁连山国家级自然保护区景区土壤的影响》，《防护林科技》2015 年第 11 期。

二　祁连山国家级自然保护区破坏原因分析

（一）政策方面

（1）立法层面。甘肃省经济发展一直处于欠发达状态，甘肃省有关方面始终将经济发展放在首位，忽视了对环境的保护。《甘肃祁连山国家级自然保护区管理条例》中始终对一些破坏环境的行为没有令行禁止，例如，人们在自然保护区内可以随意砍伐树木、没有节制的放牧，甚至可以开矿、采石等。2013 年 5 月修订的《甘肃省矿产资源勘查开采审批管理办法》居然允许在国家级自然保护区实验区进行矿产开采，这与对祁连山国家级自然保护区的保护严重相悖。破坏自然保护区的行为一直存在，主要原因在于甘肃省有关方面，没有深刻意识到生态环境保护的重要性，对于生态环境的保护缺乏全面的政策支撑，使祁连山国家级自然保护区内的生态环境破坏日益严重。

（2）政策执行力不够。政策执行环节的偏差往往是导致政策不能实现其意义的主要原因。[①] 尽管国家先后出台了多种政策，但地方政府始终没有落实党中央决策部署，坚决彻底地执行这些政策。根据祁连山国家级自然保护区的破坏情况，习近平总书记先后做出两次重要批示后，甘肃省有关部门仍然对于祁连山国家级自然保护区的破坏视而不见、无动于衷，使保护环境的政策根本发挥不到应有作用。生态环境保护关键在于领导干部，核心更在领导干部的环保意识。各级领导干部必须扛起生态文明建设的政治责任，坚决把思想和行动统一到党中央决策部署上来，把生态文明建设摆在全局工作的突出地位抓紧、抓实、抓好，时时刻刻紧盯生态环境重点领域、关键问题和薄弱环节，以钉钉子精神下大气力解决好人民群众反映强烈的生态环境突出问题，绝不能片面地为了经济发展，以牺牲生态环境为代价。

---

① 丁文广：《环境政策与分析》，北京大学出版社，2008。

（3）缺乏独立的监测评估。《甘肃祁连山国家级自然保护区管理条例》虽然历经三次修改，但始终与《中华人民共和国自然保护区条例》有很大出入，禁止实行的10条规定被缩减为3条，致使很多不符合生态环境保护原则的行为被允许，譬如在国家级自然保护区实验区进行矿产开采，将保护区内11处煤矿予以保留等，导致祁连山国家级自然保护区环境破坏严重。允许在缓冲区地带拍摄影片、在试验区地带进行“地质勘测、多种经营活动”等多种行为与有关保护政策规定的内容相悖。缺乏独立的第三方机构监测评估保护区的政策执行情况是造成这一现象的根源，在祁连山生态环境保护方面，甘肃省的各级部门均出现责任不落实、履职不到位的问题，无形中为一些违法违规项目的实施提供了便利，自然保护区管理有关规定名存实亡。

（二）生态环境保护监管职能分散

长期以来，我国自然资源保护体系管理不顺畅，在自然保护和生态保护领域存在“九龙治水”现象。部门职责分散交叉重复，内耗突出，多头治理的管理体制已对生态文明建设和生态环境质量改善形成较大制约，生态环境监测和执法效能不高。多部门标准与数据不一致，“多个大盖帽管着一个草帽”“多个大盖帽管不好一个草帽”等现象并存，监测执法力量分散、效率不高。没有落实第一负责人，抓住主要负责人这一“关键少数”，督促其承担应尽的生态环境保护职责。不同部门设置了不同类型的保护区，针对不同类型的保护区都编制了发展规划，缺乏统一的分类分级系统、空间布局规划、保护管理体系，导致这些保护区分类分级混乱、空间交叉重叠、管理权属分散，带来保护格局破碎化、管理体系碎片化等问题。建立国家公园体制是解决上述问题和矛盾的重要途径。建设国家公园主要是为了完善我国国土空间的开发保护制度，在生态文明制度框架下完善和构建一套符合国际潮流又适应中国特色的自然保护体系。具体来说，一是为了加强国土空间保护的顶层设计，破解部门、地方利益与体制的切割。二是有利于完善甚至重构我国的自然保护体系，弥补严格保护与合理利用之间的空缺。在破解旧有体制痼疾的同时，防止对现有自然保护体系造成毁灭性冲击。三是逐步解决自然保护地的土地和自然资源资产产权问题。通过建设国家公园，可以推动区域内土地与自然资源的确权登记，清晰界定全部各类自然资源资产的产权主体，划清全民所有和集体所有之间的边界，从而建立并最终形成归属清晰、权责明确、监管有效的自然保护区分级管理制度。

（三）缺乏生态绩效考核

甘肃省属于经济欠发达的省份，主要依赖矿产、水电等资源的开发来发展经济。在经济得到发展的同时，生态环境破坏严重。祁连山国家级自然保护区所涉及的地区大部分贫穷落后，以农业生产为主，靠天吃饭的方式导致经济发展落后状态，很多地方为了 GDP 的增长以牺牲生态环境为代价。甘肃省委、省政府按照国家统筹推进“五位一体”总体布局和协调推进“四个全面”战略布局的部署，把环保工作放在更加突出的位置抓紧抓好不仅非常必要而且意义非常重大。祁连山国家级自然保护区内大多地区存在一个共同的问题，即资源保护与当地经济发展之间存在重大冲突。譬如位于自然保护区内的天祝县，具有独特的自然景观和丰富的生物多样性资源，但同时也是保护区内最贫困的县之一，经济发展水平非常落后。特别是 1999 年禁止砍伐天然森林后，过去以采伐林木为主的地方财政收入比禁止砍伐前下降了 60% ~90%，地方经济再度陷入困境，农牧民人均收入受到严重影响。为了提高当地人均收入，发展矿产、水电等企业，虽然经济水平有所增长，但是矿产、水电等传统产业的发展对环境影响很大。由于 GDP 是考核地方政府主要领导的核心，为了 GDP 的增长地方政府大力发展矿产、水电等产业，对于一些违法违规建设也“睁一只眼闭一只眼”。把 GDP 增长当作第一要义，但是人民并不希望用生态环境换取经济发展。建议在祁连山国家级自然保护区建立国家公园，发展以生态文化旅游、回归自然的身心体验和服务业为主的资源非消耗型产业，只要科学规划、重视保护、合理开发利用就可以实现产业与环境互利双赢，是减轻经济发展对生态环境的压力和多效益利用资源的最佳发展方式。

（四）忽视利益相关群体的诉求

在国家主体功能区战略中，自然保护区属于“禁止开发区域”，保护为第一要义，其主导功能是保护大自然。但是，自然保护区中仍然分布大量居民，有些属于贫困人口。因此，园区内的种植业、养殖业等传统利用方式应该是被允许的。需要解决的关键问题是如何实施对生态资源传统利用的管控，实现产业绿色转型。其实一直以来祁连山国家级自然保护区内居民生计与生态割裂是造成保护区生态环境破坏的主要原因，很多生态环境的破坏主要是由当地社区居民的偷猎、过度使用资源造成的，而当地居民的这种行为最原始的驱动力就是贫困，贫困往往是生态环境遭受破坏的外部驱动力，导致贫困—生物多样性破坏—灾害频发恶性循环的加剧。所以我们应更加重视自然保护区中相关群体的诉求。在自然保护区内努力实现人与自然的和谐发展，实现自然—经济—社会复合生态系统的生态平衡，尤其要对当地居民的生活有所保证，使当地居民积极参与自然保护区的保护。

一是实行分区管理，自然保护区内部村落、居民的一些传统生产生活方式对自然生态系统的影响是有限的，有些甚至很好地体现了“天人合一”的理念，可以划出一部分作为传统利用区，通过社区参与机制强化居民的生态保护意识，对传统生产经营活动进行规范化管理，引导自然资源的可持续利用，同时对访客开放。二是创新自然资源保护管理模式，合理设定社会服务公益岗位，将自然保护区范围内的森林、湿地、草场和自然保护岗位等统一归并为生态管护公益岗位。三是选择自然保护区周边一些城镇、村屯、林场和牧场作为生态旅游示范区，依托设立自然保护区公共服务区和访客接待中心，鼓励当地群众以投资入股、合作、劳务等形式从事民宿、农家乐和环境友好型林牧特产品开发等经营活动，支持他们在参与自然保护区管理运营中获益，促进形成绿色生产方式和生活方式。四是对居住在严格保护区的居民按照中央精准扶贫精准脱贫的要求，优先实施居民点调控及安居工程，逐步进行生态移民和易地安置。

（五）开展有特色的环境教育

生态的问题归根结底是“人”的问题，要解决人的意识、观念和生存问题，才能进行有序且可持续的保护。祁连山国家级自然保护区内的当地居民不是生态保护的对立面，而是生态保护的力量源泉，保护区周边社区的村民是生物多样性的最忠实守护者。越来越多的案例表明，自然保护区的管理需要有当地村民和主要资源利用者的参与和支持，这不仅考虑到对资源依赖型的社区生计，而且考虑到提高其可持续利用资源的意识。所以我们应该加强传承当地居民传统的生态自然观，特别是在祁连山国家级自然保护区内有许多少数民族，他们本来就有许多传统的生态自然观，要用各个民族传统的生态自然观来为保护区的保护服务。少数民族在特定的自然历史条件下所形成的各具特色的环保思想，在今天依然闪耀着智慧的光芒，值得深入挖掘和大力弘扬，以促进我国的生态文明建设。要通过环保、新闻媒介、居民社区及执法等各单位有关环保的组织、宣传和执法活动对公众进行自然教育。只有有了重视环保、积极参与环保的良好氛围，才能更好地感染和强化当地居民的环保意识。同时，建议在保护区内创建“自然教育基地”，对中小学生进行环境教育，将生态保护的理念根植于我们的下一代。

（六）自然保护区缺少统一、规范、高效的管理

建设好甘肃国家级自然保护区的当务之急是对过去以抢救性保护为主，对于缺乏科学严谨论证、标准不一、区划不合理的各类自然保护地存在的体制机制弊端进行改革，按照统一、规范、高效的原则，对各类保护地进行功能重组，加强对重要生态系统的保护和永续利用，以保护重要自然生态资源和自然文化遗产的原真性、完整性为主，突出全民公益性，实现世代传承，人与自然和谐共生。因祁连山国家级自然保护区横跨武威、金昌和张掖，地方政府往往在保护与经济发展方面采取不同的态度，保护的力度也不同。因此，建议综合执法局创建之后，及时制定各种保护制度、管理制度，使保护

区能够在省委、省政府的统一领导下，进行统一、规范和高效的保护与管理，创造自然保护区的“甘肃模式”，向其他省份甚至国际自然保护领域进行推广。

三　结论

祁连山是中国西部重要生态安全屏障，是黄河流域重要水源产流地，也是我国生物多样性保护优先区域。然而，近年来的破坏行为使脆弱的祁连山生态不堪重负，究其根源，这些生态破坏行为存在的原因主要在于立法层面的不全面、政策执行力不够、政策实施缺乏独立的监测评估；环境保护监管职能分散；政府绩效考核中缺乏生态考核；忽视相关利益群体需求；缺乏环保意识教育；缺少统一、规范、高效的管理等。针对祁连山国家级自然保护区管理机制和政策中存在的问题，应积极借鉴国际经验。以非洲萨赫尔（Sahel）为例，萨赫尔曾经是一个庞大的贸易帝国，生态环境良好。现如今却是世界上最贫穷的地区，其中几个国家必须依靠国际援助才能满足基本的粮食需求，人民在贫困中挣扎。国际学者对萨赫尔的研究表明，萨赫尔衰退的一个主要原因是对自然资源的管理制度没有充分依赖当地居民的参与，当地居民的传统生态文化传承链被割裂了。所以，自然保护区的保护及生态文明建设，一定要吸取萨赫尔的教训，充分发挥公众参与及当地居民的参与，传承中华民族传统的生态文化，实施“社区共管”、“保护区内的当地居民最大限度转化为生态民”、恢复传统的游牧制度、生态扶贫、优化产业结构五大策略，建立生态保护的长效机制，促进国家生态安全屏障综合试验区建设。相信对于祁连山国家级自然保护区存在的问题，针对其产生的根源，省委、省政府做好顶层设计，动员社会各界参与，以祁连山国家级自然保护区为切入点，一定能够创造出自然保护的“甘肃模式”，成为全国乃至全球自然保护区借鉴的成功模式。

G.13

祁连山生态环境保护研究进展与展望

陈 豪　李田田*

摘　要：　本报告分析了近20年国内学术界的研究成果，分析了与祁连山生态环境保护相关领域的研究热点，其中1998年到2015年的18年间，针对祁连山生态研究的文件发表量呈缓慢上升趋势，在2015~2017年研究文献数量呈现直线上升势头，表明学术界对祁连山生态环境问题高度重视，使其成为国内环境保护研究的一大热点。而历年来在各个研究领域和主题中，森林（179篇）和草地（141篇）方面的文章数量较多，其次是冰川（95篇）和水资源利用与水源涵养（96篇）。本报告对冰川、森林、草地、水资源及水源涵养、荒漠、生物多样性以及管理制度探索与研究七个方面的研究成果进行深入分析。结果表明，对于生态环境破坏现状、历史以及未来发展趋势的研究较为翔实，现代分析技术的广泛应用起到了重要作用，但生态多样性方面缺乏具体的数据支撑。在分析环境破坏原因方面，研究成果多将祁连山当地居民和传统游牧方式等作为生态破坏因素，而没有将其作为可以借鉴的生态自然观。其次，在各个生态恢复方面的具体措施和技术研究成果较多。而管理制度研究、政策建议、环境善治等方面的研究成果匮乏。

---

* 陈豪、李田田，兰州大学资源环境学院硕士研究生。

关键词： 祁连山 生态环境 文献回顾

一 引言

祁连山位于甘肃、青海交界处，是黑河、石羊河和疏勒河三大水系56条内陆河的主要水源涵养地和集水区，在维护我国西部生态安全方面有不可替代的作用，是西北地区重要的生态安全屏障，被誉为河西走廊的“生命线”和“母亲山”。

但长期以来，祁连山局部生态破坏问题十分突出。2017年2月12日至3月3日，由党中央、国务院有关部门组成中央督察组就此开展专项督察。调查发现，保护区存在违法违规开发矿产资源、违法建设运行水电设施、周边企业偷排偷放等问题，致使祁连山生态环境脆弱、不堪重负，形成一些局部破坏不可逆转。2017年7月，中办、国办就甘肃省祁连山国家级自然保护区生态环境问题发出了严厉通报，要求彻底予以整改。

对于祁连山生态环境保护研究的进展主要集中在五个方面，即对生态环境现状和历史的研究，对生态环境变化未来趋势的预测，对生态环境破坏现状的研究，对生态修复措施的探索，以及对生态保护管理模式与制度的创新应用研究。

其中对生态环境现状和历史的研究基本涵盖了祁连山各个地区与各种生态系统（包括各种生态系统间相互的耦合与影响）。这一方面的研究注重运用各类现代分析技术。如在祁连山冰川研究方面，通过卫星资料、遥感技术，可获得冰川冰量变化情况等。① 对生态环境变化未来趋势的预测方面，同样需要大量分析技术的应用，通过如树轮分析等技术，可获得包

① 王玉哲等：《利用卫星资料反演区域冰川冰量变化的尝试——以祁连山为例》，《冰川冻土》2013年第35（3）期。

括地区气候历史与未来发展的预测。① 对生态修复措施的探索，以及对生态保护管理模式与制度的创新应用研究，都需要良好的案例作为研究结果。而针对不同生态破坏类型，如荒漠化、水源涵养功能破坏等，已经出现了对应的生态修复方法。但对诸如冰川退化等情况，还没有可以人工修复的措施。

本报告将对当下祁连山生态保护研究的主要热点进行整理分析，并对主要生态保护研究领域的研究现状进行回顾，并提出未来研究亟待解决的方面，以期为国家祁连山国家级自然保护区和国家公园建设提供建议，为祁连山生态环境保护提供理论支撑。

二 研究进展

（一）载文统计

本报告主要以中国知网（CNKI）中核心期刊为主要数据来源，以“祁连山生态”为主题进行检索，检索时未包括国内作者发表在国外期刊上的相关论文，文献检索时间统一限定为1998～2017年，对此后发表的论文未进行统计。在此基础上，共检索到330篇关于祁连山生态相关的文献，以此作为研究对象。

从研究时间轴看（见图1），祁连山生态研究相关的文献数量总体呈增长趋势，曲线走势在2015年后陡增，这是由近年来祁连山生态恶化现象，国家对生态保护修复的高度重视带来的效应。

以“祁连山生态”为检索词时，相关主题有冰川退缩、生态保护、水资源涵养林、水源涵养、河西走廊、祁连山北坡、黑河流域、石羊河流域、祁连山保护区、生态环境、灌木林、地理环境等。我们在此基础上，着重分

① 李颖俊、勾晓华、方克艳：《祁连山东部188a上年8月至当年6月降水量的树轮重建》，《中国沙漠》2012年第32（5）期。

析归纳为6个主题，分别为冰川、森林、草地、水资源利用与水源涵养、荒漠化、生物多样性，并对这6个主题进行文献检索，检索结果如图2所示。历年研究成果中，森林和草地方面的文章数量较多，分别为179篇和141篇，成为祁连山生态的研究热点，其次是冰川（95篇）和水资源利用与水源涵养（96篇）。

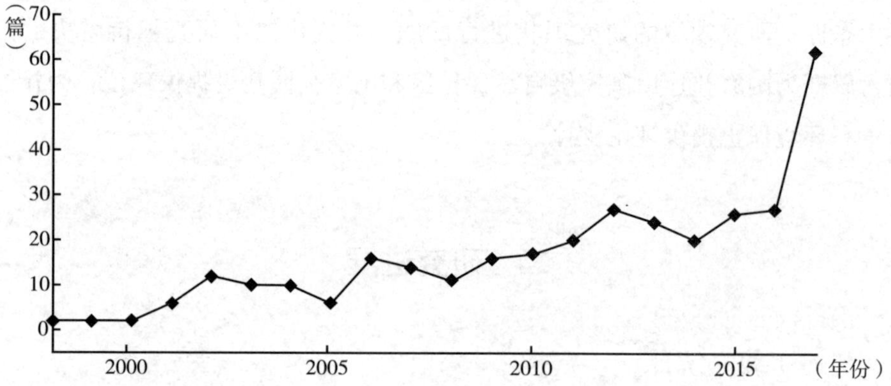

图1　1998～2017年祁连山生态研究文献数量

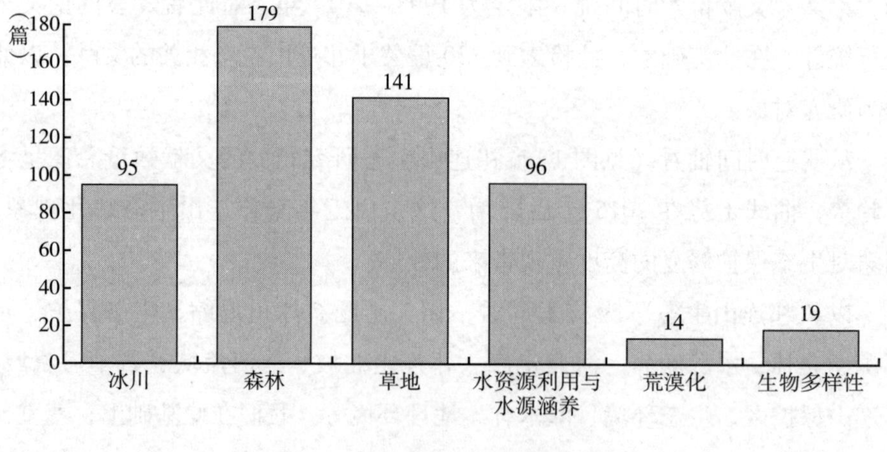

图2　各检索主题文章数量统计

（二）研究进展

祁连山生态系统是一个复合型生态系统，依据自然景观和植被将祁连山生态系统分为冰川、寒漠、森林、草原、水域、荒漠等几大自然生态系统和农田生态系统。① 我们分析了当下祁连山生态环境保护研究的热点话题，并从其中选择了7个较为主要的研究领域：冰川、森林、草地、水资源利用与水源涵养、荒漠化、生物多样性和管理制度探索与研究，对其研究进展进行分析，并对现有研究的不足进行小结。

1. 冰川

冰川是一种重要的淡水资源，也是气候变化的重要证据，其变化能够反映气候变化的相关信息，在稳定和调节河川径流及其年际变化量与年内分配量方面发挥着重要作用。② 冰川融水是中国西部干旱地区最重要的水资源，在中国西部内陆河流域，如祁连山北部的河西走廊地区、塔里木河流域等，冰川的水资源效应尤显突出，这对维系西北干旱区脆弱的生态平衡和社会经济的可持续发展具有重要意义。③ 祁连山区现有冰川 2684 条，面积 1597.81 ±70.30 平方千米，冰储量约 84.48 平方千米。其中，甘肃省和青海省各有冰川 1492 条和 1192 条，面积分别为 760.96 平方千米和 836.85 平方千米。祁连山区冰川数量和面积分别以面积小于 1.0 米的冰川和面积在1～5 平方千米的冰川为主；冰川平均中值面积海拔为 4972.7 米，并自东向西由 4483.8 米逐渐上升为 5234.1 米。疏勒河流域的冰川面积和冰储量最大，占祁连山冰川总量的 31.91% 和 35.11%；哈尔腾河

① 丁国民、刘建泉、宋采福：《祁连山生态系统脆弱性与恢复重建措施初探》，《甘肃林业科技》2002 年（第 27 卷）第 1 期。

② Oerlemans et al., "Modelling the Response of Glaciers to Climate Warming," *Clim Dyn* 14 (1998): 267－274；施雅风、刘时银：《中国冰川对 21 世纪全球变暖响应的预估》，《科学通报》2000 年第 45 期。

③ 刘潮海等：《西北干旱区冰川变化及其径流效应研究》，《中国科学》1999 年第 29 期；张九天等：《冰川加剧消融对我国西北干旱区的影响及其适应对策》，《冰川冻土》2018 年第 34 期；王玉哲等：《利用卫星资料反演区域冰川冰量变化的尝试——以祁连山为例》，《冰川冻土》2013 年第 35 期。

流域、巴音郭勒河流域的冰川面积最小，为 2. 20 平方千米；黑河流域是祁连山区冰川平均面积最小的四级流域，冰川平均面积仅为 0. 21 平方千米。

中国的冰川研究始于 1958 年，学者们对位于祁连山中段、河西走廊南山北坡的七一冰川开展了相关野外考察工作，[①] 为祁连山地区现代冰川变化的研究奠定了基础，建立了代表性冰川长期检测体系。[②]

20 世纪 90 年代以来，亚洲中低纬度地区的冰川面临强烈的负平衡，冰川的大幅度退缩已成为现代冰川变化的主导趋势。[③] 近年来，中国西北干旱区冰川呈现退缩减薄趋势，处于物质亏损状，其中，祁连山区的冰川问题尤为突出。祁连山西段自小冰期至 1990 年总体呈现退缩状态，冰川面积和储量减少幅度呈山地南坡大于北坡、东侧大于西侧的特征；从 1950s 至今，中国西部变暖显著，祁连山西段 95% 的冰川以 419 米/年的速度退缩。祁连山中段黑河流域和北大河流域的冰川变化特征分析结果显示，1956 ~ 2003 年该区域冰川面积共缩小了 21. 7%，小冰川面积变化较大，对气候变化的敏感性较强。别强[④]等对祁连山黑河流域冰川变化分析结果表明：祁连山中段冰川属于强烈退缩型，1960 ~ 2010 年该流域上游冰川持续退缩，面积共减少 138. 90 平方千米（ – 35. 6%），冰川退缩主要发生在低海拔地区，退缩

---

① 中国科学院兰州冰川冻土研究所：《中国科学院兰州冰川冻土研究所集刊第 5 号（祁连山冰川变化及利用）》，科学出版社，1985。SAKAI et al. ，（2006） “Hydrological Observations at July 1st Glacier in Northwest China from 2002 to 2004,” *Bulletin of Glaciological Research* （23） 2016：33 – 39. 蒲健辰等：《祁连山七一冰川物质平衡的最新观测结果》，《冰川冻土》2005 年第 27 期。

② 王璞玉等：《气候变化背景下近 50 年来黑河流域冰川资源变化特征分析》，《资源科学》2011 年第 33 期；阳勇、陈仁升、吉喜斌：《近几十年来黑河野牛沟流域的冰川变化》，《冰川冻土》2007 年第 29 期；颜东海等：《祁连山北大河流域冰川变化遥感监测》，《干旱区研究》2012 年第 29 期；宋高举等：《祁连山近期七一冰川融水径流特征分析》，《冰川冻土》2008 年第 30 期。

③ Dyurgerov et al. , “Twentieth Century Climate Change: Evidence from Small Glaciers”, *Proceedings of the National Academy of Sciences of the United States of America* （97） 2000, 1406 – 1411.

④ 别强等：《1960 ~ 2010 年黑河流域冰川变化的遥感监测》，《冰川冻土》2013 年第 35 期。

上限为海拔4600米。Cao① 和张华伟②等学者发现，祁连山东段冷龙岭地区冰川全部处于退缩状态，部分冰川完全消失，且有后期加速缩减的趋势。Tian③ 等人认为祁连山冰川在过去10年中几乎没有正积累过程，气温的显著上升是祁连山区冰川退缩的关键因素，气候持续变暖将会导致冰川退缩加剧。孙美平④等人基于中国第一、二次冰川编目数据，对近50年来祁连山冰川的变化进行了分析讨论发现，尽管降水增加在一定程度上弥补了冰川物质亏损，但是仍无法比拟气候变暖给冰川物质平衡带来的影响，从而导致冰川面积减少。

通过回顾前人研究可知，近50年来，祁连山冰川面积和冰储量持续减少，气候变暖是祁连山冰川面积减少的主要原因。面积小于1.0平方千米的冰川正在急剧萎缩，海拔低于4000米的山区冰川几近消失，海拔在4350～5100米的冰川面积减少量占冰川面积总损失的84.24%。各个朝向的冰川数量和面积均呈减少态势，北侧冰川面积减少最多，东侧冰川面积减少速度最快，而西北朝向的冰川变化相对缓慢。祁连山冰川变化呈现明显的经度地带性分异，东段冰川退缩较快，中西段冰川面积减少较慢。

综上所述，现阶段对于祁连山冰川的研究主要集中在冰川历史，以及冰川退化现状与未来发展趋势预测。这对祁连山国家级自然保护区可持续发展提供了数据支持以及未来预测。但对于冰川退化受人类行为影响的分析较少，且没有讨论如何从管理制度与保护制度上对祁连山冰川进行保护。

2. 森林

森林生态系统根据森林植被类型分为青海云杉林、祁连圆柏林、灌木

① Cao, B. et al., "Glacier Variation in the Lenglongling Range of Eastern Qilian Mountains from 1972 to 2007," *Journal of Glaciology &Geocryology* (32) 2010, 242-248.

② 张华伟等：《基于遥感的祁连山东部冷龙岭冰川变化研究》，《遥感技术与应用》2010年第25期。

③ Tian, H., T. Yang & Q. Liu, "Climate Change and Glacier Area Shrinkage in the Qilian Mountains, China, from 1956 to 2010," Annals of Glaciology (55) 2014.

④ 孙美平等：《近50年来祁连山冰川变化——基于中国第一二次冰川编目数据》，《地理学报》2015年第70期。

林三大森林生态系统及各大亚系统。森林树种主要包括青海云杉、祁连圆柏、山杨和桦木等；灌木主要有金露梅、箭叶锦鸡儿、吉拉柳等。① 森林主要分布在海拔 2400 ~ 3200 米的中山和亚高山的阴坡、半阴坡、半阳坡和沟谷。

在祁连山复杂多样的生态系统中，森林生态系统占据主导地位，是祁连山种质资源库和物种基因库的主要组成部分。在调节河西气候、保持水土、涵养水源以及有效改善生态环境和维护生态平衡方面具有不可替代的作用。

祁连山生态系统中森林和草原相互交错，阴坡是森林，阳坡是草原，但森林覆盖率总体较低。森林和草原植被起着涵养水源、保护冰川、调节气候与供给河流水源，保障下游城镇供水和农田灌溉用水的重要作用。森林减少会造成山地雪水流量逐年减少，使下游地区一些河流由常流水变成季节性间歇河。在洪水期，下游径流含沙量增加，河床增高，河系变迁，一些天然植被会因缺水而衰退或枯死。在干旱区，森林植被是地面因素中反映最灵敏和最重要的因素。森林被毁以后，大大改变了下垫面的结构和性质，调节气候、涵养水源、固持表土、抗御自然灾害的能力减弱，给生态环境制造了恶化的缺口，反过来又对气候产生影响，加速土地沙漠化进程，增多和加重自然灾害。②

针对祁连山森林生态功能减弱，生态逆向演替，着重实施人工造林、封山育林、弃耕地植被恢复等措施保护森林植被。③

综上所述，学术界对于祁连山森林的研究已经在森林生态系统的内容、作用、破坏情况、破坏原因、恢复措施等方面进行了充分的研究。同时也对森林生态系统在与其他生态系统之间的耦合作用进行了分析。但仍然没有凝练出对整个祁连山国家级自然保护区进行保护的政策建议。

3. 草地

草地是祁连山重要的生态系统之一，面积约占全区总面积的 58%，对

① 嘉益：《封面照片：祁连山的森林和草原》，《山地学报》2015 年第 5 期。

② 胡智育：《甘肃河西走廊农垦与土地沙漠化问题》，《经济地理》1986 年第 1 期。

③ 汤文红：《祁连山北麓地区生态环境保护现状及治理对策》，《资源环境》2018 年第 1 期。

防止水土流失具有重要作用。① 近年来，受人口增长、大量垦殖草地、长期超载过牧、气候变化以及鼠虫害等因素影响，区域内天然草地退化加快，草地退化、沙漠化面积逐年扩大。

黑土滩草地是高寒草甸在自然因素和人为因素严重干扰下形成的重度退化草地。资料显示，祁连山区黑土滩型退化草地面积 3.46×10^5 公顷，、主要分布在青海省，占青海区域内草地总面积的 8.8%。

黑土滩的治理目前按照分类治理的原则进行，中轻度黑土滩退化草地以半人工植被恢复为主，重度以全人工植被再建为主。

中度黑土滩退化草地生产生态功能下降较严重，在不破坏原生植被的条件下，主要采用先进的免耕播种技术。对于重度退化的黑土滩草地，利用青海草地早熟禾等优良适生牧草，在极度退化后形成的次生裸地上建立多年生人工草地。

黑土坡是坡度 25°以上高寒草甸退化形成的次生裸地。由于水土流失严重、土层薄且土壤肥力差、大型农业机械无法操作等原因，黑土坡成为青藏高原退化草地植被恢复的技术难点之一。

黑土坡的治理以人工建立植被为主，土层在 10 厘米以下的黑土坡，主要采用的播种方式为人工播撒，通过人工植被建植，可以使当年黑土坡的植被覆盖度提高 50% ~75%，次年提高 80% ~90%，草地植被生物量提高 60% ~80%，草地质量显著提高，草地的生态经济和社会效益显著增加。②

针对草地严重退化、生产力急剧下降，主要采取禁牧、退牧还草、沙化草地治理、黑土滩治理、草地病虫鼠兔害防治、毒草防治、补播改良、减畜配套工程等治理措施，积极改良草场，减轻草场压力，提高草产量，实现以草定畜、牲畜放牧与舍饲圈养相结合，向设施畜牧业转变。不断增强草地生

① 王雅琼等：《祁连山区典型草地生态系统土壤抗冲性影响因子》，《生态学报》2018 年第 38 卷第 1 期。

② 李世雄、马玉寿、年勇：《祁连山退化草地恢复及可持续利用技术》，《青海科技》2018 年第 3 期。

态功能，使草地生态系统科学合理可持续经营。[①]

综上所述，对于祁连山草地与草地生态系统的研究有诸多成果，包括对祁连山草地种类、面积、分布的调查，以及草地破坏的形式，还包括对草地生态系统的修复措施等。虽然存在对草畜平衡的研究，但大多将其中游牧民等当地居民以及原有的游牧文化等归结于对草地生态的破坏因素，而没有深入分析：人类活动对草地生态的破坏情况同样分不同时期和原因，从而也就缺乏从善治角度对保护措施的探索。

4. 水资源利用与水源涵养

祁连山北临河西走廊，河西地区源自祁连山的大小河流共有56条之多，天然水资源丰富，自东向西发育有石羊河、黑河、疏勒河、党河几大水系，形成灌溉绿洲。[②]

祁连山区作为下游水源供应地，保障着酒泉、敦煌、张掖、金昌、武威等河西走廊地区的工业用水、农业用水、居民生活用水等，水资源的合理利用和分配，关系到下游民众的生态发展。[③]

截至2015年底，祁连山地区水土流失面积1252万公顷，占比55%，沙漠化面积约10万公顷。据黑河扎麻什水文站观测，多年平均输沙量96万吨，年输沙漠数为每平方千米210吨。[④] 目前面临严重的水土流失、沙漠化扩展问题。

实施山水林田湖草生态保护修复项目工程对改善河西走廊生态环境，建设西部生态安全屏障十分重要。2008年，在环保部公布的《全国生态功能区划》中，将祁连山确定为水源涵养生态功能区，并将“祁连山山地水源涵养重要区”列为全国50个重要生态服务功能区之一。

祁连山的水源涵养林主要由青海云杉林、祁连圆柏林、干性灌木丛和湿

---

① 汤文红：《祁连山北麓地区生态环境保护现状及治理对策》，《资源环境》2018年第1期。

② 李志强、刘谦和：《河西走廊土地沙漠化及其防治途径》，《甘肃农业科技》1995年第2期。

③ 陈雅：《祁连铁师》，《兰州大学报》2018年9月15日。

④ 刘晶：《祁连山地区生态保护与经济协调发展的路径探索》，《攀登（双月刊）》2015年第4期。

性灌丛林四大林型组成，其中青海云杉是祁连山水源涵养林的主要建群种。祁连山水源涵养林区是山地贮水供水的中心，是河西生态系统的主体。①

2017 年，祁连山山水林田湖生态保护修复工程试点项目启动实施。围绕南部水源涵养及林草植被恢复、中部绿洲生态经济优化提升和北部防风固沙生态综合治理，以矿山环境治理恢复、土地整治与污染修复、生物多样性保护、流域水环境保护治理、全方位系统综合治理修复为重点，共此 5 个方面 31 项建设项目，总计投资 69.77 亿元。②

黑河流域是实施祁连山山水林田湖草生态保护修复工作的核心区域。③祁连山黑河流域山水林田湖生态保护修复项目，坚持整体保护、系统修复、综合治理的原则，按照南部水源涵养区林草植被修复、中部绿洲区生态经济优化提升和北部防风区固沙生态综合治理的总体思路，三年内规划实施林草植被恢复、矿山环境治理恢复、保护区农牧民搬迁、黑河流域生态综合治理等 13 个方面的 60 个建设项目，总投资 52.1 亿元。

针对严重的水土流失、土地沙化，要严格遵守法律法规，停止并严禁在自然保护区内进行放牧、砍伐、狩猎、捕捞、采药、开垦、烧荒、开矿、采石、捞沙等一系列活动。同时，采取营造水土保持林、坡改梯、保护性耕作、封禁治理、工程治沙、生物治沙和封沙育林草等生物措施和工程措施，缓解生态环境恶化趋势。④

综上所述，祁连山国家级自然保护区水资源利用及水源涵养方面，前人的研究高度总结了祁连山水源涵养作用，及这一作用被破坏后引起的生态环境问题。对于水资源利用与水源涵养作用的保护研究中，虽有大量具体的措施罗列，却缺少针对具体地区情况的分析，以及对对应政策建议的探索。

---

① 王荣新：《祁连山水源涵养林生态水文研究概述》，《防护林科技》2014 年第 5 期。

② 蒋兴国、郑杰、周琳：《祁连山山水林田湖草保护修复调查研究之三——祁连山深度治理与可持续发展的对策和措施》，《边疆经济与文化》2018 年第 6 期。

③ 蒋兴国、郑杰、叶其炎：《祁连山山水林田湖草保护修复调查研究之一——张掖祁连山黑河流域生态环境保护的重大意义》，《边疆经济》2018 年第 1 期。

④ 汤文红：《祁连山北麓地区生态环境保护现状及治理对策》，《资源环境》2018 年第 1 期。

5. 荒漠化

祁连山海拔为3000~5000米，受高原寒冷气候影响，在海拔4200米以上的高山地带终年积雪。因地处欧亚大陆腹地，雪线以下森林成条状块镶嵌分布在广袤草原荒漠中，被干旱荒漠、半荒漠、草地、沙漠和盐碱荒地所包围。

祁连山山地的北面是河西走廊，干旱和风蚀是造成河西走廊地区土地沙漠化的主要因素。此外，气候变暖，臭氧层破坏，大气环境和地理条件的异常变化，以及森林面积减少等都是造成干旱等自然灾害加重的主要原因，尤其是沙漠和沙地边缘的偏旱地区严重的风蚀和强气流运动。干旱和大风是自然因素中影响最大的成因。而大风是人类除绿洲以外难以消除的动力因素。

水资源的严重缺乏和不合理的开采利用是造成土地沙漠化的主导因素。由于水源不足，中上游地区大量节流引灌，下游荒漠地区大量超采地下水，导致地下水急剧下降。超载过牧、沙生植被衰退死亡是土地沙漠化蔓延的主要因素。荒漠化地区的草场承载率为50%~120%，有的地方甚至高过300%，过度放牧使得草场面积退化沙化，此外对草场不加以解封保护和合理利用以及过度放牧，造成了天然草地的退化。

滥采和破坏沙生植被是造成土壤沙漠化的又一人为因素。沙生植被区封育区内，依然存在过度樵采、放牧、开矿、滥挖药材等现象，这种对地表植被的超度樵采和地下根系（如甘草）的过度采挖，超过植被再生能力，甚至使植被完全毁灭，遭到巨大破坏，直接导致土地沙漠化。[①] 合理利用水土资源和保护天然植被、造林种草恢复生态平衡是促使土地沙漠化进程减缓并向良性逆转的主要途径。[②]

现行的沙漠治理方法可分为三类：工程治沙、化学治沙和植物治沙。但以上三类方法均不能改变沙子的材料特性，使其获得土壤特性。[③] 沙漠“土

---

① 冯建森、盛洪英：《浅谈河西走廊土地沙漠化的根源与防治》，《防护林科技》2004年第1期。

② 李志强、刘谦和：《河西走廊土地沙漠化及其防治途径》，《甘肃农业科技》1995年第2期。

③ 易志坚、赵朝华：《沙漠“土壤化”：沙漠化的生态力学解决方法》，*Engineering*，第5~6页。

壤化”是治理沙漠普遍方法的有潜力的代替方法。易志坚等人首次发现土壤的力学特性和生态属性密切相关。土壤在湿时呈流变状态，在干时为固体状态，并且可以在这两种状态之间稳定转换。土壤的这种力学特性赋予其自我修复和自行调节这两大生态力学属性。这两种属性是使其保持生态循环和成为植物理想载体的前提条件。易志坚等人基于以上发现，通过在沙子颗粒之间施加适当约束，实现沙子“土壤化”。当在沙子颗粒中加入适当黏度的水溶性物质并均匀混合后，沙子颗粒间会形成具有“万向性”和“可恢复性”的全方位综合（ODI）约束，沙子将从离散状态转变为流变状态（湿土）。当添加的水溶性物质中水分蒸发后，ODI 约束将转化为固结约束，沙子将转变成固体状态（干土）。“土壤化”后的沙子具有自然土壤的力学性能，可在流变状态和固体状态之间稳定转换。沙子颗粒间的 ODI 约束通过加入水溶性物质形成，“土壤化”的沙子对水分、养分和空气具有很强的存储能力。可见，由沙子变成的“土”与自然土壤在力学特性和生态属性上没有区别。而使用的约束材料是由植物提取的改性 CMC 溶液，该溶液无毒无害、成本低、掺量低（1% ~5% 的水溶液就非常黏稠）且适合大规模生产。①

针对沙漠化，可实施以下策略：沙地人工造林、飞播造林种草、封沙育林育草、退耕还林还草、四旁植树、建设完善绿洲防护体系。② 同时，沙漠化的生态防治，以生物措施为主，工程措施与生物措施相搭配，预防与治理相结合，与当地经济发展相结合。治理修复的时候宜农则农、宜林则林、宜牧则牧，多方面立体综合管控。

对沙漠化的研究还可以借助沙漠化遥感监测，掌握某个区域在某段时间的沙漠化动态变化特点。③

---

① 易志坚、赵朝华：《沙漠“土壤化”：沙漠化的生态力学解决方法》，Engineering，第 5 ~6 页。

② 张昱晨：《土地沙漠化问题及其生态防治》，《环境与发展》，西南大学学士学位论文，2018。

③ 许娈：《气候变化对河西走廊沙漠化影响的风险评价研究》，兰州大学硕士学位论文，2015。

3S 技术即 GIS、RS、GPS。在过去的几年中，3S 技术被应用到我国的荒漠化防治和水土流失监测过程。[①]

综上所述，对于祁连山荒漠化的研究，学者偏向于通过现代分析技术（如 3S 技术）结合实验的方法，探索荒漠化解决方法及荒漠化修复技术。

6. 生物多样性

祁连山地处甘肃黑河、石羊河和疏勒河三大水系与青海交界，是 56 条内陆河的主要水源涵养地和集水区、西北地区重要的生态安全屏障和我国生物多样性保护优先区域，被誉为河西走廊“生命线”和“母亲山”。[②] 党的十八大以来，党中央高度重视生态环境保护，明确定位“祁连山是我国西部重要生态安全屏障，是黄河流域重要水源产流地，是我国生物多样性保护的优先区域”，保护生物多样性是维持该区山地—荒漠—绿洲复合生态系统稳定和持续发展的基础。[③] 但对祁连山生物多样性的研究尚处于萌芽阶段，工作较少，对许多领域目前尚未深入。而全球气候变暖及祁连山生态治理工作的进行，会对该区生物多样性产生较大影响，需要开展深入研究，这引起国内外学者的广泛关注。

祁连山位于青藏、黄土两大高原和蒙新荒漠的交汇处，其生态系统类型丰富多样，包含森林、灌丛、草地、湿地、农田、城镇、荒漠、冰川和裸地 9 个一级生态系统类型和 32 个二级生态系统类型。[④] 自 20 世纪 80 年代起，学者们在对祁连山物种普查的基础上，分析了不同环境下的物种分布和种群数量，并指出该区几大自然生态系统镶嵌分布于空间地带，其生态环境适宜

① 薛月园、周俊：《3S 技术在水土保持与荒漠化防治中的应用》，《现代园艺》2015 年第 41（8）期。

② 周伟：《生态环境保护与修复的多元主体协同治理——以祁连山为例》，《甘肃社会科学》2018 年第 2 期。

③ 尤南山、蒙吉军：《基于生态敏感性和生态系统服务的黑河中游生态功能区划与生态系统管理》，《中国沙漠》2017 年第 37 期。

④ 陈明霞、赵晓冏、赵培强：《祁连山（北坡）生物多样性分布特征与保护体系研究》，《环境与发展》2018 年第 4 期。

多种动植物、昆虫生存栖息，奠定了生物物种多样性的自然基础。① 研究还发现，祁连山自然生态系统和牧场、村庄、文化活动场所等人工生态系统呈镶嵌分布状态，纵横交错，边缘效应强烈，环境、资源和生物系统结构的异质性较高。② 祁连山区植物多样性具有东部丰富、西部匮乏的特点③，北坡植物区系是一个温带植物区系，北温带成分占优势，地下成分复杂多样，缺少特有和古老成分，具有年轻和衍生的特点；动物以起源于第三纪亚热带、温带干旱荒漠与草原的古北界地下成分为主，东洋界地理成分极少。④

综上所述，祁连山区的物种多样性深受气候变暖、环境恶化、人为干扰、管理措施不当、物种相互作用和监测研究匮乏等因素的影响。当前，祁连山自然保护区生物多样性保护存在以下几大问题：一是气候变暖及荒漠化的影响，祁连山生态环境不仅受区域条件的限制，而且对全球变化响应敏感，⑤ 极端气候事件造成的植被减少、地表裸露，使生态系统缺乏对地面小气候的调节，易形成干旱少雨的气候条件，并伴随短时的洪涝、冰雹及霜冻等自然灾害，使得生物群落类型和物种均减少，生物多样性下降；⑥ 二是人为活动频繁，野生动植物栖息地遭到破坏。祁连山保护区经济发展对自然资源依赖程度高。垦荒耕地、超载放牧、人口增长等活动频繁，祁连山野生动植物栖息地遭到人为经济活动的强烈干扰破坏；⑦ 三是管理建设措施不当，不利于生物多样性保护。纵横交错的草原刺丝围栏，对植被的恢复有显著作用，但不利于大型野生动物的繁衍生息；四是植树造林未遵循宜林则林、宜

① 刘贤德、王金叶：《祁连山生物多样性研究回顾与展望》，《西北林学院学报》2001 年第 16 期。

② 王金叶、车克钧：《祁连山（北坡）生物多样性分析》，《甘肃林业科技》1996 年第 2 期。

③ 王国宏：《祁连山北坡中段植物群落多样性的垂直分布格局》，《生物多样性》2002 年第 10 期。

④ 王国宏、车克钧、王金叶：《祁连山北坡植物区系研究》，《甘肃农业大学学报》1995 年第 3 期。

⑤ 田风霞：《祁连山区青海云杉林生态水文过程研究》，兰州大学博士学位论文，2011。

⑥ 王守华等：《浅析中国土地荒漠化生态治理现状、存在问题及对策》，载《联合国防治荒漠化公约第十三次缔约大会“防沙治沙与精准扶贫”边会论文集》，2017。

⑦ 汪有奎等：《祁连山自然保护区生物多样性特征及保护对策》，载《第三届中国林业学术大会论文集》，2013。

草则草、宜荒则荒、适地适树的原则，使造林成活率不高，破坏了原生植被；① 五是研究监测落后，决策缺乏理论根据。由于受资金、设备及技术力量的限制，对祁连山区生物多样性的监测研究还不够全面，② 缺乏评估和统一的数据。

7. 管理制度探索与研究

在祁连山生态环境保护研究方面，管理制度的探索与研究也是一个重要的组成部分。它可以从智库角度向国家宏观决策提供建议。中国边疆治理的中心，不在中国的中心地带，也不在中国的边疆地带，而是在中国的通道地带。③ 河西走廊即我国通道地带之一，祁连山地区连接我国的内陆和边疆，祁连山生态将极大影响河西走廊的生态。而河西走廊又起着我国西部能源通道的大动脉作用，因此对这一地区生态保护的管理制度和政策，更高层次地决定着国家未来的发展。而环境善治是生物多样性破坏区域恢复和保护的有效模式，丁文广教授等人进一步指出，生物多样性保护政策创制、生态系统与生物多样性经济学（TEEB）主流化、生物多样性保护的技术创新和以多元文化为基础的传统生态自然观是环境善治的有效途径。④ 环境善治（Good Environment Governance）的本质是政府与公民间积极而有成效的互动与合作。其内容包括环境制度创新、市场机制运用、科技进步、能力建设、政府与非政府组织、社区和企业的合作以及全球环境治理等。实际上管理制度研究是结合各个方面研究成果并凝练为治理方案的综合性研究。如祁连山当地居民放牧问题，在往昔许多研究中都被认为是草地生态破坏因素，但从环境善治角度思考，可以得出结论：祁连山的生态环境保护必须有当地居民参与，而传统的游牧文化在环境保护中也扮演着重要的角色。

综上所述，管理制度探索与研究，尤其是环境善治角度，学术界所做的

---

① 陈丽华：《治理沙暴不宜盲目造林》，《创造》2005 年第 9 期。

② 刘海红、汪有奎、李世霞：《祁连山生物多样性保护现状与发展措施》，《中国林业》2011 年第 18 期。

③ 徐黎丽：《通道地带理论——中国边疆治理理论初探》，《思想战线》2017 年第 43（2）期。

④ 丁文广、禹怀亮：《基于环境善治的生物多样性保护及其有效途径》，《环境保护》2015 年第 43（5）期。

研究还很匮乏。这一方面的研究，不仅仅局限于部分专题，或者研究领域，或者某种生态环境本身，而能够对各个研究领域进行耦合，得出切实可行的创新性治理方案。在此方面应当有更多研究成果，获得学术界更广泛的认识。

三　结论与展望

随着生态文明建设深入，及国家对于祁连山国家级自然保护区生态环境保护的日趋重视，未来对于祁连山生态环境保护的研究将日趋完善。但现有的研究中还存在明显的不足。第一，学术界只侧重于某个领域或几个相关专题之间的研究，而缺乏对各个研究领域之间的整合与总结，导致研究的虽然都是祁连山，却缺乏相互联系。第二，现有的研究不能凝练为政策建议，从而不能很好地为国家制定祁连山国家级自然保护区和国家公园建设提供智库支撑作用。第三，生物多样性监测评估缺乏，缺乏包含具体多样性的统一数据。

在综述所列出的六个生态保护的研究方面，也将出现更多研究成果，其中亟待进一步探索的为以下几方面。

（一）祁连山冰川退缩原因与影响

在当下的研究成果当中，对于祁连山冰川退缩情况的研究主要集中在冰川退缩现状以及未来变化趋势。针对某些典型冰川（如老虎沟12号冰川、七一冰川等）的具体研究较多也更为充分。基于遥感影响解译技术，对小冰川消融的情况统计较为系统，在冰川退缩速度、海拔、纬度、经度、面积方面了解相对完善。且通过对温度主导的模拟研究得出了较为精确的冰川退缩率数据。对不同流域和地理位置（如祁连山北坡，东部、疏勒河等河西走廊主要河流流域）冰川的发育和退缩情况总结较为完善。而对冰川退缩的原因主要归结于气候变暖，缺乏人类活动对冰川退缩影响的定量研究，且冰川退缩所产生的影响，如融水加大对相应河流流域人类生产生活的影响等，现有研究成果尚显缺乏。

（二）祁连山森林近20年森林与草地破坏状况与修复展望

现阶段的研究成果中，对祁连山生态系统的研究集中在生态系统组成和森林与草地生态功能方面。对于祁连山植被面积、覆盖率、森林种类和特性等调查较为充分。从海拔上对祁连山植被进行了分类，即山地荒漠草原植被、干性灌丛草原植被、山地森林草原植被、亚高山灌丛草甸植被、高山寒漠草甸植被。其中利用对祁连山森林树轮记录情况分析，获得了历史气候记录以及西北干旱区未来气候预测。而对于森林生态系统与草地生态系统功能研究也有较为普遍的结论。对于草地（包括各种草原、草地、草甸）的退化原因与修复措施也有研究结论。但国内对于近 20 年来祁连山植被破坏情况，尤其是对在中央对祁连山国家级自然保护区生态破坏做出重要批示之后的破坏修复情况分析尚不翔实。另外对于森林和草地生态环境修复的展望还需要探索。

（三）祁连山水源涵养与荒漠化

近年来由于 3S 技术在荒漠化防治和水土流失监测过程中的广泛运用，祁连山水源涵养与荒漠化的研究在对环境状况的了解上取得了长足进步，有关荒漠化的各种数据（如荒漠化土地面积、发展状况以及水土流失量等）以及围绕数据展开的分析和研究较为充分。同时对祁连山水源涵养这一重要生态功能的研究也较多。荒漠化原因、荒漠化对水源涵养功能的影响也形成结论。另外，对于荒漠化的治理技术方面，除传统的如营造水土保持林、封沙育草等措施外，通过力学手段使沙漠表层沙子“土壤化”的新技术等也有了新的进展。我国许多地区都面临土壤荒漠化等问题，而其中一些地区已经在治理过程中有了新经验与措施，如库布齐治沙等典型案例；但在祁连山荒漠化治理方面，尚未出现将其他案例措施应用于祁连山的研究。

（四）公众参与以及市场研究

当下的生态保护结构中，政府决策占据了较大的比重，而企业活动也具有一定的影响，但对于公众参与方式和作用的研究现在还较少。政府决策有其局限之处，如能探索补齐公众参与短板的措施，将对生态保护的完善起到重要作用。同时，市场导向在生态保护领域也有着推动作用，在一些典型案例中，保护生态同样可以通过促进生态经济、建立生态产业进行推动。在这个方面，也应当立足祁连山国家级自然保护区与周边地区现状，因地制宜地进行相应探索。

（五）完善政策研究

因为当下政府决策在生态保护中的作用将会长期处于重要地位，对于生态环境保护政策的研究就显得尤为重要。现有的政策研究也多关注推行具体的生态恢复手段，但生态保护本身需要的是将所有研究领域耦合之后得出的智库研究，以用于对国家宏观政策制定提供参考的信息。其中典型的就是环境善治研究，这一思路整合了政府、企业、社会机构与社区的参与，从综合了当地居民参与、传统文化传统的角色、社区共管等方面提出建议，不是单一某个方面或某个角度的结论，所提出的建议是一剂治标治本的良药。

G.14

祁连山国家级自然保护区建设的 SWOT 分析

刘兴德　丁文广 *

摘　要： 强化自然保护区建设和管理，是贯彻落实创新、协调、绿色、开放、共享新发展理念的具体行动，是保护生物多样性、筑牢生态安全屏障、改善生态环境质量的有效举措。本报告运用战略管理中的SWOT 分析法，对祁连山国家级自然保护区建设的内部优势、内部劣势、外部机遇和外部威胁进行综合分析。在此基础上进行祁连山自然保护区建设的战略分析，提出适合祁连山国家级自然保护区建设的 SO 战略、WO 战略、ST 战略、WT 战略，旨在科学合理地利用祁连山保护区内部优势和外部机会，弥补内部劣势同时规避外部威胁，加快祁连山国家级自然保护区建设，促进生态环境与社会经济可持续发展。

关键词： 祁连山　国家级自然保护区　生态环境　SWOT 分析

祁连山国家级自然保护区（简称祁连山自然保护区）是 1988 年经国务院批准成立的森林和野生动物类型自然保护区，地处青藏、蒙新、黄土三大高原交汇地带的祁连山北麓，是我国西部重要生态安全屏障，是黄河流域重

* 刘兴德，兰州大学资源环境学院硕士研究生，主要研究方向为环境规划与管理；丁文广，兰州大学资源环境学院教授、博士生导师，世界银行和亚洲开发银行社会发展专家，科技部同行评审专家与国际合作专家研究领域为环境社会学、环境管理学。

要水源产流地，也是我国生物多样性保护优先区域，具有极高的生态系统服务功能价值。2014年，最新规划调整后的自然保护区面积198.7万公顷，加上划定的66.6万公顷外围保护地带，总面积265.3万公顷，在甘肃境内涉及张掖、武威、金昌3市8县区及山丹马场。

党的十八大以来，生态环境保护受到高度重视。但长期以来，祁连山自然保护区内存在违规兴建水电站、核心区开采矿产资源、保护区发展旅游业、砍伐森林和过度放牧等行为。2017年7月20日，中央就甘肃祁连山国家级自然保护区生态环境问题发出通报，祁连山生态环境破坏问题引起国家高层领导人和社会人士的高度关注。当下，祁连山自然保护区建设刻不容缓。祁连山自然保护区成立30年来，已有相关法律、管理条例出台，取得一系列阶段性成果。但是也因涉及范围较广、生态环境脆弱等，面临众多困难和挑战。本报告拟采用SWOT战略分析模型，对祁连山自然保护区建设的内部和外部条件进行系统分析。

一　祁连山国家级自然保护区建设的内部优势

（一）生态区位作用极为重要

祁连山是我国西部重要生态安全屏障。由祁连山冰雪融水形成的河西绿洲和祁连山共同构成了阻隔巴丹吉林、腾格里两大沙漠南侵的防线，也是拱卫青藏高原乃至“中华水塔”三江源生态安全的保障，不仅影响西部生态，而且影响全国生态。因此，祁连山自然保护区是一个生态功能极为重要的保护区。[①] 祁连山脉分布着丰富的冰川、雪山、森林、湿地和草地资源，1988年经国务院批准成立为森林和野生动物类型自然保护区。据调查，祁连山区现有大小冰川2859条，总面积达1972.5平方公里，储水量811.2亿立方米。山区北麓形成了石羊河、黑河、疏勒河三大内陆河和56条大小支流。

① 冯起、刘贤德：《两位生态学博导四问祁连山生态保护》，《中国日报》2017年1月22日。

其中，黑河流域是我国内陆地区第二大内陆河流域。祁连山脉是西部生态水的主要源头之一，灌溉了河西走廊和内蒙古额济纳旗的70万公顷农田、110万公顷林地和800万公顷草场，提供了武威、张掖、金昌、酒泉等地区种植业、畜牧业、千家工矿企业的生产生活用水，造就了“月牙泉”“莫高窟”“山丹军马场”等国内著名旅游景区，促进了甘肃省社会经济的发展，也在一定程度上保障了西北地区工农业生产、国防建设、312国道、亚欧大陆桥的安全，形成了遏制华北地区风沙灾害、保障北方地区生态安全的天然生态屏障。

（二）生态多样性

祁连山自然保护区是我国生物多样性保护的优先区域，具有较强的生物多样性，典型的自然生态系统和生物区系。经统计，保护区内有高等植物95科451属1311种。其中，发菜、冬虫夏草、瓣鳞花、红花绿绒蒿、羽叶点地梅、山莨菪等国家二级保护植物6种，列入《濒危野生动植物种国际贸易公约》的兰科植物12属16种。野生脊椎动物有28目63科286种。其中，鸟类196种、兽类58种、两栖爬行类13种。区域内，雪豹、白唇鹿、野驴、野牦牛、马麝等属国家一级保护野生动物14种，甘肃马鹿、猞猁、蓝马鸡等属国家二级保护野生动物39种，① 已查明的大型真菌100种。② 祁连山国家级自然保护区的建设在一定意义上是对我国西部地区生物基因库的保护，具有重要的科学研究价值。

（三）战略资源的重要通道

长期以来，河西走廊一直肩负着我国天然气、石油等战略能源通道的重责，为我国内陆沿海城市的生产生活所需能源提供了重要保障。2002年国务院启动西气东输工程，其中，甘肃段长度约为3000公里，一期输气能力

① 《中央措辞严厉批祁连山生态问题，3名副省官员被问责!》，《时事地理》2017年7月22日。

② 杨元合等：《青藏高原高寒草地植物物种丰富度及其与环境因子和生物量的关系》，《生物多样性》2004年第12（1）期。

每年120亿立方米，二期每年300亿立方米，三期每年300亿立方米。2013年，习近平总书记提出“一带一路”重大倡议。中巴铁路的开通意味着我国可以从巴基斯坦瓜达尔港至我国新疆喀什铁路线运输石油、天然气等能源。西气东输工程及“瓜达尔港－喀什”运输能源均主要通过河西走廊油气管道网向我国内陆沿海地区输送。截至目前，甘肃境内石油、天然气专用管道16条，油气长输管道干线总长度8000多公里，加上在建的管道将超过1万公里，约占全国的1/10。

二　祁连山国家级自然保护区建设的内部劣势

（一）生态环境破坏严重

祁连山是我国西部重要的生态安全屏障，因其极为重要的区位作用，生态环境的破坏引起了社会各界的广泛关注。2017年7月20日，中共中央办公厅、国务院办公厅就甘肃祁连山国家级自然保护区生态环境问题发出通报，[①] 新闻联播、中国新闻网、新华社、中国日报网等多家媒体对自然保护区生态环境破坏曝光。

祁连山自然保护区破坏可以追溯于20世纪60年代末70年代初，初期以森林砍伐为主。根据资料显示，森林覆盖率由1950年的22.4%下降到1988年的14.4%。[②] 80年代以矿山开采为主，在开矿高峰期的1997年，张掖市拥有770家采矿场，致使4500公顷植被遭到严重破坏，矿山资源开采造成祁连山自然保护区局部植被、水土流失、地面塌陷。90年代以水电站开发为主，祁连山脉区域黑河、石羊河、疏勒河等内陆河水资源受到高强度截流发电。据统计资料显示，共建有水电站150余座，其中42座位于保护区内，对水生态系统的破坏非常严重。与此同时，畜牧业井喷式增长加快了保

① 《中央就甘肃祁连山国家级自然保护区生态环境问题发出通报》，《中国网》2017年7月20日。

② 李铁：《莫失祁连山——甘肃省祁连山水源涵养林保护综述》，《甘肃林业》1998年第1期。

护区内草场的退化，主要集中分布在天祝县和肃南县。根据统计资料显示，肃南县牲畜数量由1950年12.7万个羊单位增长到1980年93万个羊单位，天祝县牲畜数量由1950年35万个羊单位增长到2009年113万个羊单位。

（二）保护区管理体制机制亟待完善

管理体制机制不完善也是祁连山保护区生态环境破坏的重要原因之一。2017年7月20日，保护区生态环境破坏问题经媒体曝光，体制机制的不完善问题逐渐凸显。

一是地方政策执行力不够。尽管国家先后出台《中华人民共和国森林法》（1984年中华人民共和国主席令第17号）、《森林和野生动物类型自然保护区管理办法规定》、《中华人民共和国自然保护区条例》（1994年中华人民共和国国务院令167号）、《自然保护区土地管理办法》（1995年国家土地管理局、国家环境保护局文件〔1995〕国土［法］字第117号）、《国家级自然保护区监督检查办法》（2006年国家环境保护总局令第36号）、《国家级自然保护区调管理规定》（国函〔2013〕129号）等政策。中央督察组调研发现，祁连山保护区内开矿、违规建设水电站、旅游业违规开发等行为，地方政府对于国家政策落实不到位。

二是缺乏针对环境政策执行独立的监测评估机制。1997年9月29日甘肃省第八届人民代表大会常务委员会第二十九次会议通过《甘肃祁连山国家级自然保护区管理条例》，2010年9月29日甘肃省第十一届人民代表大会常务委员会第十七次会议第二次修正，2016年9月29日甘肃省第十二届人民代表大会常务委员会第二十六次会议第三次修正，但始终与《中华人民共和国自然保护区条例》（1994年中华人民共和国国务院令167号）相矛盾。条例将国家规定“禁止在自然保护区内进行砍伐、放牧、狩猎、捕捞、采药、开垦、烧荒、开矿、采石、挖沙”10类活动，修订为“禁止进行狩猎、垦荒、烧荒”3类活动，并且允许在缓冲区拍摄影片、在试验区进行“地质勘测、多种经营活动”等不符合上位法和有关政策规定的内容。由此造成祁连山保护区内违法问题合法化，也反映了祁连山国家级自然保护区缺乏针对环境政策执行独立的监测评估机制。

三是生态环境保护监管职能分散。例如，保护区内风景名胜区、森林公园、地质公园设置交叉重叠，造成保护区多头管理。由于多头管理，各部门下发的文件都要执行，但管护中遇到具体困难却难以解决。祁连山国家级自然保护区管理局属省林业厅管理，既要履行规划、科研、监测、监督、宣传等职责，又要组织实施省林业厅下达的重点生态工程，扮演着“裁判员”和“运动员”双重角色，缺乏地方行政管理的权威性和综合性，这种体制不利于管护工作的长期高效顺畅运行。

四是国家公园管理体制亟待完善。2017 年《祁连山国家公园体制试点方案》通过，将祁连山国家级自然保护区及周边的自然保护区进行资源整合，提出要建立祁连山国家公园管理体制，统一行使管理保护职责。

目前，在处理祁连山国家公园管理与保护之间的关系、明确甘肃和青海两省响应管理职责、自然保护区管理局与祁连山国家公园管理机构之间关系方面存在问题，亟待进行科学合理的设计。

（三）地方经济发展与保护区建设目标存在冲突

甘肃省经济发展中第二产业占据重要地位，经济的发展与生态环境保护存在内部矛盾。2017 年甘肃省生产总值为 7667 亿元，其中第一产业产值为 1063.6 亿元，占比达 13.87%；第二产业产值为 2562.7 亿元，占比达 33.45%；第三产业产值为 4050.8 亿元，占比达 52.83%。祁连山国家级自然保护区在行政区划上地跨甘肃武威、金昌、张掖三市，根据甘肃省 2018 年度统计资料显示，2017 年度武威、金昌、张掖生产总值为 1068 亿元，其中第一产业生产总值 234.7 亿元，占比 21.98%；第二产业生产总值 338.2 亿元，占比 31.67%，工业总产值占第二产业生产总值的 59.55%；第三产业生产总值 495.2 亿元，占比 46.37%。祁连山保护区周边地区工业仍处于主导性地位，2017 年 7 月 20 日，中央督察组调查认为祁连山周边企业环保投入力度不足，污染治理设施缺乏，存在对水源地生态环境破坏、流域水源污染等行为，是造成祁连山生态环境破坏的主因之一。

过度放牧等人类行为也在降低祁连山保护区植被覆盖度，加快草场退化。2017年末，甘肃省大牲畜数量为608.6万头，武威、金昌、张掖三市年末大牲畜数据合计145.78万头，占比23.95%。甘南藏族自治州是甘肃省主要的牧区，2017年末大牲畜数量为131.83万头，占甘肃省总数的21.66%。可以看出，祁连山周边地区畜牧业数量仍处于较高位置，过度放牧在一定程度上是造成草原退化的主要人为因素。

甘肃省地处西北内陆地区，干旱少雨，属大陆性很强的季风气候，年降雨量在36.6毫米~734.9毫米，地形以山地和高原为主，是一个生态环境脆弱和自然灾害频发的贫困农业省份。社会经济与生态环境协调发展处于轻度失调阶段，是甘肃省生态文明建设快速向前推进的主要制约因素。

三　祁连山国家级自然保护区建设的外部机遇

（一）政策环境提供有力保障

2013年“一带一路”倡议提出，党的十八大提出加大生态文明建设、乡村振兴、精准扶贫，“草原生态保护奖励补助”等政策相继出台，国内政策环境氛围浓厚，为生态环境的保护与治理创造了重大机遇，有利于祁连山国家级自然保护区的建设。

祁连山是“一带一路”倡议中生态保护核心之一。2013年习近平总书记在出访中亚和东南亚国家期间，提出“一带一路”重大倡议。丝绸之路经济带涵盖东南亚经济整合、东北亚经济整合，并最终融合在一起通向欧洲，形成欧亚大陆经济整合的大趋势。21世纪海上丝绸之路经济带从海上联通欧亚非三个大陆和丝绸之路经济带形成一个海上、陆地的闭环。“一带一路”倡议的提出意味着我国对外开放实现战略转移，对国家今后发展具有极其深远的意义。甘肃省地处西北内陆，呈现狭长地带，古丝绸之路时期，被认为是连接亚欧大陆的古代东西方文明的交汇之地，“河西走廊”也因此闻名于世。甘肃省也是陆上丝绸之路的重要交通要道，国家对甘肃省定位是形成面向中亚、南亚、西亚国家的通道，商贸物流枢纽，重要产业和人文交流基地。祁连山自“古丝绸之路”到

"一带一路"倡议，一直肩负着重要的历史和国家使命。作为我国西北重要的生态安全屏障，国家领导人极为重视祁连山的生态环境保护与恢复治理工作。"一带一路"倡议大背景，在一定程度上为祁连山国家级自然保护区建设创造了重大机遇。

（二）祁连山国家公园建设

2017 年 1 月 10 日，甘肃政协委员、中国经济地理专业委员会副主任石培基建议，将祁连山国家级自然保护区及周边的自然保护区进行资源整合，申报成为国家公园。2017 年 6 月 26 日，中央全面深化改革领导小组第三十六次会议审议通过《祁连山国家公园体制试点方案》，标志着祁连山国家公园进入试点阶段。国家公园建设强调保护区内"所有一切都处于原生态，体现自然之美"的原则。可见，祁连山作为横亘在甘肃省和青海省之间的巨大山系，拥有森林、草原、湿地和各种野生动植物所形成的独特地理、地质和自然生态系统，具有对于中国乃至世界自然环境中生态涵养和生态安全屏障起到举足轻重的作用。祁连山生态环境破坏备受国家高层领导人的关注，对发生在保护区内违规审批、未批先建等事件，导致局部生态环境严重破坏的案件人员进行法律制裁。甘肃省省政府亦成立整改工作推进组，并先后组织召开 30 多次专题会议，对于保护区内采矿、水电站、旅欧开发、牧民等方面制定专项整治工作方案。各项整改工作的推进，将是祁连山国家级自然保护区建设的又一重大机遇。

（三）生态文明建设理念广泛推广

2007 年国家将生态文明写入党的十七大报告中，十八大报告将生态文明建设放在突出重要位置。[①] 祁连山国家级自然保护区主要位于生态环境脆弱、灾害频发的甘肃省，受地理区位、人口增长、经济规模扩张和全球气候变化的大环境影响，其生态环境压力持续增加。2017 年甘肃省省政府明确提出要画好"生

① 孙新章等：《以全球视野推进生态文明建设》，《中国人口·资源与环境》2013 年第 23（7）期。

态红线”，更要守住“生态红线”。[①] 2013 年 3 月 10 日，国务院发布《国务院机构改革和职能转变方案》，开启新一轮大部制改革，将组成部门减少至 25 个，从而最大限度地避免政府职能交叉、政出多门、多头管理，提高行政效率，降低行政成本。体制机制改革对生态文明建设具有强有力的支撑作用。

综合所述，生态文明建设理念的广泛推广将是祁连山国家级自然保护区及祁连山国家公园建设的契机和重大机遇。

（四）交通基础设施完善

近年来，国家实施“八纵八横”高速铁路网宏大蓝图，交通基础设施的完善，为祁连山国家级保护区建设带来新的发展机遇。兰新高铁于 2014 年开通运行，途经兰州、西宁、张掖、酒泉、哈密、吐鲁番、乌鲁木齐等地，全长 1776 公里，横穿祁连山脉，是“八纵八横”高速铁路网中最长一横，同时也是“丝路高铁”中最西的一段。兰新铁路建成以后，将会进一步加强内地和新疆人民的往来，带动位于祁连山脉地区的甘肃省兰州、武威、张掖、酒泉等地社会经济的快速发展，促进经济结构优化，加快祁连山自然保护区周边地区供给侧结构性改革和全面建成小康社会目标的实现。同时，依托便利的交通带动地方居民生计转型，改变“靠水吃水，靠山吃山”的思想观念。

四　祁连山国家级自然保护区建设的外部威胁

（一）西部生态环境退化阻碍保护区生态修复进程

近年来，国内外学者关于沙漠化边缘线扩张、土地盐碱化加剧、草场退化、地下水位下降、水土流失等方面生态环境问题研究颇多。研究表明，随着人口数量的不断增加和社会经济的快速发展，我国西部地区生态

① 《要经济发展更要绿水青山——甘肃生态文明建设综述》，《中国甘肃网》2017 年 3 月 24 日。

环境压力日益加剧，生态系统功能逐渐减弱，西部生态安全屏障作用衰弱，[①] 社会、经济、生态环境可持续发展面临重大挑战。很多学者对生态环境退化的根源进行追溯，认为是自然因素和人为因素共同导致。

气候变化是世界各国面临的一个共同问题，沙尘暴、冰雹、干旱、暴雨、高温等极端气候频发，成为造成西部生态环境破坏的重要因素。极端气候给农业生产和粮食安全所依赖的土壤、森林和海洋的健康造成破坏，导致更多病虫害，并严重影响以农业为生的贫穷和饥饿人口。祁连山处于生态环境脆弱的西北地区，适应和应对极端气候变化的能力较弱。近年来森林病虫害、鼠类等自然灾害频发，对保护区生态环境造成一定的负面影响，也引起一系列不确定性因素，成为科研学者探索的重大难点。

人类不尊重大自然的行为活动往往会对生态环境造成不可逆转的破坏。例如，砍伐森林、开垦草地、当前牧区实施的草原围栏制度、异地移民政策等。19 世纪 50 年代，祁连山国家级自然保护区森林覆盖率达 22.4%，保护区居民生产生活过度依赖自然保护区，因取暖、新建房屋、木材买卖等人类长期活动，导致保护区内出现土地荒漠化和沙漠化现象，森林覆盖率下降。长期以来，以破坏森林、草地为代价的扩大耕种面积，加剧了森林锐减和草地退化。以传统的农业生产方式为主，缺乏农业生产科学管理，不科学的种植方式增加了土地撂荒和沙漠化。草原围栏对野生动物迁徙、草原鼠害的天敌（如鹰）造成了很大伤害，对牧民传统的游牧文化和草原生态保护理念的传承造成了负面影响，而且草原长期围栏，牧草根系容易腐烂，浪费了宝贵的草地资源，不利于草原的可持续保护和利用。目前保护区内仍以异地移民策略为主，往往忽视了“当地居民”对生态环境的保护作用。保护区内固有的藏族、东乡族、回族、哈萨克族、裕固族等少数民族世世代代生活在此，已形成具有守护保护区生态环境的优秀传统生态自然观。例如将裕固族作为保护的核心力量看待，给予其适当的生产生活用地，允许他们饲养少量

---

① 曾春九、蒋兆龙：《环境产业：遏制西部生态环境退化的重要依托》，《开发研究》2003 年第 1 期。

家畜以保障生计，并将部分保护经费发给当地居民作为保护补贴，通过生态补偿弥补牧民的生计收入，培训农牧民参与保护区的保护，将农牧民培训为“生态民”，让他们承担保护站森林警察的部分职能，这样既能达到保护的目标，又节约大量成本，是一个多赢的模式。

（二）地方财政薄弱，国家没有提出专项支撑政策

甘肃省是一个欠发达省份，2017 年地区生产总值为 7677 亿元，在全国排倒数第 5 位。2017 年广东地区生产总值达 89879.23 亿元，是甘肃省 GDP 的 11.71 倍。甘肃省存在环境退化、灾害频发、贫困加剧的恶性循环，严重制约甘肃省社会、经济和生态环境协调持续发展。[①] 由图 1 可以看出，甘肃省 2017 年农林水支出占总支出仅为 17.64%，生态保护支出是农林水支出的一部分。以上反映了甘肃省财政力量薄弱，生态保护投入资金较少。

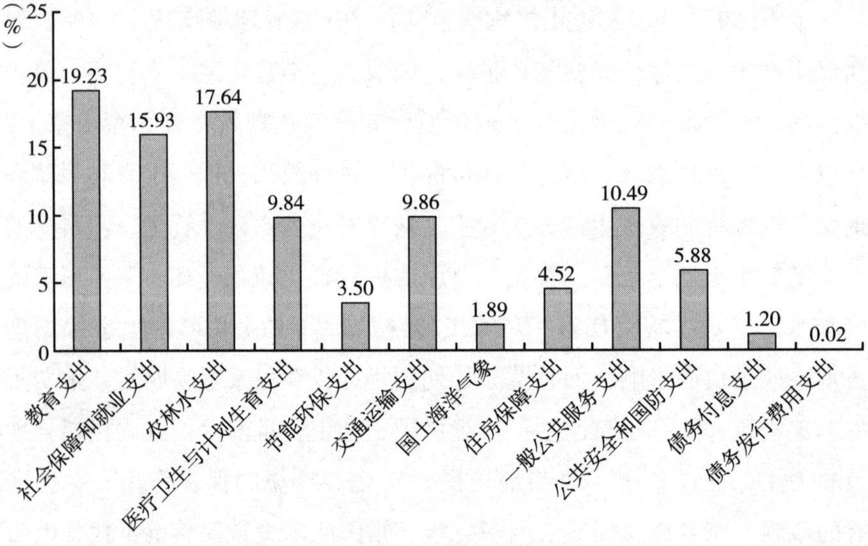

图 1　甘肃省 2017 年预算支出情况占比

资料来源：《关于 2017 年全省财政预算执行情况和 2018 年全省及省级财政预算草案的报告》整理所得。

① 丁文广等：《甘肃省环境退化、灾害频发及贫困之间的耦合关系研究》，《干旱区资源与环境》2013 年第 27（3）期。

祁连山生态环境修复和保护工程及国家公园建设，需要一笔专项资金注入。2017年中央督察组就祁连山生态环境破坏根源问题进行通报，要求甘肃省大力整治祁连山生态环境，将保护区内矿业权分类退出，违规水电站关停退出，违规旅游业设施拆除。

调查组根据《甘肃祁连山国家级自然保护区矿业权分类退出办法》，对保护区未补偿的剩余74宗矿业权进行详细测算，约需退出补偿资金35.68亿元。2017年甘肃一般公共财政预算收入仅占支出的24.6%，县级财政平均自给率为17.2%，仅靠甘肃地方财政解决保护区矿业权退出补偿矛盾还有很大困难。目前，国家针对祁连山国家级自然保护区生态环境整治未设置专项资金，甘肃省财政吃紧，是祁连山国家级保护区建设的主要制约因素之一。

（三）高耗水、高污染产业使保护区生态环境恶化

祁连山地跨甘肃省武威、金昌、张掖，武威市和金昌市水资源一直比较匮乏。如武威市人均水资源占有量不足600立方米，是全省水平的1/2和全国水平的1/3，主要依靠石羊河下游流域水资源和红崖山水库。长期以来，河西走廊地区水资源一直比较短缺，当地居民开始通过开采地下水来满足日常生活用水、农业用水、牲畜用水以及企业生产用水。由图2可以看出，甘肃省武威民勤县地下水井眼数自1966年开始慢慢地呈现“井喷式”增长。过度的地下水开发造成民勤县地面下降，地下水位直线下降，加剧了地区生态环境的恶化，加快了民勤绿洲沙漠化。

污染企业“三废”（废水、废气、废渣）的排放对于环境的破坏也是目前社会关注的重点。图3显示，近10年来，甘肃省废水排放量处于稳定增长态势，2016年开始有所缓解，但废水总量仍居高不下，达66325万吨。长期以来，甘肃省地区生产总值主要依靠工业拉动，以粗放的牺牲生态环境为代价的提高地区经济发展模式为主。例如，祁连山国家级保护区内违规矿产资源开发，对于水源地造成潜在的污染风险。金昌市盛产镍，素有“金娃娃”之称，金川集团有限公司是集采、选、冶、化配套的大型有色冶金、化工联合企业，生产镍、铜、钴、稀有贵金属和硫酸、烧碱、液氯、盐酸、

亚硫酸钠等化工产品以及有色金属深加工产品，镍和铂族金属产量占中国的90%以上，是中国最大的镍钴生产基地。金昌市经济发展造成空气 SO_2 严重污染，“龙首矿”开采后的尾矿库粉尘对空气造成严重污染。近年来，随着环境保护力度的加大，“三废”得到有效的控制，但媒体仍不间断揭露部分企业存在环保整改不彻底和偷排等问题。

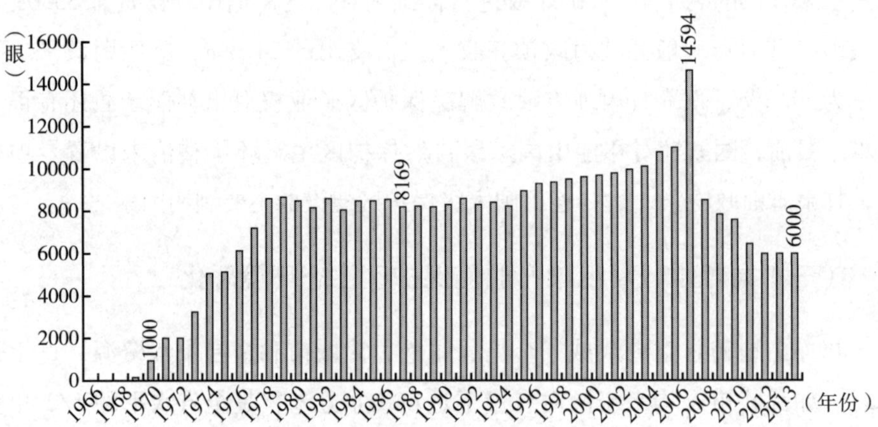

图2　1966～2013年民勤县地下水井数量

资料来源：《武威市统计年鉴》作者整理所得。

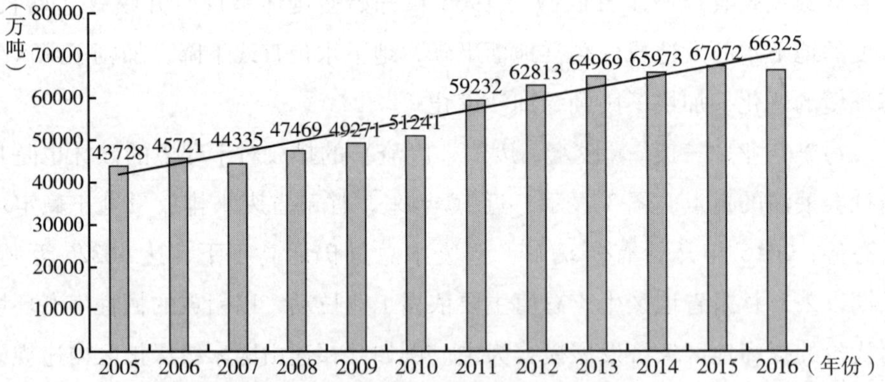

图3　2005～2016年甘肃省废水排放总量

资料来源：2005～2017年《甘肃省统计年鉴》。

五　祁连山国家级自然保护区建设的战略矩阵

根据上述对祁连山国家级自然保护区发展的 SWOT 分析，可以得出相应战略矩阵以及 4 种战略（见表 1）：优势 - 机会（SO）战略、劣势 - 机会（WO）战略、优势 - 威胁（ST）战略和劣势 - 威胁（WT）战略。优势 - 机会战略强调通过发挥内部优势来把握外部机遇，一般决策者往往偏向选择 SO 战略；劣势 - 机会战略为扭转型战略，即参考外部机会来弥补内部不足；优势 - 威胁（ST）战略为多样化战略，利用内部优势回避或减小外部威胁的影响；劣势 - 威胁（WT）战略为防御战略，通过努力弥补内部劣势同时规避外部威胁。

表 1　祁连山国家级自然保护区 SWOT 矩阵

外部条件	内部条件	
	优势(Strength) a. 生态区位作用极为重要 b. 生态多样性丰富 c. 战略资源的重要通道	劣势(Weakness) a. 生态环境破坏严重 b. 管理体制机制不健全 c. 地方经济发展与保护区建设目标存在冲突
机遇(Opportunity) a. 政策环境提供有力保障 b. 祁连山国家公园建设 c. 生态文明建设理念广泛推广 d. 交通基础设施完善	SO 战略 (发展优势,利用机会) a. 利用祁连山地缘优势,结合当下国家"一带一路"倡议,大力推进生态文明建设 b. 利用资源优势,加强祁连山原生态环境保护 c. 利用通道优势,加快周边地区产业转型升级	WO 战略 (利用机会,弥补劣势) a. 利用国家环境政策及领导人对祁连山高度重视契机,加快祁连山生态环境整治 b. 完善祁连山国际级保护区管理体制机制 c. 积极探索适合地区的经济发展与环境保护协调发展模式

续表

威胁(Threat) a. 西部生态环境退化阻碍保护区生态修复进程 b. 地方财政薄弱,国家没有提出专项支撑政策 c. 高耗水、高污染产业使保护区生态环境恶化	ST 战略 (发挥优势,减轻威胁) a. 加大对祁连山科研投入,解决草畜平衡、人地矛盾、土地沙漠化等生态环境问题 b. 积极申请国家及世界金融机构贷款,加快对保护区建设 c. 优化升级产业结构,进行合理规划,加大环保督察力度	WT 战略 (减少劣势,回避威胁) a. 祁连山国家级自然保护区与祁连山国家公园有效结合,在国家政策扶持下,完善相关管理体制机制,遏制生态环境破坏 b. 关停或整改祁连山周边高污染企业,大力推行清洁生产 c. 科学合理对产业优化升级,促进生态环境与社会经济可持续发展

案 例 篇

Cases

G.15
水电河源整治分析

李玮丽*

一 水电站整改分析

2017 年 7 月中共中央办公厅、国务院办公厅对甘肃省祁连山国家级自然保护区生态环境问题发出通报，指出甘肃省祁连山国家级自然保护区生态环境问题突出，其中包括部分水电设备违法建设、违规运行。经过调查核实，在甘肃省祁连山国家级自然保护区有水电站 42 座，33 座已建成以及 9 座在建水电站，涉及天祝、肃南、凉州等 6 个县区。

经过排查分析，甘肃省祁连山国家级自然保护区中的水电项目主要存在以下几方面的问题。

* 李玮丽，兰州大学资源环境学院硕士研究生。

（一）个别水电站违规建设，存在未批先建的问题

《中华人民共和国自然保护区条例》第二十八条规定“禁止在保护区的缓冲区开展旅游和生产经营活动”，第三十二条规定“在自然保护区的核心区和缓冲区内，不得建设任何生产设施”，然而寺大隆二级水电站设置于祁连山自然保护区缓冲区，大孤山水电站、白泉门二级水电站等六座水电站在发展改革部门核准前就已经开工建设，存在未批先建的问题。

（二）部分水电站的审批手续不全

在甘肃省祁连山国家级自然保护区的水电站 42 座中，7 座水电站审批手续不全，其中皇城大干沟水电站、东水峡水电站 2 座水电站没有取水许可证。

（三）部分水电站设计引水流量偏大

正常引水比为 1.5 ~2.5，但是位于甘肃省祁连山国家级自然保护区的寺大隆一级水电站设计引水流量为 5.5 立方米/秒，河道年平均流量只有 0.78 立方米/秒，引水比为 7.05，超出正常引水比值范围。

（四）部分水电站建设超过设计工期

水电站合理设计工期为 2 ~4 年，寺大隆二级等 9 座水电站于 2007 ~2013 年已经由发展改革部门核准，但现在还没有建成，严重超过了水电站的合理设计工期，水电站周边的生态产生了很大的影响。

（五）个别水电站未按规定下泄生态流量

除小孤山、杂木寺、神树等 3 座水电站设有永久性泄流设施以外，其余已建成的水电站均未设置永久性泄流设施，未安装流量计量和监控设备，在不同程度上存在未按规定下泄生态流量的问题。

（六）部分水电站尚未竣工验收

在甘肃省祁连山国家级自然保护区的 42 座水电站中，有 18 座水电站尚

未进行竣工验收，其中部分水电站建设于20世纪50~80年代，大部分水电站于2000年以后建成。

针对以上问题，甘肃省政府采取了关停退出、处理处罚、评估论证、运行监管等差别化处置进行治理。对于装机容量小、水能资源利用率低以及引水流量与装机规模严重偏大的水电站予以关停退出，对于位于植被稀少、无珍贵野生动物分布，对于祁连山自然保护区生态环境影响较小的水电站可继续建设运行，但是需在复工之前处理好堆渣防护相关问题，减少对生态环境产生进一步影响；对于审批手续不全的水电站则根据相关条例进行处理处罚；建设了水电站生态基流监控平台，形成了智慧水务监控，同时有流量测量系统和视频监视系统，实现数字、实景双重监视，丰水期和枯水期的正常切换，制定有核定的主汛期、枯水期的最低生态流量，一旦水量低于标准系统就会自动报警。张掖市级监控平台可以对各个水电站的实时情况进行在线监控，已经建成水电站生态基流下泄监控、水库管理监控、河长制信息管理、防汛抗旱预警监控等7个主要板块，可以实现对全张掖市66座水电站的生态流量和引水流量监测。

2018年，中央环保部“绿盾2018”自然保护区监督检查专项行动对于祁连山国家自然保护区内水电站整改情况进行专项检查，以确保祁连山自然保护区整改到位，目前调查工作正在进行中。

二　江河源头保护分析

黑河水源地与黄河上游水源地等多个江河源头位于青海省祁连山国家公园，保障江河源头至关重要。为保护江河源头，采取以下几方面的措施。

（一）加大生态修复与保护力度

在黑河水源地建立了祁连黑河源国家湿地公园，增加森林植被，建设沿河植被生态屏障，对黑河的水量水质进行有效保护。

（二）完善水源地生态保护机制

加大水源地生态补偿财政转移支付能力，协调供水方与受水方之间的利益关系，明确水源地生态补偿收益的主体和对象，建立水源地保护与区域经济社会可持续发展的长效机制。

（三）强化综合监管能力的建设

划定并严守生态保护的红线，建立生态监测与预警系统，强化依法治理工作，及时查处偷排漏排现象。

兰州大学资源环境学院丁文广教授提出建议将保护区内的居民最大限度地转化为“生态民”，改变固有的传统思维模式，根据国际上的一些经验，移民涉及许多复杂的问题，且成本高，往往适得其反；而让牧民参与自然保护，既考虑了对资源依赖型的社区生计，又可以提高人们的可持续利用资源的意识，可以实现自然保护区与保护区内社区的协调发展。同时可以增加当地居民收入，提高居民环境保护的积极性。国家公园内的居民不再是保护局的对立面，而成为实现国家公园可持续发展的中坚力量，可以保证国家公园的可持续发展，实现和谐发展、协调发展的目的。

这一模式在三江源地区已经有成功经验，对于江河源头保护具有重要的指导意义。因此在黑河水源地建议将保护区内的原住民作为保护的核心力量看待，给予他们适当的生产生活用地，不强制将其迁出保护区，将部分保护经费发给当地居民作为保护补贴，通过生态补偿弥补牧民的生计收入，培训农牧民参与保护区的保护，将农牧民培训为“生态民”，让他们承担保护水源地的部分职能，这样既能实现保护的目标，又节约大量成本，是一个多赢的模式。

G.16

治理举措成效显现

李玮丽*

一　张掖：持之以恒推进生态环境整治

祁连山自然保护区现有面积198.72万公顷，其中张掖段面积为151.91万公顷，占保护区总面积的76.44%，占全市土地面积的36.2%，涉及该市肃南、民乐、山丹、甘州4个县区的16个乡镇。自2017年7月中共中央办公厅、国务院办公厅就甘肃祁连山国家级自然保护区生态环境问题对外发出通报之后，作为主要涉事区域的张掖市，痛下决心，以“刮骨疗毒”式多项并措，全方位推进祁连山生态环境整改整治工作，使生态逐步改善。

一是保护区内117项探采矿项目全部关停，矿区矿点生态环境全面治理恢复，祁连山自然保护区张掖段再无矿山探采活动。二是保护区内水利水电项目全部整治规范，水电站生态基流下泄设施和视频监控全面覆盖，保障了河道生态基流足额下泄。三是保护区、核心区、缓冲区生产经营项目全部退出，核心区农牧民全部搬迁，再无任何开发性生产经营活动。四是草原超载超牧问题得到有效整治，草原基本实现草畜平衡。五是“绿水青山就是金山银山”的理念已深入人心。

南裕固族自治县九个泉选矿厂尾矿库治理区、水磨沟煤矿生态环境恢复治理区、皇城镇南大坂煤矿生态环境恢复治理区等矿区的所有设施均被拆除干净，以种植青海云杉或设置围栏恢复自然植被的方式，促进矿区生态环境

* 李玮丽，兰州大学资源环境学院硕士研究生。

恢复。目前，绿色植被已覆盖原先的矿区。

张掖市巨龙铁合金公司自2017年环保问题曝光后被责令整顿停产。公司共投入1150万元对厂区进行全面整改和改造，通过改善上料系统扬尘控制、原料堆场扬尘控制等环保配套设施，配备烟气排放在线监控系统等，当前公司各项污染源污染物排放经检测已低于标准限值并恢复生产。

甘肃电投河西水电龙首二级电站按照中央环保督察组和甘肃省政府的整改要求，水电站闸门已加装永久性垫块，实现生态放流不受人为控制，建成了雷达流量计装置，能够保障河道基流足额下泄。

张掖市在生态保护、农牧民定居、草原奖补、公益林补助管护、精准扶贫、困难群众救助等政策集成创新方面大胆探索和实践，采取“四个一”的措施引导农牧民易地搬迁、转产增收。

针对祁连山自然保护区内旅游设施项目，张掖市实施差别化整治，对位于核心区、缓冲区的全部拆除基础设施，完全关停退出；实验区内的旅游项目全部停业整顿，在落实环保措施、补办缺失审批手续后规范运行。

通过严肃问责倒逼责任落实、从严整治筑牢生态防线、全民行动建设美丽家园等举措，张掖人民决心坚决打赢这场“战斗”，守护地洁天蓝水清的生态美丽家园，筑牢西部生态安全屏障。

二　甘南：环境治理开启群众幸福生活

（一）铁腕治理草原退化生态“顽疾”

作为中国长江、黄河上游最重要的天然生态安全屏障，甘肃甘南4150多万亩天然草原出现不同程度退化，成为当地生态“顽疾”。对此，近年来，该州“刚柔并济”铁腕治理。目前，全州退化草原总面积下降了14.7%，全州中度以上鼠害面积由1572.6万亩下降到808万亩。

甘南州是中国主要牧区之一，该州草原具有载畜能力较强、耐牧性较强、无工农业污染、病原菌极少、高原野生名贵药用植物丰富等特点。长期以来，由于过度放牧、草原鼠害等原因，草地出现大面积严重退化、沙化和盐渍化而成为裸地。

甘南州农牧局27日接受中新网记者采访时介绍，近年来，该州从落实草原生态奖补政策、实施退牧还草工程、鼠害防治和退化草原治理、推动草原畜牧业转型、开展草原监理执法、探索黄河沿岸草原沙化综合治理等方面“铁腕”治理。目前，天然草原综合植被覆盖度逐年提高，黑土滩型草原面积下降了22.5%，牲畜超载率为15.2%，比2010年下降了18.2个百分点。

2011～2016年，甘南州兑付草原生态补奖资金17.0736亿元，2017年补奖政策资金共计2.9066亿元，全部兑付到户，一方面提升农牧民收入，另一方面使草原超载率逐年下降，达到草畜平衡。

鼠害是草原生态最大的“天敌”之一。该州探索“生态鼠控”开展艾虎、狐狸、鹰类等繁育驯化实验，以生态系统食物链关系灭鼠。自2010年来，已综合防治草原鼠害1669.95万亩，比10年前下降了700多万亩。

此外，该州还探索黄河沿岸沙化综合治理，在玛曲县曼日玛乡和河曲马场等地治理流动沙丘和重度沙化地47475亩、黑土滩80.545万亩。

除了禁牧、补播、灭鼠、治沙等措施外，甘南州自2010年以来共清退遣返在草原上采挖虫草、挖沙取土等违法违规人员1.12万人次，向未经批准征占用草原的工程建设和矿藏勘查开采企业送达告知书74份，征收到天然草原植被恢复费228.31万元，目前正在实施逐步植被恢复。

（二）环境治理促进藏区旅游快速发展

甘肃省甘南藏族自治州位于甘青川三省交界，是黄河上游重要的水源涵养地，多样的景观地貌、缤纷的民族风情吸引着全国的游客。但长期以来，传统人畜混居的生产方式和乱堆乱放、乱倒乱扔的生活习惯，一度使这片大自然恩赐的美丽山水黯然失色。

2015年开始，甘南藏区把城乡环境综合整治纳入县区一把手考核内容及网格化管理体系，打造全域旅游无垃圾示范区。推动形成“全民发动、全员参与、全域治理、全时保洁”的工作格局，彻底整治“脏乱差”，实现了4.5万平方公里青山绿水大草原“全域无垃圾”的预期目标。同时，每年选择60个适宜发展乡村旅游的自然村作为旅游专业村，按照A级景区标准进行打造。干部进村入户、分片包干，从锅台灶台、炕上炕下一直到户内户外制定了一套严格标准。

生活方式的改变推动生产方式的升级，甘南藏区群众由过去“脱贫靠放牧”变为现在的“旅游奔小康”。2017年，甘南藏区游客人数突破1100万人次，旅游综合收入达到50亿元，同比分别增长15%、20.2%。2018年上半年接待游客558.72万人次，同比增长13.92%，实现旅游综合收入27.91亿元，同比增长22.14%。

三　青海祁连山黑土滩治理成效显著

祁连山青海段位于青海省东北部、青藏高原边缘。2005年12月青海省政府设立祁连山自然保护区，保护区总面积近80万公顷，该保护区是青藏高原重要的天然固体水库，生态服务功能十分显著。

黑土滩是草地退化最严重的一种表现形式。草地退化后地表裸露，加上地面鼠和地下鼠活动的破坏作用，并发在滩地上，所以民众称为“黑土滩”，是青藏高原独特的自然条件下高寒草甸严重退化经风蚀和水蚀后形成的大面积裸地产物。

据官方数据显示，1949～2005年，青海牧区牲畜量增长近3倍，草皮覆盖率减少20%，植物中的毒杂草占比提高到10%，草场沙化、鼠兔泛滥、黑土滩扩张等问题日趋严重。

自2015年开始，祁连县依托祁连山生态环境保护与综合治理工程和退牧还草工程等项目，与青海省畜牧兽医科学院专家团队一同全面实施了退化草地集中连片治理，累计治理黑土滩17万亩，其中，沙龙滩地区治理黑土滩14万亩。

通过引种、施肥、浇水、病虫害防治等各个环节，如今祁连山流域的草原生产能力明显提高、植被覆盖度增加，草原生态得到有效治理。据统计，截至目前，青海省祁连县黑土滩草地植被覆盖度从10%提高到80%以上，牧草平均高度达到50厘米以上，平均亩产鲜草由治理前的50公斤左右提高到350公斤以上。

附　录

Appendix

G.17

祁连山生态环境保护大事记*

2015年

9月28日　环保部、林业局就甘肃祁连山国家级自然保护区有关问题联合约谈张掖市人民政府、甘肃省林业厅、甘肃祁连山国家级自然保护区管理局。

9月30日　祁连山国家级自然保护区管理局组织技术人员对祁连山国家级自然保护区31个核心区和缓冲区的卫星遥感监测点进行调查现地核查，并上报相关材料。

10月2～25日　甘肃省林业厅、省直有关部门及各市政府分别制定《整治方案》，针对矿产资源开发活动明显、水电设施建设繁多、实验区旅游设施涉嫌未批先建、保护区草场存在过度放牧及其他相关生态环境保护问题等五方面突出问题采取有效措施。

* 刘芳、赵龙、李玮丽整理。

2016年

2月23日 祁连山国家级自然保护区管理局下发《关于进一步做好约谈后续工作的通知》，要求各自然保护站按照甘肃省政府确定的祁连山自然保护区生态环境问题整治方案、整治措施及各地政府确定的清理整治时限，做好各项监管工作。

3月9日 根据国家林业局《关于国家级自然保护区“绿剑行动”监督检查结果的通报》（办护字〔2016〕23号）文件安排，祁连山国家级自然保护区管理局对祁连山自然保护区开发建设活动，包括采矿、探矿、房地产、水（风）电开发等破坏环境资源的违法违规项目进行全面检查，并及时上报甘肃省林业厅。

6月24日 祁连山国家级自然保护区管理局根据甘肃省厅安排，开展祁连山生态保护国家公园前期工作调研工作，保护区内的村镇、社区人口、经济情况、军事设施、拟建的重大项目、游憩场所等基本数据进行统计。

11月12日 中央第七环保督察组进驻甘肃，祁连山国家级自然保护区管理局按照甘肃省委省政府及甘肃省林业厅的安排，积极配合开展各项督查工作，提交各类材料，并按照督查过程中提出的问题及时安排部署。

2017年

1月16日 央视“新闻直播间”栏目播出《祁连山生态破坏调查》，报道祁连山自然保护区生态破坏严重、母亲河成“下水道”“垃圾场”等问题，引起社会各界的强烈反响，造成严重的负面影响，给各级地方政府、各部门和保护区管理部门带来巨大舆论和工作压力。

2月5日 祁连山国家级自然保护区管理局制定印发《甘肃祁连山国家级自然保护区监督管理领导责任体系》，建立党政同责、分级管理，领导班子负总责、班子成员包责任区、科室负责人和保护站站长包站的监督管理责任体系与“横向到边、纵向到底、全面覆盖”的监督管理领导责任体系。

3月7日 祁连山国家级自然保护区管理局开展2017年祁连山国家级自然保护区生态环境问题整治监督检查专项工作。

3月22日 甘肃省副省长李斌主持召开会议，专题研究部署设立祁连山国家公园有关工作。

3月23日 甘肃省时任省长林铎主持召开省长办公会议，专题研究部署编制祁连山国家公园体制试点方案事宜，成立祁连山国家公园（甘肃部分）协调领导小组，抓紧开展编制祁连山国家公园体制试点方案工作。

3月29日 甘肃省林业厅下发了《甘肃省林业厅印发〈关于编制祁连山国家公园体制试点方案有关工作的安排意见〉的通知》（甘林护函〔2017〕164号），成立了专门的研究小组。

3月30日 甘肃省政府下发了《关于印发〈编制祁连山国家公园体制试点方案的工作方案〉的通知》（甘政发〔2017〕53号），对编制工作的组织领导、专业指导、分阶段工作任务和责任都进行了明确。

3月31日 甘肃省政府副秘书长王向晨主持召开甘、青两省祁连山国家公园体制试点方案编制工作会商会，提出以下建议：一是要合理划定试点方案的范围和边界。二是要突出生态保护。三是要突出改革重点。四是要加强沟通协调。

4月1日 甘肃省林业厅与甘肃省发改委沟通协商祁连山国家公园范围区划方案调整思路、委托国家林业局调查规划设计院编制“1+3”试点方案等相关事项。

4月6日 在祁连山国家级自然保护区管理局召开了由相关单位参加（《关于召开祁连山国家公园范围划定工作座谈会的通知》）专题座谈会，广泛征求各方意见，为科学合理确定祁连山国家公园范围和功能区定位奠定基础。

4月18日 甘肃省政府常务会议专题研究祁连山生态保护整改专项工作，建议本次祁连山国家公园在试点期间范围缩小一点。

4月24日 甘肃省发改委组织召开了祁连山国家公园范围划定方案及

体制试点方案专家部门论证会。会议充分讨论了祁连山国家公园范围体制试点方案及甘肃部分范围区划方案、体制改革和机构设置方案、人员和资产处置方案。

5 月 4 日 甘肃省发改委、编办、林业厅共同编制完成了《祁连山国家公园体制试点方案》（送审稿）。初步拟定了甘肃片区 1.67875 万平方公里和青海片区 1.51 万平方公里的范围。

5 月 16 日 甘肃省委副书记、省长唐仁健主持召开省长办公会议，审议祁连山国家公园体制试点方案。会后，甘肃省发改委组织召开祁连山国家公园体制试点方案编制工作部署会，会议商定按甘肃部分 3.32 万平方公里提供公园划定范围定稿。

5 月 17 日 甘肃省发改委发出《关于配合估算祁连山国家公园建设项目退出整治费用的函》《关于征求对祁连山国家公园体制试点方案（“1+3”方案）修改意见的通知》《关于召开祁连山国家公园体制试点方案会商会的通知》。甘肃省发改委和省林业厅联合发出《关于填报祁连山国家公园体制试点方案编制中有关信息统计表的函》。

5 月 19 日 根据新划定的祁连山国家公园甘肃部分范围，对公园范围内人员、资产情况及退出整治费用做了统计和匡算。甘肃省副省长李斌主持召开了祁连山国家公园体制试点方案会商会，广泛听取了相关市县的意见，确保范围划定的科学性和可行性。

5 月 31 日 甘肃省省长唐仁健、常务副省长黄强、秘书长常正国等一行拜会国家发改委副主任张勇，请求国家从以下三个方面给予祁连山国家公园体制试点建设支持：一是请求国家发改委在《试点方案》修改完善方面给予指导帮助；二是请求落实所需资金；三是请求对祁连山国家公园涉及的两省 12 个县（区）予以重点支持。

6 月 2 日 祁连山国家级自然保护区管理局开展 2017 年第二轮祁连山国家级自然保护区生态环境问题整治监督检查专项工作。

6 月 3～6 日 原国家林业局、国家公园筹备工作领导小组办公室专家组，分别赴肃北、肃南两县开展现地调研工作。

6月7日 关于《祁连山国家公园体制试点方案》国家部委提出了修改意见：一是关于公园范围划定。国家发改委建议将冰川、多年冻土带以下具有重要水源涵养功能的森林等自然生态系统，以及珍稀濒危动植物的集中分布区域一并划入国家公园核心区。二是关于功能分区。国家发改委建议将生态修复区和核心保护区进行合并，并降低传统利用区占国家公园的总面积比例。三是关于管理体制设置。建议进一步明确祁连山国家公园的事权层级，科学确定管理机构的隶属关系、主要职能及机构性质。

6月8日 省编办、省发改委、省林业厅及青海省相关部门对《试点方案》进行了修改，修改重点内容为：一是关于国家公园范围划定。祁连山国家公园划定5.02万平方公里，其中甘肃片区3.44万平方公里，占68.5%；青海片区1.58万平方公里，占31.5%。二是关于国家公园管理机构。继续建议组建国家层面的祁连山国家公园管理机构，代表中央直接行使所有权，负责国家公园内自然资源资产的保护、管理和运营，履行国家公园内国土空间用途管制职责，代表国家行使相关法律法规执法权。三是关于试点方案内容。

6月26日 中央全面深化改革领导小组组长习近平主持召开中央全面深化改革领导小组第三十六次会议，会议审议通过了《祁连山国家公园体制试点方案》。祁连山国家级自然保护区升格为祁连山国家公园。

7月20日 中共中央办公厅、国务院办公厅就甘肃祁连山国家级自然保护区生态环境问题发出通报，对甘肃祁连山国家级自然保护区生态环境破坏典型案例进行了深刻剖析，并对有关责任人做出严肃处理。

7月21日 中办国办就甘肃祁连山国家级自然保护区生态环境问题发出通报，祁连山国家级自然保护区管理局深刻汲取祁连山生态环境破坏问题的惨痛教训，从监管制度、监管体系、监管责任、专项督查、创新管理模式、健全资源管护制度、加大执法力度、强化科技支撑等多方面入手，不断推进祁连山生态环境问题整治工作。

8月5日 祁连山国家级自然保护区管理局下发《关于进一步加强祁连山自然保护区生态环境问题整治监管工作的通知》。

8 月 15 日 祁连山国家级自然保护区管理局成立森林资源管理卫片执法工作领导小组，以保护区林地“一张图”为本底，利用遥感技术，通过两期或多期遥感数据的对比分析提取林地变化信息，进行判读验证。

8 月 18 日 按照《甘肃省林业厅祁连山保护区生态环境问题整改实施方案》，祁连山国家级自然保护区管理局局务会议决定抽调管理局内 15 名工作人员驻点跟踪督查保护区生态环境问题整治工作。

9 月 13 日 祁连山国家级自然保护区管理局将《关于印发〈甘肃祁连山国家级自然保护区 346 项生态环境问题整治监管责任分解表〉的通知》（甘祁资〔2017〕247 号）下发各自然保护站。

10 月 13 日 国家发改委在兰州召开了祁连山国家公园的调研座谈会议。座谈会上要求甘、青两省组织一流科研院所，加快编制祁连山国家公园总体规划。

10 月 18 日 甘肃省公园办主任张可荣主持召开了公园办全体会，其中就勘界工作准备，国家林业局《祁连山国家公园落界和功能区划准则》征求意见等进行了安排。

10 月 23 日 国家林业局国家公园筹备领导小组办公室下发《关于开展祁连山国家公园总体规划编制补充调查的函》（护园字〔2017〕33 号），要求统一技术标准规范，加快总体规划资料收集、开展公园落界等工作。国家林业局国家公园筹备领导小组办公室下发了《祁连山国家公园落界和功能区划准则》征求意见稿（护园字〔2017〕34 号）。

10 月 25 ~ 26 日 在兰州举办了“祁连山国家公园体制试点工作培训班”。

10 月 25 日 ~ 11 月 20 日 祁连山国家级自然保护区管理局完成环保部“绿盾 2017”国家级自然保护区监督检查专项行动，重点核查问题清单的现地核查工作，结合“绿盾 2017”专项行动对保护区内违法违规、生态环境影响明显、群众反映的旅游设施等其他问题线索，进行全面排查，并及时上报“绿盾 2017”总结报告。

10 月 27 日 甘肃省公园办在兰州组织召开了祁连山国家公园体制试点

具体工作座谈会。

11月1日 国家林业局办公室下发《关于印发祁连山国家公园总体规划编制3个方案的通知》，3个方案分别是《祁连山国家公园总体规划编制工作方案》《祁连山国家公园落界和功能区划准则》《祁连山国家公园规划补充调查资料收集技术方案》。

11月2日 甘肃省祁连山国家公园体制试点协调推进组办公室下发《关于配合开展祁连山国家公园体制试点调研的函》。

11月6日 在张掖市召开祁连山国家公园体制试点勘界及功能区划座谈会，讨论初步勘界方案，确定人员分组、工作内容和程序步骤，统一了工作方法。

11月9日 甘肃省“加强国家生态安全屏障综合试验区建设，建立生态补偿机制和长效机制”专题协商座谈会在兰州召开，会议上兰州大学资源与环境学院丁文广教授首次提出了“社区共管”与“生态民”，首次对祁连山整改发出声音。

11月17~27日 国家林草局林业规划院祁连山国家公园总体规划编制组技术人员，在兰州开展祁连山国家公园甘肃省片区落界数据业内汇总。

11月27日 协调推进组办公室下发了《关于上报祁连山国家公园体制试点范围及功能区划的通知》。

12月5日 祁连山国家级自然保护区管理局组织相关自然保护站对涉及祁连山国家级自然保护区范围内的8个监测点一一展开现地核实工作。

12月8日 祁连山国家公园体制试点工作推进会在兰州召开，国家林业局会同甘肃、青海两省建立祁连山国家公园“三方会商”机制，就祁连山国家公园体制试点范围落界相关事宜，三方进一步沟通商定，推动祁连山国家公园总体规划编制工作，安排部署下一步工作。

2018年

1月10日 在兰州召开祁连山国家公园体制试点甘肃片区勘界及功能

区划汇总及培训班。

1月13日 祁连山生态环境保护管理与可持续发展论坛在兰州召开。

1月15日 酒泉市人民政府报送《酒泉市人民政府转报〈肃北县蒙古族自治县人民政府关于申请将鱼儿红牧场刃岗沟铁矿调整出祁连山国家公园范围的请示〉的报告》酒政发〔2018〕8号。

1月23日 省政府协调推进组办公室主任、林业厅党组成员、副厅长张肃斌主持召开了《祁连山国家公园甘肃省片区范围和功能区勘界方案》论证会。会上经专家组讨论审议，一致同意《勘界方案》对祁连山国家公园甘肃省片区范围勘界和功能区划结果，并形成了论证意见。

2月5日 甘肃省副省长李斌对兰州大学资源环境学院丁文广教授提出的关于祁连山整改的模式进行批示并接受。

2月25日 祁连山国家级自然保护区管理局制定《甘肃祁连山国家级自然保护区管理局落实甘肃省“绿盾2017”专项行动巡查反馈问题整改方案》，明确责任人和整改时限，有效推进了“绿盾2017”相关问题的后续整改工作。

2月26日 甘肃省林业厅公园办全体会，对上报范围和功能区划勘界方案做了进一步安排，摸清园区内矿业权、水利水电设施、道路、乡镇村、人口、牲畜等基本要素。

3月20日 由甘肃省政府协调推进组办公室主任、林业厅党组成员、副厅长张肃斌主持，与国土厅分管领导、矿业处就祁连山国家公园矿业权基本情况、重叠情况、退出方式等进行了数据对接及座谈沟通。

3月23日 中科院A类战略性先导科技专项研究任务“泛第三极环境变化与绿色丝绸之路建设”下的“祁连山生态系统变化归因与善治对策”开展。

3月26日~4月9日 祁连山国家级自然保护区管理局抽调10人，与甘肃省林业厅组成联合督查组深入保护区，按照“一项目一卡片”“一项目一档案”的原则，对保护区内的生态环境问题整改工作进展情况进行督查，以详细掌握保护区生态环境问题整治进展情况。

3 月 27 日　召开 2018 年第 1 次领导小组会议，研究审议并原则通过了《祁连山国家公园甘肃省片区范围和功能区勘界方案》并提出了修改意见。

4 月 12 日　祁连山国家级自然保护区管理局开展“绿盾 2018”专项工作，完成甘肃祁连山国家级自然保护区 2017 年下半年国家级自然保护区人类活动动态遥感监测报告现地核实工作，并对反馈的“绿盾 2018”补充重点问题线索进行再次核实，总结报告上报甘肃省林业厅、环保厅。

4 月 16 日　首届“甘肃・祁连山高峰论坛”在兰州举办，论坛以“践行绿色发展理念，推动甘肃经济高质量发展”为宗旨、“绿色・创新・特色：甘肃经济高质量发展”为主题，分别围绕“甘肃区域经济绿色高质量发展的机遇、路径和对策”、“甘肃产业融合和资本优化的环境与选择”和“甘肃现代农业（戈壁农业）发展的创新、问题和对策”等议题进行深入探讨。

4 月 18 日　甘肃省省长唐仁健主持召开第十三届省政府第 8 次常务会议，审议通过了《祁连山国家公园甘肃省片区范围和功能区优化勘界方案》。

5 月 8 日　祁连山国家级自然保护区管理局以甘祁资〔2018〕157 号、甘祁资〔2018〕158 号文件向武威、张掖市人民政府反馈了祁连山保护区武威段和张掖段生态环境问题整改不彻底清单及存在的问题，建议武威、张掖市人民政府督促相关整改责任主体单位尽快开展“回头看”，要加快整治进度，并严格按整改要求完成整治。

5 月 17 日　祁连山国家级自然保护区管理局成立森林督查领导小组，开展甘肃祁连山国家级自然保护区 2018 年森林督查工作。

5 月 8 日　甘肃省委常委会召开会议，审议通过了《祁连山国家公园甘肃省片区范围和功能区优化勘界方案》。

5 月 10 日　甘肃省政府上报《关于报送祁连山国家公园甘肃省片区范围和功能区优化勘界方案的函》（甘政函〔2018〕62 号）。

6 月 6 日　祁连山国家级自然保护区管理局开展 2018 年祁连山保护区第二轮生态环境问题督查工作，对全区 346 项生态环境问题整改情况进行全面掌握，重点对整改不彻底问题进行重点督查检查。

7月10日 祁连山国家级自然保护区管理局开展自然保护地大检查工作，对保护区内的生态环境问题进行全面排查，对各类数据进行认真梳理。

7月11日 甘肃省委理论中心组学习会在兰州召开，会议上甘肃省省长唐仁健强调，要健全完善生态文明建设的长效机制，进一步建立健全约束有力的监管、系统完善的防控、权责明晰的损害赔偿、科学合理的考评、共管共治的参与等机制，推动甘肃省生文明建设迈上新台阶。

7月21日 祁连山国家级自然保护区管理局开展祁连山保护区2018年第三轮生态环境问题监督检查暨生态环境问题修复自查工作，重点对第二轮督查通报的问题和生态环境问题生态修复情况进行检查。

8月8日 祁连山国家级自然保护区管理局以甘祁资〔2018〕316号文件请求甘肃省厅对甘肃祁连山国家级自然保护区生态环境问题生态修复情况组织验收。

8月23～26日 “绿盾2018”自然保护区监督检查专项行动第十二巡查组巡查发现位于祁连山保护区实验区的神树水电站整改不到位。

8月29日 祁连山国家级自然保护区管理局开展祁连山保护区生态环境问题“回头看”工作，对全区346项生态环境问题进行全面彻底大排查。

9月14日 祁连山国家级自然保护区管理局在武威召开祁连山保护区生态环境问题整治现场会，分析了神树水电站生态环境问题整改不彻底的原因，探讨解决办法和预防机制，并对下阶段保护区生态环境问题整治及生态修复监管工作进行安排部署。

9月3日 祁连山国家级自然保护区管理局联合甘肃省森林公安局祁连山分局对全区生态环境问题“回头看”工作进行督查，要求各责任区、各自然保护站不断加强监管。

9月9日 甘肃省武威市委副书记、市长周伟同志主持召开第一次会议，专题研究“回头看”全面整改整治工作，会议要求全面对祁连山生态环境问题进行大起底，高标准制定“回头看”整改整治方案。

9 月 27 ~ 28 日　在敦煌举办了第三届丝绸之路（敦煌）国际文化博览会“国家公园与生态文明建设”高端论坛，提出了“保护和改善生态环境，推进美丽中国建设”的主题，为国内专家学者及各级领导干部提供了一个传播、分享和学习的平台，借鉴和吸收国内外在国家公园和生态文明建设方面积累的丰富经验；为祁连山国家公园试点提供了思路与可行性方案。

G.18

1973 ~2018年环境保护政策名录汇编

层级	政策文件	颁布或印发时间
国家与中央部委	《关于保护和改善环境的若干规定》	1973 年 8 月 5 日
	《中华人民共和国环境保护法(试行)》	1979 年 9 月 13 日
	《中华人民共和国森林法(试行)》	1979 年 9 月
	《中华人民共和国水污染防治法》	1984 年 5 月 11 日
	《中华人民共和国森林法》	1984 年 9 月 20 日
	《中华人民共和国草原法》	1985 年 6 月 18 日
	《森林和野生动物类型自然保护区管理办法》	1985 年
	《中华人民共和国矿产资源法》	1986 年 3 月 19 日
	《中国自然保护纲要》	1987 年 5 月
	《中华人民共和国大气污染防治法》	1987 年 9 月 5 日
	《中华人民共和国野生动物保护法》	1988 年 11 月 8 日
	《中华人民共和国水污染防治法实施细则》	1989 年 7 月 12 日
	《中华人民共和国环境噪声污染防治条例》	1989 年 9 月 26 日
	《中华人民共和国大气污染防治法实施细则》	1991 年 5 月 8 日
	《中华人民共和国水土保持法》	1991 年 6 月 29 日
	《环境与发展十大对策》	1992 年 8 月
	《中华人民共和国农业法》	1993 年 7 月 2 日
	《中华人民共和国水生野生动物保护实施条例》	1993 年 9 月 17 日
	《全国环境保护工作纲要(1993 ~1998)》	1994 年
	《矿产资源补偿费征收管理规定》	1994 年 2 月 27 日
	《中华人民共和国自然保护区条例》	1994 年 10 月 9 日
	《中华人民共和国固体废物污染环境防治法》	1995 年 10 月 30 日
	《中华人民共和国环境噪声污染防治法》	1996 年 10 月 29 日
	《国务院关于环境保护若干问题的决定》	1996 年 7 月
	《中华人民共和国煤炭法》	1996 年 8 月 29 日
	《中华人民共和国野生植物保护条例》	1997 年 1 月 1 日
	《全国环境保护工作纲要(1998 ~2002)》	1998 年

续表

层级	政策文件	颁布或印发时间
国家与中央部委	《国家环境保护"九五"计划和2010年远景目标》	1996年9月3日
	《全国自然保护区发展规划纲要(1996~2010)》	1997年11月24日
	《全国生态环境建设规划》	1998年11月7日
	《中国国家重点保护野生植物名录(第一批)》	1999年8月4日
	《中华人民共和国森林法实施条例》	2000年1月29日
	《国务院关于进一步做好退耕还林还草试点工作的若干意见》	2000年9月25日
	《长江上游、黄河上中游地区天然林资源保护工程实施方案》	2000年10月
	《全国生态环境保护纲要》	2000年11月26日
	《畜禽养殖污染防治管理办法》	2001年3月20日
	《天然林资源保护工程管理办法》	2001年5月8日
	《天然林资源保护工程核查验收办法》	2001年5月8日
	《中华人民共和国防沙治沙法》	2001年8月31日
	《国务院关于进一步做好退耕还林还草试点工作的若干意见》	2002年4月11日
	《中华人民共和国清洁生产促进法》	2002年6月29日
	《中华人民共和国水法》	2002年8月29日
	《中华人民共和国环境影响评价法》	2002年10月28日
	《退耕还林条例》	2002年12月6日
	《林业标准化管理办法》	2003年7月21日
	《矿产资源登记统计管理办法》	2003年11月26日
	《天然林资源保护工程森林管护管理办法》	2004年
	《草畜平衡管理办法》	2005年1月19日
	《环境影响评价法》	2005年4月13日
	《国家水土保持重点建设工程管理办法》	2005年4月18日
	《国家突发环境事件应急预案》	2005年5月24日
	《国务院关于落实科学发展观加强环境保护的决定》	2005年
	《非法采矿、破坏性采矿造成矿产资源破坏价值鉴定程序的规定》	2005年8月31日
	《草原征占用审核审批管理办法》	2006年1月27日
	《关于逐步建立矿山环境治理和生态恢复责任机制的指导意见》	2006年2月10日
	《环境影响评价公众参与暂行办法》	2006年2月24日
	《生态环境状况评价技术规范(试行)》	2006年3月9日
	《中华人民共和国濒危野生动植物进出口管理条例》	2006年4月29日
	《国家级自然保护区监督检查办法》	2006年10月26日
	《全国草原保护建设利用总体规划》	2007年1月1日
	《关于开展生态补偿试点工作的指导意见》	2007年8月24日
	《国家环境保护"十一五"规划》	2007年11月22日

续表

层级	政策文件	颁布或印发时间
国家与中央部委	《规划环境影响评价条例》	2009年8月17日
	《关于做好自然保护区管理有关工作的通知》	2010年12月28日
	《长江上游、黄河上中游地区天然林资源保护工程二期实施方案》	2011年
	《中国生物多样性保护战略与行动计划》	2011年4月1日
	《关于完善退牧还草政策的意见》	2011年8月22日
	《“十二五”全国环境保护法规和环境经济政策建设规划》	2011年11月1日
	《国家环境保护“十二五”规划》	2011年12月15日
	《全国重要江河湖泊水功能区划(2011～2030年)》	2011年12月28日
	《河流水电规划环境影响评价技术要点(试行)》	2012年3月26日
	《污染源自动监控设施现场监督检查技术指南》	2012年4月11日
	《环境保护部基本建设项目管理办法》	2012年4月20日
	《祁连山生态保护与综合治理规划(2012～2020)》	2012年12月28日
	《国家级风景名胜区与国家森林公园生态环境质量评估报告》	2013年1月28日
	《流域生态健康评估技术指南(试行)》	2013年3月26日
	《大气污染防治行动计划》	2013年9月10日
	《国家重点生态功能区县域生态环境质量监测评价与考核指标体系实施细则(试行)》	2014年11月5日
	《生态环境损害赔偿制度改革试点方案》	2015年
	《关于加快推进生态文明建设的意见》	2015年3月24日
	《生态保护红线划定指南》	2015年4月30日
	《生态文明体制改革总体方案》	2015年9月11日
	《全国水土保持规划(2015～2030年)》	2015年12月15日
	《建设项目环境影响评价区域限批管理办法(试行)》	2015年12月21日
	《中国生物多样性保护优先区域范围》	2015年12月31日
	《土壤污染防治行动计划》	2016年5月8日
	《全国生态保护“十三五”规划纲要》	2016年10月27日
	《“十三五”生态环境保护规划》	2016年11月15日
	《生态文明建设考核目标体系》	2016年12月12日
	《湿地保护修复制度方案》	2016年12月12日
	《生态文明建设目标评价考核办法》	2016年12月22日
	《全国国土规划纲要(2016～2030年)》	2017年1月3日
	《关于划定并严守生态保护红线的若干意见》	2017年2月7日
	《关于推进绿色“一带一路”建设的指导意见》	2017年4月24日
	《“一带一路”生态环境保护合作规划》	2017年5月12日
	《环境保护督察方案(试行)》	2017年7月1日

续表

层级	政策文件	颁布或印发时间
国家与中央部委	《自然保护区内矿业权清理工作方案》	2017年7月5日
	《"绿盾2017"国家级自然保护区监督检查专项行动方案》	2017年7月11日
	《关于建立资源环境承载能力监测预警长效机制的若干意见》	2017年9月20日
	《建立国家公园体制总体方案》	2017年9月26日
	《国务院办公厅关于健全生态保护补偿机制的意见》	2018年1月26日
	《国家级自然保护区监督检查办法》	2018年1月26日
	《"绿盾2018"自然保护区监督检查专项行动实施方案》	2018年3月6日
甘肃省	《甘青两省祁连山自然保护区联合保护管理章程》	2016年8月
	《甘青两省祁连山保护区联合保护管理协议》	2016年8月
	《甘肃省实施草原法细则》	1989年5月4日
	《甘肃省实施野生动物保护法办法》	1990年10月31日
	《甘肃省环境保护条例》	1994年8月3日
	《甘肃省自然保护区管理条例》	1999年9月26日
	《甘肃省实施〈中华人民共和国森林法〉办法》	1999年9月26日
	《甘肃省地质环境保护条例》	2000年12月2日
	《甘肃省湿地保护条例》	2003年7月18日
	《关于在全省重点区域实施封山禁牧的意见》	2003年11月28日
	《甘肃省湿地保护条例》	2004年2月2日
	《甘肃省突发环境事件应急预案》	2005年8月3日
	《甘肃祁连山国家级自然保护区天保工程封山育林建设检查验收办法》	2005年12月
	《甘肃省石油勘探开发生态环境保护条例》	2006年1月8日
	《甘肃省人民政府关于落实科学发展观加强环境保护的意见》	2006年9月9日
	《祁连山自然保护区加强外来入山人员管理》	2006年11月1日
	《甘肃省草原禁牧办法》	2006年12月1日
	《甘肃省"十三五"循环经济发展规划》	2007年5月31日
	《甘肃省重大林业生态破坏事故应急预案》	2007年5月31日
	《甘肃省境内保护野生动物名录》	2007年8月28日
	《甘肃省"十一五"主要污染物总量减排规划》	2008年2月27日
	《甘肃省环境保护"十一五"规划》	2008年7月29日
	《甘肃祁连山国家级自然保护区天然林保护工程森林资源管护制度》	2008年12月
	《甘肃省应对气候变化方案》	2009年4月13日
	《关于在全省重点区域继续实施封山禁牧的意见》	2011年3月30日
	《甘肃省林业生态环境保护条例》	2011年4月1日

续表

层级	政策文件	颁布或印发时间
甘肃省	《甘肃省公益林管护办法(试行)》	2011年5月6日
	《甘肃省人民政府关于进一步推进“十二五”污染减排工作的意见》	2011年6月21日
	《甘肃省落实草原生态保护补助奖励机制政策实施方案》	2011年9月27日
	《国有土地上房屋征收与补偿条例》	2011年11月13日
	《天然林资源保护工程二期甘肃省实施方案》	2012年2月9日
	《甘肃省自然灾害救助应急预案》	2012年7月17日
	《甘肃省人民政府关于加快全省草产业发展的意见》	2012年5月9日
	《甘肃省综合防灾减灾责任体系》	2012年6月8日
	《关于加强矿产资源管理和矿区生态环境保护的通知》	2012年7月21日
	《甘肃省天然林资源保护工程森林管护细则》	2012年9月
	《甘肃省草畜平衡管理办法》	2012年9月22日
	《甘肃省水文管理办法》	2012年11月20日
	《甘肃省草原禁牧办法》	2012年11月22日
	《甘肃省草产业发展规划(2012～2020年)》	2012年11月23日
	《甘肃省林业生态破坏事故应急预案》	2013年1月17日
	《甘肃省金属非金属矿山整顿工作方案》	2013年1月29日
	《甘肃祁连山国家级自然保护区公益林补偿基金管理制度》	2013年4月1日
	《甘肃祁连山国家级自然保护区公益林检查验收制度》	2013年4月1日
	《甘肃祁连山国家级自然保护区公益林监测制度》	2013年4月1日
	《甘肃祁连山国家级自然保护区公益林巡山查林制度》	2013年4月1日
	《甘肃祁连山国家级自然保护区公益林管护人员管理制度》	2013年4月1日
	《甘肃祁连山国家级自然保护区公益林管护制度》	2013年4月1日
	《甘肃省人民政府关于贯彻落实国务院大气污染防治行动计划的实施意见》	2013年9月30日
	《甘肃省石羊河流域地下水资源管理办法》	2014年1月6日
	《甘肃省加快转型发展建设国家生态安全屏障综合试验区总体方案》	2014年1月
	《甘肃省建设国家生态安全屏障综合试验区2014年实施方案》	2014年5月1日
	《甘肃省大气污染防治行动计划实施情况考核办法(试行)》	2014年8月
	《甘肃省国土资源厅关于矿产资源管理有关问题整改落实方案》	2014年9月19日
	《甘肃省矿产资源监督管理办法》	2014年9月19日
	《甘肃省贯彻落实〈国家应对气候变化规划(2014～2020年)〉实施意见》	2014年12月31日
	《全省退化防护林改造规划(2016～2025年)》	2015年1月
	《甘肃省生态保护与建设规划(2014～2020年)》	2015年4月7日

续表

层级	政策文件	颁布或印发时间
甘肃省	《甘肃省建设国家生态安全屏障综合试验区 2015 年工作要点》	2015 年 4 月 16 日
	《甘肃省人民政府办公厅关于进一步加强林业有害生物防治工作的实施意见》	2015 年 4 月 17 日
	《甘肃省林业厅关于严格禁止围垦占用湖泊湿地的通知》	2015 年 6 月 18 日
	《甘肃省水污染防治工作方案(2015 ~ 2050 年)》	2015 年 12 月 30 日
	《甘肃省加快推进生态文明建设实施方案》	2016 年 1 月
	《祁连山保护区湿地保护和发展倡议书》	2016 年 1 月
	《甘肃省生态文明体制改革实施方案》	2016 年 5 月
	《甘肃省"十三五"环境保护规划》	2016 年 9 月 30 日
	《甘肃省水污染防治 2016 年度工作方案》	2016 年 11 月 19 日
	《甘肃省关于贯彻落实〈祁连山国家公园体制试点方案〉的通知》	2017 年 2 月 28 日
	《甘肃省生态文明建设目标评价考核办法》	2017 年 2 月 28 日
	《甘肃省生态环境监测网络建设实施方案》	2017 年 2 月 28 日
	《全省林业系统自然保护区生态环境保护问题自查整改实施方案》	2017 年 3 月 10 日
	《甘肃省生态环境保护工作责任规定(试行)》	2017 年 3 月 14 日
	《关于进一步加快推进生态文明制度建设的意见》	2017 年 3 月
	《甘肃省省级自然保护区调整管理规定》	2017 年 5 月 5 日
	《甘肃省贯彻落实中央环境保护督察反馈意见整改方案》	2017 年 6 月 9 日
	《甘肃省贯彻落实〈国务院办公厅关于健全生态保护补偿机制的意见〉的实施意见》	2017 年 7 月 28 日
	《甘肃省林业厅祁连山保护区生态环境问题整改实施方案》	2017 年 7 月 31 日
	《祁连山自然保护区矿业权退出及生态环境恢复治理行动方案》	2017 年 8 月
	《甘肃省国家重点生态功能区产业准入负面清单(试行)》	2017 年 8 月 22 日
	《甘肃省矿产资源勘查开采审批管理办法》	2017 年 9 月 6 日
	《甘肃省关于进一步加强生态环境保护法律法规宣传教育的通知》	2017 年 9 月 22 日
	《甘肃祁连山国家级自然保护区管理条例》	2017 年 11 月 30 日
	《甘肃祁连山国家级自然保护区矿业权分类退出办法》	2017 年 12 月 8 日
	《甘肃省湿地保护修复制度实施方案》	2017 年 12 月 27 日
	《甘肃祁连山国家级自然保护区水电站关停退出整治方案》	2017 年 12 月 29 日
	《甘肃省推进绿色生态产业发展规划》	2018 年 2 月 14 日
	《甘肃省省级绿色矿山建设要求及评定办法》	2018 年 5 月 8 日
	《甘肃省关于开展全省各级各类保护地内矿业权分类处置的意见》	2018 年 5 月 25 日
	《甘肃省林业厅"绿盾 2018"林业自然保护区监督检查专项行动实施方案》	2018 年 6 月 7 日

续表

层级	政策文件	颁布或印发时间
甘肃省	《甘肃省污染防治攻坚方案》	2018年7月11日
	《甘肃省天然林资源保护工程实施方案》	
	《甘肃祁连山国家级自然保护区天保工程财政资金管理办法》	甘祁自〔2002〕21号
	《甘肃祁连山国家级自然保护区公益林管理办法》(试行)	
	《甘肃祁连山国家级自然保护区天保工程财政资金管理实施细则》	
	《甘肃祁连山国家级自然保护区天保工程封山育林实施细则》	
	《封山育林管理制度》《封山育林巡护制度》	
青海省	《青海省森林和野生动物类型自然保护区管理办法实施细则》	1994年12月29日
	《青海省实施〈中华人民共和国草原法〉细则》	1989年11月1日
	《青海省实施〈中华人民共和国大气污染防治法〉办法》	1999年5月21日
	《青海省农业环境保护办法》	1996年3月2日
	《青海省实施〈中华人民共和国森林法〉办法》	1996年4月1日
	《青海省人民政府关于在全省范围内禁止开采砂金的通知》	2002年2月4日
	《青海省人民政府关于建立青海祁连山省级自然保护区的通知》	2005年12月30日
	《青海省规范矿产资源勘查开发暂行规定》	2006年5月27日
	《青海省关于贯彻〈国务院关于落实科学发展观加强环境保护的决定〉的实施意见》	2006年8月16日
	《青海省黄河上游大中型水电站工程建设征地补偿暂行标准》	2007年4月18日
	《青海省矿产资源整合总体方案》	2007年4月19日
	《青海省大中型水库库区和移民安置区基础设施建设和经济发展规划工作大纲》	2007年5月9日
	《关于在全省范围内开展矿业权非法转让清理专项行动意见》	2008年9月8日
	《青海省巩固退耕还林成果专项工程实施管理办法》	2009年2月26日
	《青海省大中型水利水电工程建设征地范围内禁止新增建设项目和迁入人口通告发布管理办法》	2010年10月29日
	《青海省集中式饮用水水源地、化工生产企业及矿山企业尾矿库环境污染隐患排查整治工作实施方案》	2011年7月29日
	《青海省"十二五"林业发展规划》	2011年8月16日
	《青海省国土资源"十二五"规划》	2011年9月5日
	《青海省草原生态保护补助奖励机制实施意见(试行)》	2011年9月28日
	《青海省国土资源厅等部门关于开展砂石资源开采秩序专项整治行动方案》	2011年
	《青海省"十二五"水利发展规划》	2011年10月13日
	《青海省国家级公益林森林生态效益补偿方案》	2010年2月24日
	《青海省水利发展战略规划》	2012年3月5日
	《青海省人民政府关于加强环境保护工作的意见》	2012年4月25日

续表

层级	政策文件	颁布或印发时间
青海省	《青海省大中型水库移民后期扶持政策实施方案》	2012年8月14日
	《青海省2012年森林火灾保险实施方案》	2012年9月6日
	《青海省关于贯彻〈国务院办公厅关于印发近期土壤环境保护和综合治理工作安排的通知〉的意见》	2013年11月7日
	《进一步加大祁连山省级自然保护区保护与治理工作方案》	2014年8月27日
	《关于进一步加强禁采砂金工作意见》	2014年6月30日
	《青海省关于开展全省生态环境保护大检查的通知》	2014年8月27日
	《青海省人民政府办公厅关于成立祁连山自然保护区保护和管理工作协调领导小组及明确相关部门、地区职责的通知》	2014年9月9日
	《青海省人民政府办公厅关于进一步加强林业有害生物防治工作的实施意见》	2014年11月13日
	《青海省深化小型水利工程管理体制改革指导意见》	2014年12月18日
	《青海省环境保护大检查工作方案》	2015年2月4日
	《关于进一步加强涉及自然保护区开发建设活动监督管理的通知》	2015年5月6日
	《青海省人民政府办公厅关于成立青海省祁连山山水林田湖生态保护修复试点工作领导小组的通知》	2017年2月9日
	《青海省生态文明建设目标评价考核办法(试行)》	2017年3月8日
	《青海省绿色发展指标体系》	2017年4月14日
	《青海省关于贯彻落实湿地保护修复制度方案的实施意见》	2017年6月19日
	《青海省耕地草原河湖休养生息实施方案(2016~2030年)》	2017年9月9日
	《祁连山国家公园体制试点(青海片区)实施方案》	2018年5月2日
	《发青海省"绿盾2018"自然保护区监督检查专项行动实施方案》	2018年5月
	《青海省贯彻落实中央环境保护督察反馈意见整改方案》	2018年5月30日
	《青海省集中式饮用水水源地环境保护专项行动实施方案》	2018年7月16日
张掖市	《张掖市黑河流域湿地管理办法》	2006年11月13日
	《小型水库安全管理办法》	2010年5月31日
	《张掖市草原火灾应急预案》	2014年3月4日
	《关于进一步做好自然保护区外围区域生态环境突出问题整改整治工作的通知》	2017年9月14日
	《张掖市关于进一步加强林地保护管理工作的意见》	2018年2月26日
	《张掖市2018年度水污染防治工作实施方案》	2018年2月26日
	《张掖市人民政府办公室关于切实做好2018年森林防火工作的通知》	2018年2月26日
	《张掖市2018年度土壤污染防治工作实施方案》	2018年3月5日
	《张掖市2018年大气污染防治工作实施方案》	2018年4月13日
	《张掖市第二次全市污染源普查实施方案》	2018年4月13日

续表

层级	政策文件	颁布或印发时间
张掖市	《张掖市湿地保护修复制度实施方案》	2018 年 5 月 3 日
	《肃南县祁连山自然保护区外围区域生态环境突出问题整改整治工作方案》	2018 年 9 月 14 日
	《张掖市自然灾害救助应急预案》	2018 年 8 月 23 日
	《张掖市突发公共事件总体应急预案》	2008 年 12 月 31 日
金昌市	《金昌市自然灾害救助应急预案》	2012 年
	《金昌市关于进一步加强当前森林草原防火工作的紧急通知》	2013 年 3 月 29 日
	《金昌市人民政府关于严格执行"十三五"期间年森林采伐限额进一步加强森林资源保护管理工作的通知》	2016 年 5 月 27 日
	《金昌市 2018 年生态建设和环境保护工作要点》	2018 年 3 月 29 日
	《金昌市关于贯彻落实祁连山国家公园体制试点方案的实施意见》	2018 年 5 月 17 日

Abstract

Green Book of Qilian Ecosystem: *Annual Report on the Development of Qilian Ecosystem* (*2018*) is a Qilian Mountain Environmental Annual Report compiled by an interdisciplinary research team which is composed by Professor Ding Wenguang and Professor Gou Xiaohua of Lanzhou University.

The book consists of five major sections: General report, Sub-report, special articles, Case studies and Memorabilia. It is intended to fully represent the history of the destruction of the Qilian Mountain ecosystem, the storm of governance, typical cases, memorabilia, development trends and suggestions for good governance, and to explain the readers about the ecological environment, human history and development trend of Qilian Mountain so far. Through the scientific analysis of many documents, reports, news reports and other real data from the government, enterprises, different industry departments and the community, to highlight the urgency of ecological environmental protection and governance in Qilian Mountain.

Qilian Mountain is northwest China's most important ecological security barrier and energy safety channel. It is the "life" and "mother mountain" of the Hexi Corridor, and it is also the significant zone of the "Belt and Road" in the new era. The Qilian Mountain was rich in mineral resources, forests, species and other resources of the historical period, particularly the endowment of forest resources that has spreaded thousands of miles. Therefore, there is an ancient poem: "Thousands of Pine tree mountains, Thousands of Snow Mountains, Thousands of trees and woods in close view, green and lush in far view."

In the first year of the Qing Emperor Yongzheng (1723AD), the generals of the Western Expedition set fire to the mountains to repel the enemy, which is the starting of deforestation in Qilian Mountain for nearly a thousand years. After the destructive deforestation boom (1937 – 1941), the Great Leap Forward and the

Great Construction period (1958 – 1959), and the long-term over-harvesting and deforestation in the early 21 century, the natural forests of Qilian Mountain degraded. In the case of severe damage, the volume of accumulation has dropped dramatically.

In recent years, with the great economic interests, the contradiction between economic development and environmental protection has become increasingly severe. The illegal constructions of mining, water and electricity facilities, the illegally draining sewage, the ineffectiveness of rectification, and other ecological damages have been destroying the environment. All these damages result in a decrease in the stability of the stratigraphic structure in the Qilian Mountains. An increase in the degree of soil and water pollution, a sharp increase in occupying of vegetation areas, serious degradation of pastures, and frequent geological disasters are threat to Ecological environmental protection, restoration and governance face

Environmental issues are not only economic but also social and political issues. When President Xi Jinping talked about the establishment of the national park system at the 37th meeting of the Central Comprehensive Deepening Reform Leading Group in July 2017, he said: "Insist on the Life Community of Mountain, Water, Forest, Field, Lake and Grass". For the typical and fragile ecosystem like Qilian Mountain, ecological damage often "pulling the whole body". Therefore, we need to conduct a comprehensive and in-depth study of the landscape of Qilian Mountains forest, and fully explore and recognize the realistic patterns of the typical ecosystems of the mountains, water, forest, field, lakes and grass of Qilian Mountains.

At present, it is a key period for Gansu Province, Qinghai Province and relevant state ministries and commissions to seriously follow President Xi's instructions on the ecological restoration of the Qilian Mountain National Nature Reserve, the development of the national parks and the development of ecological civilization. We need to firmly establish the concept of green development, emphasize the concept of "good governance of environment" in the era of of these serious environmental problems. To actively abide "ecological people", build "community co-management" and "collaborative governance" mechanisms, and encourage indigenous people to participate to protect management area. The new coping methods will change the industrial structure and economic growth mode of the Qilian Mountain area and boost up the rise of green development.

Green Book of Qilian Ecosystem records examines and considers the ecological environment of Qilian Mountain from the perspective of public interest, and emphasizes the objectivity, authenticity and professionalism of the series with real data and facts, and it will provide support for environmental decision makers.

Keywords: Qilian Mountain; Ecological System; Environmental Improvement and Governance; Green Development

Contents

I General Report

Abstract: Qilian mountain is one of the most famous twelve mountain chains in China and the most important ecological security barrier and the energy channel in northwest China. The ecological safety threshold value of the Qilian Mountain region is small due to its typical compound ecological system and fragile and sensitive characteristics. The ecological destruction problem in partial region of Qilian Mountain has been very serious for a long time because of its rich mineral resources. Related human activities such as deforestation, mining, etc has never stopped. The illegal mining, illegal construction of water and electricity facilities, illegal discharge of waste water and other wastes have been seen more and more in recent years. even if the successive establishment of the Qilian Mountain National Nature Reserve and the Qilian Mountain National Park failed to curb the situation. Comrade Xi Jinping have successively made important instructions on the ecological environment governance of Qilian Mountain from 2016 to 2017, the miserable condition of Qilian Mountain has been exposed to the public many times by media and exposed to the general information, also investigated for responsibility of related personnel. More and more attention has been given to the ecological protection of the Qilian Mountain, some environmental governance achievements have been obtained, the protection and restoration of the ecological system of the Qilian Mountain including hills, water, forest, field, lake and grassland have become a boom. However, what have been done on ecological environment governance, restore and protection of the Qilian Mountain is far from enough, the concept of green development should be firmly set up in the new period of ecological civilization construction, the traditional GDP evaluation mode should be changed, the new mode of environmental improvement and governance should be advocated, "ecological-and-sustainable-lifestyle residents" should be actively cultivated, the mechanism of "community co-management" and "collaborative governance" should be set up, the indigenous citizens should be encouraged to participate in the Qilianshan Mountain reserve management so as to realize the long-term effect of the new mechanism of the Qilian Mountain ecological protection and green development.

Keywords: Qilian Mountain; Ecological System; Ecological Security Barrier Environmental Governance; Green Development

Ⅱ Sub-reports

G. 2 Research on Forest, Soil and Water Conservation of Qilian Mountain

Gou Xiaohua, *Gao Linlin* / 026

Abstract: The forest in Qilian Mountain area has a multiple ecological function of soil and water conservation, regulating the rainfall and snow melt water in the hilly region of Qilian Mountain and the surrounding area, irrigating the Hexi Corridor, and maintaining biodiversity, hence plays a significant role of being an ecological barrier. The existing forest area in Qilian Mountain area is 436, 000 hectares and the forest coverage rate 16. 4% among which Qinghai spruce tree occupies the largest percentage in terms of distribution. Tree-ring-data-based study shows that the Qinghai spruce tree in the Qilian Mountain region grows faster than before after 2000 along with the regional climate warming , rainfall increasing and the extension of the growing season in recent decades, at the same time the change

development of animal husbandry. The unrestrained human production activities due to the lack of effective system arrangement and technology innovation exacerbate the grassland degradation and the deterioration of the ecological environment in western China. The article tries to analyze the deep reason of the grassland degeneration and the prominent contradiction between the economic development and the grassland ecological environment protection based on the investigation of present situation of natural grassland degeneration in Sunan Yugu Autonomous County within the Qilian Mountain region, also put forward some countermeasures to sustainable utilization of the natural grassland.

Keywords: Natural Grassland Degradation; Countermeasure of Utilization

Abstract: Qilian Mountain has nearly 2684 modern glaciers, 208.35 million Mu (13, 890, 000 hectare) drainage basin, 400 – 500 – mm average rainfall annually in the middle and upper hilly region, rich overground and underground water resources formed by rainfall and melting glacier either store for a long time to flow into rivers, or go along the river into the canal so as to feed people… However, the present utilization of water is still in a state of low efficiency, large volume, a lot of waste, non-consumptive water use driven by the interests, lacking management system , facing serious threats. This article tries to cause the attention from all walks of life on the integrated management of water resources in the Qilian Mountain region through the analysis of the main-type-water-resource reserves, status quo of water-resource utilization and related problems.

Keywords: Qilian Mountain; Water Resource; Development and Utilization; Governance

Ⅲ Policy Articles

G. 5 Review and Analysis on Qilian Mountain Ecological Environment Protection Policy

Xie Shuntao, *Mu Yangjie* / 077

Abstract: Qilian Mountain is an important ecological security barrier in northwest China, its ecological environment problems receive much concern. It experienced disorderly deforestation in 1960s and 1970s, mining in 1980s, construction of small hydropower station in 1990s, serious ecological environment destruction in recent years due to corrective measures does not reach the designated position, the Party Central Committee, the State Council and local governments have worked out a series of relevant policies in order to protect the ecological environment of Qilian Mountain. The author of this chapter review and study in detail ecological environment protection policy of the past nearly fifty to sixty years for Qilian Mountain region, analyze from four aspects—environmental policy formulation, implementation, evaluation and monitoring the reasons of policy failure for ecological environment protection in Qilian Mountain: ①lacks a strong accountability and response mechanisms towards the destruction of ecological environment at the legislative level; ②the role of policy instrument is not given a full play in the process of policy implementation namely policy implementation is not a complete one; ③evaluation of ecological environment protection policy of Qilian Mountain region is less, the lack of policy enforceability and public participation & assessment; ④almost no policy monitoring , ineffective corrective measures.

Keywords: Qilian Mountain; Ecological Environment Protection; Policy Analysis

G. 6 Research on Coordination of Regional Economy and Ecological Environment in Qilian Mountain

Wu Jianzu, Wang Rongjuan / 090

Abstract: How to solve the dual dilemma of ecological deterioration and economic backward in Qilian Mountain region, alleviate the contradiction between its ecological security barrier responsibility and regional economic development is the key problem at the present stage for the sustainable development of Qilian Mountain. We will make empirical analysis in this article on the relationship between environmental pollution and economic growth in Qilian Mountain region based on Kuznets-Curve hypothesis by using balance-panel data of 5 cites in Qilian Mountain region from 2008 to 2017. The related studies show that there exists a "inverted U-type" relationship between per-capita wastewater discharge and the economic growth, "inverted n-type" relationship between per-capita sulfur-dioxide emission and economic growth, the relationship between environmental pollution and economic growth chang es after considering other influencing factors, the result shows that economic growth does not solely lead to the EKC's reversal but other influencing elements. The problems including environmental ones caused by the economic growth could not be solved automatically, the government, enterprises, many other social interests beneficiary should take joint action by implementing the polycentric governance to truly realize the win-win development of environmental protection and economic growth.

Keywords: Qilian Mountain; Ecological Protection; Economic Growth; Environment Kuznets Curve (EKC)

G. 7 Research on Management System and Mechanism Based on Environmental Improvement and Governance of Qilian Mountain National Nature Reserve

Ding Wenguang, Tian Xinran and Zhang Huilin / 112

Abstract: Qilian Mountain is an important ecological barrier in northwest

China, the maintenance of the ecological environment in Qilian Mountain National Nature Reserve is an important premise of the ecological safety in northwest China. Qilian Mountain National Nature Reserve has experienced a serious damage in the past 60 years, the defects existed in the related system and the mechanism is one of the main reasons for its perennial damage. This article will put forward to the following suggestions in terms of the implementation of environmental improvement and governance which is the only way to effectively promote the management system innovation in Qilian Mountain National Nature Reserve based on the author's many-year working & study experience, the analysis of current management system & mechanism and existing problems: ①Setting up a comprehensive law enforcement supervision bureau in Qilian Mountain National Nature Reserve; ② establishing community co-management mechanism; ③ Constructing ecological poverty alleviation mode and establishing sound ecological compensation; ④ cultivating " Ecological-and-sustainable-lifestyle Residents ", changing the idea on ecological emigration; ⑤ establishing environmental information disclosure mechanism; ⑥implementing independent monitoring and evaluation; ⑦carrying out distinctive ecological education; ⑧implementing green finance; ⑨taking ecological assessment instead of "GDP" appraisal mode; ⑩the government taking responsibility of buying social services, giving the third party a chance to play to certain role; ⑪encouraging the public participation. Try to make our contribution to our national ecological civilization construction for the next one thousand years, provide helps for career development experience in other natural resources protection areas in China through the implementation of environmental improvement and governance, improve the present " paralysis " status of management system and mechanism in Qilian Mountain National Nature Reserve.

Keywords: Qilian Mountain National Nature Reserve; Environmental Improvement and Governance; System and Mechanism

G. 8 Qilian Mountain National Nature Reserve Governance Storm As A New Starting Point of Ecological Civilization Construction

Ding Wenguang, *Jiang Ping* / 125

Abstract: Qilian Mountain, known as ecological security barrier, golden section of the Silk Road and "One – Belt – One – Road" and lifeblood of the Hexi Corridor even west China with its unique geographical location, rich natural resources. However, in recent years, the ecological environmental problems in Qilian Mountain National Nature Reserve emerge endlessly so that national important leaders gave concerning instructions, the miserable condition of Qilian Mountain has been exposed to the public many times by media and exposed to the general information, the investigation for responsibility of related personnel has been done. The ecological environment governance in Qilian Mountain made substantial progress after reform and rectification of more than one year by overall ecological restoration and management, establishing long-term effective mechanism of ecological protection, accelerating the process of green development. How should the government and related departments give a full play to the advantage of "Environmental Improvement and Governance" ensuring a long-term green development of Qilian Mountain National Nature Reserve with the opening of the new era of ecological civilization construction?

Keywords: Qilian Mountain; Ecological Security Barrier; Energy Channel; Ecological Civilization Construction ; Green Management

Ⅳ Special Articles

G. 9 Research on Present Situation, Dilemma and Countermeasures of Public Participation in Ecological Environment Protection of Qilian Mountain

Tang Yaping, *Ding Wenguang* / 146

Abstract: Public participation is an important force in Qilian Mountain ecological environment protection, the environmental protection is a typical "public service career", Qilian Mountain ecological environment is closely related to the general public who live in this area, reasonable and effective public participation can make up for the function and effect of related governmental departments and the market in the ecological environment protection in the Qilian Mountain, change the present condition of lacking public participation and insufficient function of the public participation so as to more effectively change the situation of the ecological environment protection in Qilian Mountain. This article will try to discuss the present situation of public participation, related problems and countermeasures on ecological environment protection in Qilian Mountain wishing to provide reference for the public participation in the future ecological environment protection in Qilian Mountain.

Keywords: Qilian Mountain; Public Participation; Environmental Protection; Countermeasure Research

Abstract: Qilian mountain and the Hexi Corridor is a cultural corridor region seeing multi-ethnic communication, exchange and blending, many ethnic groups or tribes lived in this region in the history, their mutual intergration gradually formed today's multi-cultural structure. The rich ecological system and important ecological adjustment function of Qilian Mountain provide a solid guarantee for the lasting political stability and prosperity and development in northwestern region. The ethnic minority of the Hexi Corridor inhabit mainly in Tianzhu Tibetan Autonomous County, SuBei Mongolian Autonomous County, Sunan Yugu Autonomous County and Akesai kazak Autonomous County. The social production and daily life of ethnic minority in these four autonomous counties, economic growth and social sustainable development rely on inseparably the benign operation of the Qilian Mountain's ecosystem. what we should think carefully about during the process of establishment and construction of Qilian Mount National Park is how to build an ecological civilization system of harmonious development of human and nature based on the historical practice and hence provide ecological world order with China experience and theoretical contributions. Our study attempts to think and discuss the relationship between the establishment of a national park and the livelihood of local ethnic minorities , influence of the the establishment of a national park towards the direction of development of nomadic culture by means of external experience as reference, local ecological knowledge and concerned historical practice.

Keywords: The Hexi Corridor; Ethnic Minorities; National Park; The Nomadic Culture

G. 11 Traditional Ecological View of Nature and Qilian Mountain Ecological Environment Protection

Gao Xuelian, *Ding Wenguang* / 185

Abstract: Qilian Mountain ecological environment change involves ecological environment balance in northwest China, Implementation of national "One-belt-one-road" policy, especially the maintenance of national ecological security. The ecological environment in Qilian Mountain region has been seriously destroyed in recent years, a series of problems therefore appeared such as soil erosion, land desertification and vegetation destruction. This paper tends to propose the following suggestions for the protection of ecological environment of Qilian Mountain by studying ancient Chinese myths & legends, Confucian culture, Taoist culture, Chinese traditional ecological view of nature including "Unity of nature and man", "Learn from nature" of Taoist doctrine and "All living things are equal" all things equal of Buddhist doctrine and traditional ecological view of nature of local ethnic minority residents including that of Kazak, Yugu and Dongxiang: ① converting the aborigines to "Ecological-and-sustainable-lifestyle

Residents" who can participate in the environmental protection; ② strengthening education on ecological environmental protection in order to inherit traditional ecological view of nature; ③ adhering to the thrift-style life to promote sustainable development of environmental protection; ④ re-recognizing the prairie-fence construction and recovering the traditional nomadic system moderately.

Keywords: Traditional Ecological View of Nature; Ecological Environment Protection; "Ecological-and-sustainable-lifestyle Residents"; Qilian Mountain

V Theoretical Articles

Abstract: Qilian mountain is the most important ecological security barrier in west China. Qilian mountain cultivate

A piece of oasis like a standing-still "wet island" with desert on its north and west, the Loess Plateau on its east, and the Qaidam Basin on its south cutting off the southward invasion of the Badanjilin Desert and the Tengger Desert, thus protecting the ecological security of The Qinghai – Tibet Plateau "and source of three rivers known as Chinese Water Tower", its ecological status is extremely important. Higher requirements of the balance between economic development and ecological protection in the Qilian Mountain National Nature Reserve have been put forward in recent years along with the increase of the indigenous population in the Qilian Mountain National Nature Reserve and people's need for rapid social and economic development. This paper would discuss the history of the destruction in the Qilian Mountain National Nature Reserve based on the Social environmentology by means of sociological research methods such as field investigation, questionnaire survey and semi-structured interview; and make classified statistic summary from five aspects such as the forest destruction, overexploitation of mineral resources, destruction of hydropower station, overgrazing and damage from tourism. Illustrate from different aspects the root cause of heavy damage in the Qilian Mountain National Nature Reserve according to current situation, get the final conclusion for the cause of serious damage in the Qilian Mountain National Nature Reserve — lacks a strong accountability and response mechanisms towards the destruction of ecological environment at the legislative level; the role of policy instrument is not given a full play in the process of policy implementation namely policy implementation is not a complete one; evaluation of ecological environment protection policy of Qilian Mountain region is less; Ignore the related interest groups demand; lack of environmental protection consciousness education; the lack of unified, standardized and highly efficient management.

Keywords: Qilian Mountain National Nature Reserve; Ecological Damage; Root Cause Analysis

Abstract: Qilian Mountain, located geographically close to the Hexi Corridor which is China's channel region, is of great significance for the ecological environment in western China and frontier region's governance. The ecological environment in Qilian Mountain have been destroyed for long in history. The CPC Central Committee and the relevant departments of the state council attaches great importance to ecological environment protection in Qilian Mountain and have made important instructions since February 2017. This paper analyzes the domestic academic research on ecological environment in Qilian Mountain in recent 20 years, also related research focus from 1998 to 2015 during which the amount of published papers on ecological environment in Qilian Mountain in Qilian Mountain increases, the number of published research literature rise in a straight line in 2015 especially 2017 showing the academia attaches great importance to the ecological environment in Qilian Mountain in recent years and making it become a hotspot in the field of domestic environmental protection research. Among all published articles on various field, those on forest are179 , those on grassland are 141, those on glacier are 95 and those on water resources conservation are 96 over the years making it the focus of related on Qilian Mountain ecological research. This paper will analyze the following seven aspects of research results including glacier, forest, grassland, water resources and water resources conservation, desert, biodiversity, and also the management system of exploitation. We find out that there are more research in detail about the present situation of ecological environmental damage and its history, and related future development trend among the existing research results telling us that the wide application of modern analytical technology played an important role in such research but there is lack of specific data of biodiversity. Research articles tend to take the indigenous residents and their traditional nomadic lifestyle as the major reason for the ecological environmental damage in the Qilian Mountain rather than treat it as a traditional ecological view of nature from which we can draw lessons. Secondly the ecological restoration measures and the technical research results have been put into these articles which lack of content on the management system research, policy recommendations, environmental improvement and governance so that it has less value on giving concrete creative suggestions for national macro policy formulation. More study needs to be done in the future.

Keywords: Qilian Mountain Ecological Protection; Research Progress; Policy Research

Abstract: Strengthening the construction and management of the nature reserve is the specific action for the implementation of the new development concept including innovation, coordination, green, opening-up, sharing, also an effective measure for the protection of the biodiversity and enhancing of the ecological security barrier, improving of the ecological environment quality. This article will make a comprehensive analysis on the internal advantage, internal weaknesses, external opportunities and external threats for the construction of Qilian Mountain National Nature Reserve based on SWOT strategic management method , will also make a further strategic analysis for the construction of Qilian Mountain National Nature Reserve, put forward to suitable SO strategy, WO strategy, ST strategy and WT strategy aiming at a scientific and reasonable use of the internal advantage and external opportunities, making up the internal weaknesses at the same time avoiding external threats, accelerating the construction of Qilian Mountain National Nature Reserve and promoting the sustainable development of ecological environment and social economy.

Keywords: National Nature Reserve; Ecological Environment; SWOT Analysis; Qilian Mountain